KB261076

주 너 벗
주식 너 제대로 벗겨보자!

최적의
매매 타이밍을 찾는
주식 노하우

주너벗

주식 너 제대로 벗겨보자!

이승조 · 정유리 지음

북클라우드

〈주너벗(주식 너 제대로 벗겨보자!)〉이라는 이름으로 팟캐스트를 시작한 지 어느덧 1년 이상의 시간이 지났다. 성우, 홈쇼핑 쇼호스트, 전문 강사 양성을 위해 아카데미를 운영하는 김효적(판키워) 대표, 재테크 및 세일즈, 동기부여 등을 강의하는 정상윤(몰빵) 강사, 이데일리TV 앵커로 활약 중인 정유리(정여신) 아나운서, 머니투데이TV 이지원 아나운서와 함께 의기투합해서 만든 것인데, 지적전사 양성과정 스터디그룹 멤버다.

나는 '1인 지적전사'라는 개념을 만들어 1인 기업인의 자질을 양성하기 위해 스터디그룹을 만들었다. 변동성과 불확실성이 커지는 세상에서 효과적인 대응력과 적응력을 키우기 위해, 15년 이상 공부해온 복잡계 학문과 30년 이상 실전 경험한 투자 지식을 함께 공부하고 나누기 위함이다. 일주일에 한 번, 3시간 정도 모여서 스터디를 했는데, 이때 우리가 공부하는 것을 팟캐스트로 해보면 어떤가 하는 아이디어가 나왔고, 이것이 지금의 팟캐스트 〈주너벗〉이 된 것이다.

실전 주식투자를 하면서 겪었던 여러 가지 경험과 현재 시장에서 생각해야 할 부분들을 서로 이야기하면서 투자자의 시행착오를 조금이라도 줄이는 데 도움이 되면 좋겠다는 생각으로 시작했다. 또한 지적전사가 되기 위해서 필요한 전문서적과 읽어두면 좋을 논문, 증권사 분석보고서 등을 네이버 〈주너벗〉 카페에 올리면서 초보투자자들을 위한 길잡이를 목표로 한 걸음 한 걸음 걸어가고 있다. 그러던 중 조금이라도 투자자에게 도움을 주기 위해 이렇게 책을 출간하게 되었다.

이 책은 주식투자를 위한 다양한 지식을 실전 케이스 스터디case study 방식으로 전달하고 있다. 시장에서 생존하기 위한 지식과 경험을 공유하여 그것을 각자의 호흡으로 체득하게 함으로써 어떤 변동성장세가 와도 담대하게 대응하고 조절하는 능력을 키우는 데에 목표를 두고 있다.

하지만 여기서는 다른 초보투자자를 위한 책처럼 투자의 첫걸음을 위한 계좌를 개설하는 법, 매매하는 법, 기술적·기본적 분석 방법에 대해서 설명하고 있지는 않다. 이미 어느 정도 주식을 해본 독자들을 대상으로 하여 실전 투자에 필요한 생각의 훈련과 실전 전략에 필요한 지식과 방법에 대해서만 다루고 있다.

개인적으로 실전 투자에 있어 시간time과 위험risk, 이 두 가지 기본 속성에 대한 이해와 조절하는 능력을 키우는 것이 가장 중요하다고 생각한다. 다양한 투자 이론이나 기법보다 투자에 임하는 자신을 분석하며 스스로 투자자산의 변동성과 수익 규모의 유동성에 대한 투자 호흡을 어떻게 조절하는지 들여다보고 나름대로의 기준을 찾는 것이 중요하기 때문이다. 그래서 이 책에서는 투자의 시간과 위험을 조절하는 방법에 대해 집중해보며 우리나라를 대표하는 대기업의 역사를 통해서 주식시장에 접근해보고 눈에 보이는 가치와 눈에 보이지 않는 가치에 대한 생각의 훈련을 다양한 방법을 통해서 시도해보겠다.

우선 〈주너벗〉 회원들이 무엇을 가장 궁금해 하는지 메일이나 모임, 온라인 카페 등을 통해 질문한 것을 먼저 하나하나 풀어가면서 투자 여행에 필요한 생각과 실전 능력을 키워보도록 하자. 투자 초보자일수록 이 책이 한 번만에 모두 이해가 되지 않을 것이다. 주식이 어렵다고 포기하지 말고 여러 번 반복해서 읽으며 스스로의 투자 감각을 키워보자.

무극선생 이승조

경제 앵커로 활동하면서 수많은 시청자들을 만나며 그들의 고민을 들어왔다. 그중에는 지인의 권유로 주식시장에 발을 들였다가 큰 손해를 본 투자자도 있었고 급등주 따라잡기가 실패하면서 손실이 눈덩이처럼 불어난 투자자, TV에서 추천하는 종목을 무턱대고 샀다가 이러지도 저러지도 못하는 투자자도 있었다. 일부는 현재 시점에서 자신이 내린 대응법과 전문가의 의견을 비교해보기 위해 연락한 투자자도 있었지만 이런 경우는 사실 거의 드물다.

대부분의 개인투자자들은 투자에 대한 정확한 기준을 가지고 있지 않다. 무작정 투자했다가 감당할 수 없는 손실 구간에 들어서서야 문제를 해결해줄 전문가를 찾는다. 그런데 전문가라고 해서 모든 종목을 꿰뚫고 있는 것은 아니다. 때로는 종목에 직접 투자한 투자자들이 전문가보다 더 많은 정보를 가지고 있기도 하다. 결국, 전문투자자도 미래의 불확실성 속에 투자하는 것은 마찬가지인 셈이다.

어제까지만 해도 시장의 관심을 한 몸에 받던 종목이 돌연 오늘 아침, 악재가 터지며 하한가까지 밀려나는 경우를 이미 숱하게 보아왔다. 그러다 보니 투자자가 전문가 의견에 지나치게 의지하지 않고 스스로 시장을 분석하고 그에 따른 대응 전략을 세우는 힘이 무엇보다 필요하지만, 실제 그런 역량을 갖추기란 쉽지 않다. 투자와 관련된 입문서에서는 지극히 기본적인 용어나 특성을 기술하는 데 그치고 각종 기술적 투자법을 서술한 기술서들은 지나치게 복잡해 전업투자자가 아닌 이상 쉽게 이해하기 어렵기 때문이다.

이제 갓 HTS를 만들고, 종목을 매수·매도하는 방법을 익히는 초보를 벗어난 투자자가 제대로 투자 기준을 세우고, 시장에 대응하는 방법을 찾기까지는 수많은 시행착오가 필요하다. 그 사이 수익의 기쁨과 손실의 아픔을 수차례 겪으며 자신만의 매매 기준이 생기고 데이터를 분석하는 힘을 기른다. 굳이 이런 시행착오를 겪지 않아도 주식시장을 분석하는 기준과 의미 있는 정보를 만들어내는 방법을 알 수 있는 방법은 없을까 고민하며 팟캐스트 〈주너벗〉을 시작한 지 어느덧 1년이란 시간이 지났다.

〈주너벗〉은 정치·경제·사회·문화 등 각종 이슈들을 점검하고 이를 주식시장에 녹여 이야기한다. 국제유가 하락이나 미국의 금리 인상, 국내 총선과 미국 대선 등 각종 이슈들이 주식시장에 어떤 영향을 미칠지, 의미 있는 지지선은 어디이고 전략은 어떻게 세워야 하는지 등 시장에 대응하는 방법과 기준을 세워 힘을 키우는 것이다. 많은 청취자들이 주너벗과 함께하면서 자신만의 매매기법과 잣대를 만들고 이를 투자에 활용하고 있지만 한편으론 매체 특성상 전달되는 내용의 한계가 늘 아쉬움으로 남았다. 이 책을 통해 분석 잣대와 매매기법, 데이터를 분석하는 방법 등을 독자 여러분께 오롯이 전달할 수 있으리라 생각한다. 이 책은 〈주너벗〉 청취자들의 궁금증과 투자 역사, 주식시장 파헤치기, 대기업 분석 등 총 4개 챕터로 구성되어 있다.

첫 번째 챕터에서는 실제 〈주너벗〉 카페에 올라온 청취자들의 궁금증을 하나씩 짚어보며 본격적으로 책을 읽기 전 알아야 할 내용들을 설명한다. 대체 시간여행은 무엇이고 왜 필요한지, 투자 기준과 기간은 어떻게 세우고 어떤 종목을 매수해야 하는지 등 주식에 대한 속내를 털어놓는다.

두 번째 챕터에서는 투자 역사를 통해 주식시장을 이해하고 시장은 과연 효율적인지, 주식시장의 흐름은 어떻게 형성되었고 다양한 투자 전략은 어떻게 생겨났는지 등에 대한 해답을 찾아본다.

세 번째 챕터에서는 주식에 투자하기 위해 반드시 알아야 할 핵심 내용을 담았다. 기존의 투자 입문서나 기술서에서 제시하지 않은 실전 투자 방법으로 이 챕터를 통해 단편적인 정보를 의미 있는 정보로 가공하는 역량을 키울 수 있다.

끝으로 마지막 챕터에서는 삼성그룹, 현대차그룹, SK그룹의 미래지도에 대해 이야기 한다. 대기업의 계열사 매각과 통합작업은 주가 흐름에 큰 영향을 준다. 국내 대표 기업들의 후계구도와 미래 사업지도, 사업 재편 과정을 짚어보며 개별 종목의 주가 흐름을 예측해본다.

각각의 챕터는 독립적이기 때문에 어느 챕터를 먼저 읽어도 흐름을 파악하는 데 무리가 없다. 이 책을 통해 주식시장을 쪼개고 분석하여 자신만의 대응 전략을 세우는 힘을 기르기 바란다.

정여신 정유리

프롤로그 4

01

주식 초보 탈출을 위해
이것만은 알아두자

01 시간여행이 투자 성공을 좌우한다   17

도대체 시간여행이란 무엇인가?   17

종목 선정만 잘해도 투자의 절반은 성공이다   19

지속 가능성과 생존 가능성이 있어야 실패하지 않는다   24

시간여행 투자 전략을 시스템화하자   26

02 실전 투자 제대로 하기   35

기술적 분석과 기본적 분석이 필요할까?   35

불량 종목도 필요할 때가 있다   37

정크펀드, 제때 사고 제때 팔자   41

시장의 물줄기를 추적할 수 있는 ETF   50

03 나만의 투자 철학을 가지자   55

미래에 대처하는 자세와 노력   55

투자 훈련에도 단계가 있다   58

실전 매매, 이것 하나만은 지키자   68

가용자산 배분 전략과 관리 노하우   71

02

이제는 제대로 된
투자를 하자

01 제대로 된 투자를 위해 알아야 할 투자의 역사   79

왜, 나는 상투만 잡을까?   79

내가 아는 정보는 이미 정보가 아니다?   80

최소한의 투자자금으로 최대의 성과를   82

효율적 시장 개념의 탄생   85

02 나는 주식시장을 제대로 보고 있을까?   87

주식시장의 미래 예측, 가능할까?   87

초과수익을 올리는 방법을 찾아라   91

시장은 일정한 패턴과 주기가 있다   94

투자자는 시장에서 합리적 의사결정을 할 수 있을까?   99

수익은 극대화 위험은 최소화, 포트폴리오   102

03 주식시장 제대로 파헤치자

01 주식시장과 파생시장의 연결고리　111

파생시장이라는 그림자를 봐야 전체 시장이 보인다　111

중심가격으로 주가 분석하기　115

수학적 사고를 통한 투자 감각 키우기　124

수학적 사고로 이익과 손해가 결정된다　131

02 빅데이터를 활용한 시장 읽기　140

빅데이터, 시장을 보는 기준 세우기　140

원/달러−엔/달러 상대속도 추적하기　149

종합지수와 커플링되는 지표　155

세계증시 기상도 체크　157

안전자산 선호현상과 금, 그리고 국채　161

시장의 변화를 읽는 매트릭스 분석　163

외국인과 기관 매매 주체의 포지션　168

파생시장의 에너지 변화 체크　178

03 수학적 · 과학적 사고로 투자 철학 얻기　182

왜, 수학적 · 과학적 사고인가?　182

수학적 · 과학적 사고를 실제 투자에 적용해보자　191

수학적 · 과학적 사고로 예측한 주식시장의 흐름　198

장기적인 관점으로 투자하기　207

04
국내 증시를 움직이는 대기업, 제대로 벗겨보자

01 삼성그룹의 과거와 현재, 그리고 미래   213

급변하는 삼성그룹의 후계구도   213

삼성그룹 지배구조 개편 시나리오   220

삼성그룹의 미래지도   225

02 현대그룹의 과거와 현재, 그리고 미래   233

현대그룹 갈등의 역사   233

현대글로비스를 통한 현대차그룹의 후계구도   239

현대차그룹 중심의 새로운 축   247

현대건설 매각 과정 속 현대차그룹과 현대상선의 갈등   249

현대차그룹의 미래지도   253

03 SK그룹의 과거와 현재, 그리고 미래   261

SK그룹의 다이몬드 역외펀드 사건과 소버린 사태   261

소버린 사태 이후 SK그룹의 변화   267

SK그룹의 미래지도   277

에필로그 288

01

주식 초보 탈출을 위해
이것만은 알아두자

주식시장을 제대로 파헤쳐보자는 취지에서
시작한 팟캐스트 〈주너벗〉은 주식시장에 처음
입문하는 초보투자자부터 적게는 수년, 많게는
수십 년의 투자 경험을 가진 중·고수투자자까지
한데 아우르며 주식 분야 팟캐스트 1위 자리를
지키고 있다. 〈주너벗〉에서 가장 자주 언급되는
화두는 '시간여행'이다. 대체 시간여행은 무엇이고
왜 필요한지, 투자 기준과 기간은 어떻게 세우고
어떤 종목을 매수해야 하는지 등 실제 〈주너벗〉
카페에 올라온 청취자들의 궁금증을 하나씩
짚어보며 주식에 대해 알아보자.

시간여행이
투자 성공을 좌우한다

도대체 시간여행이란 무엇인가?

"주식투자에서 강조하는 시간여행이란 도대체 무엇인가요? 시간여행을 하는 종목 중에 재무제표가 좋지 않은 종목들도 있는데, 선택하는 기준이 무엇입니까?"

팟캐스트를 하며 가장 많이 듣는 질문이 바로 "시간여행이란 무엇인가요?"다. 수많은 투자자들이 주식을 통해 성공과 실패를 맛보았지만, 주변을 둘러보면 성공 사례보다 실패 사례가 더 많다. 이는 들리는 정보만 믿고 투자했거나 조금이라도 이익을 얻고 싶은 마음에 조급하게 매수·매도를 진행했기 때문이다. 이런 수많은 사례를 접하면서 깨달은 것이 주식 투자에서 무엇보다 중요한 것은 '시간여행'이라는 사실이다. 시간여행을 통해 자신만의 투자 호흡을 찾을 때 투기가 아닌 진정한 의미의 투자로서 주식을 할 수 있다.

개인적으로 실전 투자를 하면서 가장 고민하고 생각했던 화두가 '시간'이라는 개념이다. 어느 시간의 영역에서 큰 수익이 난 종목을 팔지 않고 혹시나 싶은 마음에 더 가지고 있었는데, 그 종목이 어느 시간의 영역에 들어서니 큰 손실로 전환된 적이 있다. 또 이런 과정에서 여러 번 수익을 얻을 수 있었는 데도 손실로 전환될 때까지 대응하지 못했던 경험도 있으며, 반대로 어느 시간의 영역에서 절반 이상의 큰 손실을 보았지만 창고에 묻어두는 마음으로 방치했으나 또 시간이 흘러 어느 시간의 영역에 들어서자 원금 회복 이상으로 큰 수익을 얻었던 경험도 해보았다. 결국은 '마음의 조절'과 '시간의 조절'이 문제였던 것이다.

투자자의 탐욕과 공포가 실제 그 종목의 가격 변동성에 있어 시간을 조절하지 못하게 한다. 가장 좋지 않은 시기에 공포에 굴복하여 자금 배분에 실패해 투자 손실로 마감하게 되거나 반대로 공포를 극복하고 자금 조절에 성공해서 투자 수익으로 마감하기도 한다. 극단적으로 갈리는 투자 결과를 같은 사람이 수없이 반복해서 경험한다면 그 문제는 과연 무엇일까? 투자 대상 선택에 문제가 있었을까? 아니면 투자 대상의 가격 변동성에 있어 가장 나쁜 구간 또는 가장 좋은 구간에서 매수나 매도를 실행한 투자 판단에 문제가 있었던 걸까?

실전 매매를 하면서 나타나는 여러 가지 상황에서 가격의 변동성을 맞추고 종목 대상을 찾는 데 느끼는 한계를 극복하고 투자 결실을 얻는 방법은 없을까, 하는 고민을 하다가 얻어낸 방법이 바로 시간여행이다. 매매 타이밍을 맞추려 하지 말고, 주식으로 저축한다는 마음으로 매매 대상을 찾아서 그 대상 종목이 생각하는 미래지도가 완성되는 시점까지 시간여행을 하는 '장기 투자 전략'으로 대응할 때 비로소 누구나 저지를 수 있는 실수와 투자 판단 차이를 극복할 수 있고 이를 통해 수익을 얻을 수 있다.

이런 이야기를 하면 많은 청취자들이 "그렇다면 시간여행에서 말하는 시간의 정도는 어디까지인가요?"라는 질문을 한다. 개인적으로 1, 3, 5, 8, 13년을 단계로 투자 호흡을 늘리는 방법을 권한다. 1년 시간여행을 통해 자신의 투자 호흡을 조절하고 실행했다면 다음 목표는 3년을 잡고 실천해본다. 3년이 성공했으면 그 다음에는 투자 호흡을 5년으로 늘려나가는 식이다.

종목 선정만 잘해도 투자의 절반은 성공이다

시간여행을 하기 위해서는 투자 대상 종목의 선정 방법과 투자자금의 성격을 구분해야 한다. 투자 호흡이 1년도 안 되는 투자자가 3~5년으로 목표를 잡고 투자하면 중간마다 다른 종목과 비교하거나, 최악의 시간 영역에서 투자 판단을 잘못하여 손절로 결과를 마감하거나, 다른 투자 행위를 하는 경우도 많다. 그렇기 때문에 시간여행 투자는 적립식

펀드와 같은 방식으로 훈련을 하거나 전체 자금 중 각각 시간여행을 하는 자금의 비중을 정하고 그 대상 자금만 투자에 적용시키는 훈련을 하는 것이 좋다. 일반적으로 10년 불입 정기예금은 지키기 힘들더라도 3년 불입 정기적금이나 정기예금은 내공이 약한 투자자들도 실행할 수 있다. 따라서 1~3년 시간여행 투자 전략을 먼저 훈련한 후 익숙해지면 시간여행 투자 기간을 늘려가자.

30년 이상 주식시장에서 싸워보니 어느 구간에서는 귀신같이 타이밍을 맞추고 수익을 크게 내는 경험을 하다가도, 또 어느 구간에서는 탐욕의 화신이 나를 사로잡아 '한방에 훅 가게' 하는 경험도 하게 되었다. 매수·매도 타이밍을 맞출 자신이 없고, 또 시점이 언제인지는 아무도 모르기 때문에 기회비용을 고려한 모멘텀 투자(기술적 분석과 시장 심리 및 분위기 변화에 따라 추격 매매하는 투자 방식)보다는 어찌 보면 단순 무식할 수도 있는 시간여행 투자 호흡으로 바꾸게 되었다.

투자의 절대 기법을 찾으려고 다양한 기술적 분석 기법을 연구하고, 심지어 알고리즘을 만들어 프로그램으로 활용해보았지만 결과는 만족스럽지 못했다. 결과가 좋았더라도 그것을 결정하는 '나 자신'이 꼭 사고를 치게 만드는 것이 변동성이 큰 주식 상품이다. 그렇기에 이런 리스크를 극복하는 최선의 방법은 어느 구간까지는 저축 같은 호흡으로 시간여행 전략을 구사하는 것이다. 실수를 시간으로 상쇄시키는 방법이 실전 투자에서는 효과적이라고 판단했다.

그렇다고 해서 아무 종목이나 선택해서 정해진 기간 동안 보유하는 것이 시간여행 투자 전략이라고 착각해서는 안 된다. 시간여행을 하는 종목을 보면 재무구조가 취약한 기업도 있다. 그런 종목도 시간여행 투자 대상이 되는가 하는 질문을 하는데, 당연히 포함된다. 현재 보이는 것만 가지고 투자 전략을 세워서는 안 된다. 투자 결정을 할 때는 항상 그려보고 생각하는 훈련을 해야 한다.

일반적으로 투자 대상을 설정할 때 '보이는 것과 아는 것'의 투자 환경에서 찾는 것이 대부분이다. 하지만 누구나 다 알고 보이는 것에서 찾은 종목이 시장 대비 초과 수익을 내는 경우는 확률적으로 어렵다. 효율적 시장가설(어떤 투자자라도 정보를 기초로 한 거래로는 수익을 얻을 수 없다는 가설)을 통해 설명하지 않아도 실전 경험에 비춰보면 잘 알 수 있다. 투자자들 대다수는 누구나 이구동성으로 좋다고 떠드는 종목을 고점에서 매수했다가 크게 손해를 보는 경험을 많이 하기 때문이다. 상승을 해도 이미 대부분 주가에 호재가 반영되었기 때문에 상대적으로 수익률이 저조할 수 있다.

또한 '보이지 않고 모르는 것'이 많은 영역에서 투자 종목을 고른다는 것은 모래사장에서 바늘 찾기같이 어렵다. 이는 원숭이가 종목을 뽑아주는 것과 마찬가지다. 시간여행 대상 종목을 찾을 때 주력하는 투자 세상은 '아는데 현재는 보이지 않는 것'으로, 시간이 지나면 자연스럽게 확인되고 알 수 있는 것의 영역에서 종목을 선정하는 것이다.

팟캐스트를 진행하면서 시간여행 대상 종목으로 KT, 한전기술, 차바이오텍, 서부T&D를 자주 이야기했다. 차바이오텍, KT 같은 종목은 아

	아는 것	모르는 것
보이는 것	격차 없음	정보 격차
보이지 않는 것	시간 격차	찾을 수 없음

는데 현재는 보이지 않는 종목이다. 현재 재무구조가 취약할 수 있고 불확실한 시간의 격차가 실제 시장에서 어떻게 작용하는지 가봐야 아는 것으로, 실전 매매에서 시간여행 투자 원칙을 고수하고 보유해가는 데 어려움이 발생할 수 있다.

차바이오텍은 줄기세포치료와 관련된 제품을 개발하고 있다. 정부가 추진하는 의료민영화와 서비스활성화법이 통과되면 차병원 브랜드를 통해 줄기세포를 활용한 치료 및 미용에 관한 다양한 상품을 만들어서 판매할 수 있다. 이것이 현재의 매출성장성을 상상 이상으로 증폭시킬 수 있는 원동력으로 작동한다면, 그때는 누구나 다 알고 보이는 종목이 될 것이다. 현재 1만 4천 원대에 거래되는 가격보다 급등하여 거래되지 않을까 하는 생각에 3년 단위 시간여행 투자 종목 대상으로 선정했다.

KT는 한국을 대표하는 통신업체다. 그동안 구조조정을 거치면서 부실 부분을 털어내고 인터넷은행과 통신 및 콘텐츠의 플랫폼 세상에서 핵심적인 역할을 할 수 있는 기업이 될 가능성이 있다고 판단했다. KT 는 과거 2만 원대 한국전력과 거의 비슷하게 공기업의 민영화 과정과 자산 가치 재평가 및 전력 요금 현실화 등이 실현되면 4만~5만 원 이상에서 거래될 것으로 판단되어 시간여행 대상으로 선정했다.

또한 보이는데 아직 알지 못하는 것의 투자 세상에서는 투자자들 사이에 정보 격차가 발생하는데 여기서 생기는 격차가 투자 수익에 큰 차이를 준다. 이런 기준으로 설정한 종목이 서부T&D이다. 서부T&D는 용산에 고급 호텔을 짓고 있다. 그 옆에 호텔신라와 면세점이 있기 때문에 중국 관광객들이 많이 찾을 것으로 예상된다. 향후 용산 개발 계획이 전개된다는 것은 알고 있는 사실이지만 어떻게 될 것인지는 지나봐야 알 수 있기 때문에 지금은 보이지 않지만 미래에는 큰 변화가 있을 것이다. 그 시점에서는 현재 상황보다 더 높은 가치가 주가에 반영될 것으로 판단해서 선정한 종목이다. 또한 서부T&D가 보유한 부동산 가치가 미래에 어떻게 변할지 생각해보면, 이 부분도 주당 순자산 가치가 우상향할 것으로 예측된다. 아는데 현재 수치로는 보이지 않는 상황에서 미래지도를 미리 그려보고 시간여행 대상으로 선정했다.

이렇듯이 시간여행 대상 종목은 현재 보이는 것과 아는 것을 기준으로 선정하지 말고 미래의 변화가 예상되고 판단되는 종목을 중심으로 현재 재무구조는 취약하지만 시간이 지나면서 재무구조도 우량한 기업으로 변신할 가능성이 있는 대상을 찾는 훈련을 하는 것이 중요하다. 따라서 시간여행 투자자들은 그 기업에 가보거나 실적보고서를 꼼꼼히 읽어보고 현재의 기업 가치와 1년 후, 3년 후, 10년 후 미래 기업 가치의 변화를 생각하는 훈련을 계속하면서 실제 진행되는 속도도 추적하는 등 동태적으로 점검해가는 것이 중요하다.

지속 가능성과 생존 가능성이 있어야 실패하지 않는다

"시간여행을 왜 해야죠? 오히려 기회비용 상실이 아닐까요? 때가 되었을 때 투자하는 게 진정한 고수라고 생각이 됩니다."

시간여행에 대해 설명하다 보면 이런 질문을 많이 받는다. 대부분 실전 경험이 부족하거나 이론으로만 생각한 투자자들이 많이 하는 질문이다. 물론 때가 되었을 때 투자하는 것은 중요하다. 그것을 모르는 사람은 없다. 그런데 그때를 정확하게 집어낸다면 소위 말하는 '신의 경지'에 있는 사람들이다. 투자 경험이 50~60년 정도 지나면 달라질 수 있을지 모르겠지만 현재까지의 경험을 돌이켜보면 그때를 맞춘다는 것은 정말 어렵다. 맞추었다 해도 주가 변동성에 초심을 잃고 실제 매매는 사망의 골짜기로 빠져서 헤매는 경험을 하는 경우도 허다하다.

한때 실제로 귀신같이 때를 맞춰 투자 수익을 많이 얻어 신문에 대서특필될 정도로 유명세를 타는 경험도 해보았지만, 더 중요한 것은 지속 가능성과 생존 가능성이라는 것을 깨달았다. 투자로 큰 부를 이룬 유명 투자자들 중에서도 관리 또는 투자 판단을 잘못해서 한순간에 부를 잃고 시장에서 사라진 투자자를 수없이 봐왔다. 그렇기 때문에 '시장에 겸손하라'는 말을 항상 마음에 품고 실천하고 있다.

실전 투자 세상에서는 우상향을 평탄한 직선으로 생각하지 않고 여러 가지 장애가 있는, 소위 말하는 '산 넘고 물 건너야 하는' 굴곡을 가진 선으로 생각해야 한다. 어떻게 견뎌내고 조절해야 하는가는 평탄한 직선의 세상에서는 알 수 없다. 실제 시장은 그렇게 평탄하게 작동하지 않는다. 목표를 가지고 시간여행 투자를 강조하는 이유도 목표를 달성하기 전까지 수많은 회의와 공포가 의사결정의 변경을 강요하고, 소위 기회비용이라는 유혹에 의해 매도와 매수를 반복하며 본인이 예상했던 결과와 정반대의 상황을 경험하게 되는 것이 비일비재하기 때문이다. 시간여행 투자는 이런 변동성과 불확실성을 무시하고 단순하게 시간이라는 개념 하나로 수많은 불확실성과 유혹의 공포, 그리고 탐욕의 터널을 벗어나서 정해진 시간까지 일단 가보는 아주 단순한 투자 전략이다. 투자의 변동성과 불확실성을 단순하게 시간이라는 변수 하나를 가지고 대응하는 것이다.

각자의 투자 내공과 투자 호흡을 먼저 파악하고 시간여행 대상 종목을 선정하는 것이 제일 중요하기에 보이는 것과 보이지 않는 것의 사고체계와 아는 것과 알지 못하는 것의 사고체계를 시스템화해서 대상 종목을 선택하는 것이 필요하다. 실제 시장이 작동하는 메커니즘은 더 복잡하고 더 불확실하고 변동성과 방향성의 조합이 더 다양하다. 따라서 자신의 실행 능력을 키우고 투자 호흡을 조절하는 마인드컨트롤을 통해 훈련해야 한다.

시간여행 대상 종목을 선정할 때는 현재 보이는 것과 보이지 않는 것을 구분해내고 정부와 기업의 정책을 확인하고, 시장에서 움직이는 현재 주요 동력이 무엇인지 체크해본다. 그러면서 정책이 실제로 어떻게 작동해나가는지 검토하며 정책을 평가해야 한다. 정책수단들을 평가함에 있어 즉각적으로 나타나는 예측 가능한 효과에만 집착하는지, 당장 결과가 나타나지 않더라도 중장기적 지속 가능성에 집중하면서 큰 변화를 도출해내는지를 검토해가야 한다.

여기서 자유의지와 경제적 합리성과 비합리성을 같이 들여다보는 것이 중요하다. 모든 행태의 정부 개입은 개인의 자유를 제한한다. 개인의 자유를 제한함으로 인해(정부의 개입이 없었더라면 각자 취했을 유익한 행동들 중에) 사라져버릴 것이 어떤 것인지도 고려되어야 한다. 경제활동의 영역에서 이루어지는 것들은 그것이 하나의 행동이든, 제도든, 법이든 간에 한가지 효과에만 그치지 않고 연속된 효과들을 만들어낸다. 이런 일련의 효과를 연결시키는 작업이 가장 중요하다. 연결고리 사고 과정이 시간여행 투자에 핵심 요소인 것이다.

시간여행 투자 전략을 시스템화하자

일부 투자자들은 시간여행을 전략적 판단에 따른 장기 보유 전략이 아닌 손실 만회를 위한 전략으로 착각하기도 한다. 혹은 무조건 종목을 매수하고 일정 시간까지 보유하는 것이 시간여행 투자법이 아니냐는 질문을 하기도 한다. 결론부터 이야기하면 반은 맞고 반은 틀리다.

시간여행이라는 말 자체에서 느낄 수 있듯이 단기가 아닌 장기 투자를 모토로 하지만 그렇다고 아무 종목이나 투자 대상이 되지는 않는다.

시간여행 투자 종목은 미래지도와 미래성장, 지속 가능성 등을 체크해 미래의 그림이 그려지는 종목을 대상으로 하며 투자 기간 자체도 주가 흐름에 따라 때로는 시간을 더 늘리거나 앞당기기도 하면서 탄력적으로 움직인다. 따라서 시간여행 투자는 변화하는 상황에 대응할 수 있도록 의사결정 시스템을 만들고 이에 따라 투자 전략을 운용한다.

시스템을 만드는 과정은 다음과 같다. 먼저 X축은 시간, Y축은 상승률로 지정하고 일정 시간 대비 상승률을 확인한다. 이때 대상 종목의 지속 가능성과 목표 달성에 필요한 예상 기간을 고려해 자금을 배분하고 전체적인 투자 기간을 설정한다. 3~5~8~13개월을 한 호흡 마디로 설정한다. 이 호흡을 3번 완성하면 어느덧 39개월이 지난다. 이 기간 사이 구간을 정하는 마디 변곡점에 Y축의 상승률 오차를 측정하고 이를 통해 상대탄력성을 조절한다.

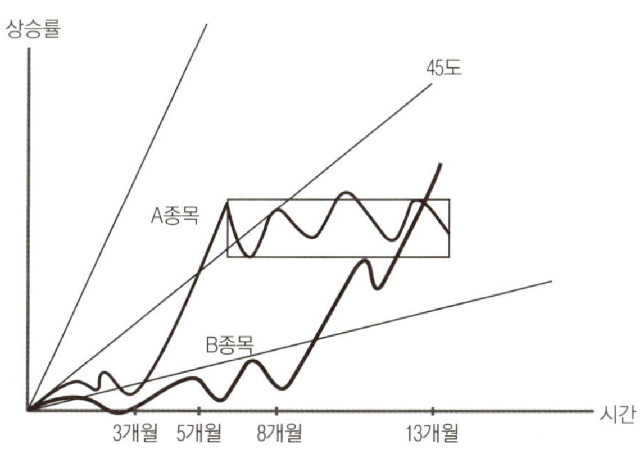

▲ 시간여행 그래프의 예

여기서 상대속도와 상대탄력성, 변동성 개념을 이해하고 기준을 마련하는 것이 중요하다. 물리학에서 배우는 가속도와 상대속도의 기본적인 개념을 알아야 이를 투자에 제대로 접목시킬 수 있으며 주가의 구간별 상승탄력성을 확인할 수 있기 때문이다. 해당 개념의 사전적 의미를 살펴보면 다음과 같다.

상대속도는 어떤 물체의 움직임은 물체를 관찰하는 관찰자의 운동 상태에 따라 다르게 인식된다는 말로, 관찰자와 물체의 운동 방향이 같으면 물체는 실제보다 느리게 움직이는 것처럼 보이지만, 운동 방향이 반대일 때는 실제보다 더 빠르게 움직이는 것처럼 보이는 것을 말한다. 물체나 관찰자 모두 속도 개념을 사용하고 있기 때문에 방향성을 고려하며 일반적으로 오른쪽과 위쪽은 +방향, 왼쪽과 아래쪽은 −방향으로 표시한다.

> 상대속도 = 상대 물체의 속도 − 관찰자의 속도

가속도는 속도의 변화량을 말한다. 단순히 속도가 증가하는 것이 아니라 단위 시간 동안 속도의 증감 정도를 가리킨다. 가속도의 방향은 속도 변화량의 방향과 같다. 예를 들어 한 방향으로 직선 운동하는 물체의 속력이 증가하면 나중 속도가 처음 속도보다 크기 때문에 +가속도를 갖게 된다. 반대로 속력이 감소하면 처음 속도가 나중 속도보다 크기 때문에 −가속도를 갖게 된다.

가속도를 사용하면 평균가속도와 순간가속도를 구할 수 있다. 평균가속도는 특정 시간 동안의 평균적인 가속도를 말한다. 시간 t_1과 t_2 사이의 속도가 v_1에서 v_2가 되었다면, 평균가속도= v_2-v_1/t_2-t_1이며 이는 곧, 직선 AB의 기울기다. BC/AC의 평균가속도에서 t_2-t_1을 매우 짧게 하면 v_2-v_1도 매우 작아지는데, 이때의 가속도를 순간가속도라고 한다. 다음 그래프에서 A에 접하는 접선 AD의 기울기 CD/AC가 t_1에서의 순간가속도다.

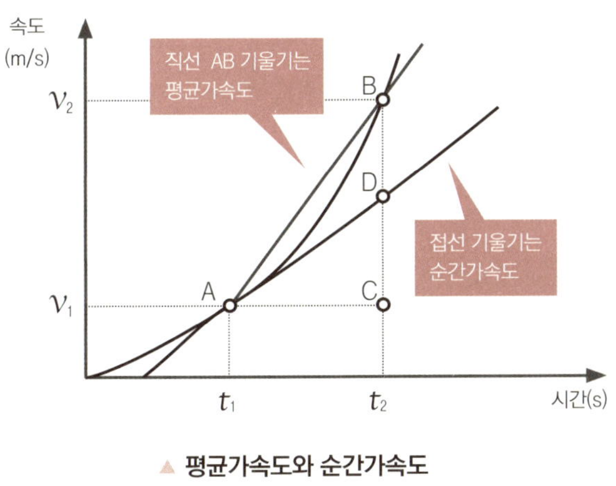

▲ 평균가속도와 순간가속도

개념을 이해했다면 이번엔 상대속도와 가속도를 투자 대상 종목으로, 관찰자의 방향성은 투자자의 심리로 바꾸어 시장에 대입해본다. 실전 투자에서는 한 업종 안에서 동일한 재료에 반응해 같은 움직임을 보이는 종목과 똑같은 재료에도 정반대 움직임을 보이는 종목이 있다. 이는 재료의 노출 강도에 따라 반응하는 탄력성이 종목마다 다르기 때문이다. 이러한 상대탄력성을 이용한다면 같은 업종 안에서도 종목별로 비율을 다르게 조절해 수익률을 극대화시킬 수 있다.

최근 중국계 자금의 유입으로 부동산과 카지노 관련주가 상승하고 있다면 관련주를 찾아보고 종목별로 상승탄력성을 비교해본다. 그 차이를 이용해 먼저 급등한 종목의 한계탄력성이 둔화되는 시점(상승률이 둔화되는 시점)에 투입한 50% 물량을 매도한 뒤, 그 구간까지 움직이지 않았거나 상승 초기에 있는 종목으로 자금을 이동시킨다. 그리고 해당 종목이 시세를 내면 또 자금을 투입해 같은 방식으로 투자하는 식이다. 평균가속도와 순간가속도 오차를 이용해 상승 초기에 있는 종목으로 이동하는 전략은 한정된 자산을 늘리는 효과적인 방법이다. 실제 전 세계 헷지펀드(파생금융상품을 활용하여 높은 운용수익률을 얻고자 하는 펀드) 역시 이러한 상대속도 개념을 이용해 수익을 내고 있다.

최근 중국 자금이 유입되면서 상승한 종목은 영종도 개발과 제주도·용산 부동산 개발 등 카지노, 면세점, 호텔의 연결고리가 형성되어 있는 종목들이다. 서부T&D, GKL, 파라다이스, 호텔신라, 현대산업, 롯데관광개발 등 관련 종목들을 짝지어보며 상대탄력성 조절 훈련을 해본다. 2016년 5월 기준 해당 종목들의 주가 위치는 다음과 같다. 이 글을 접하는 시점의 주가 위치와 비교해보고, 해당 기간 동안 노출된 재료를 통해 미래 주가 흐름을 예측해보자.

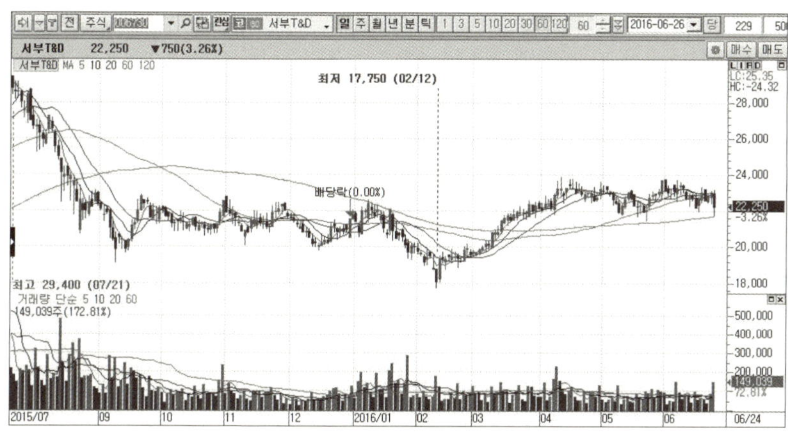

▲ 서부T&D 일봉상 주가 흐름

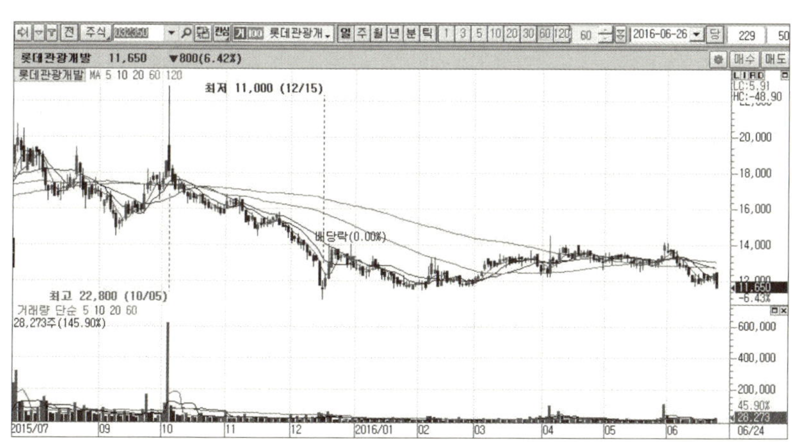

▲ 롯데관광개발 일봉상 주가 흐름

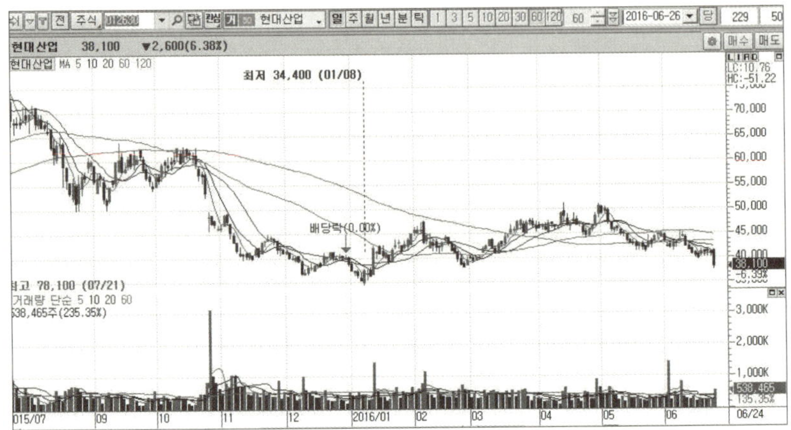

▲ 현대산업 일봉상 주가 흐름

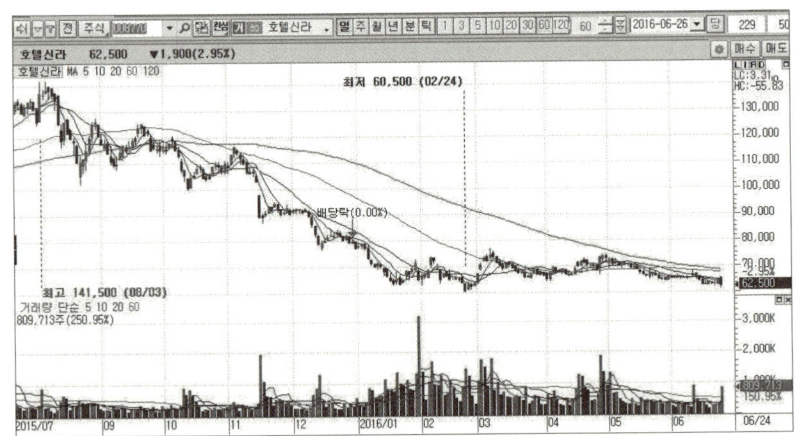

▲ 호텔신라 일봉상 주가

▲ GKL 일봉상 주가 흐름

▲ 파라다이스 일봉상 주가 흐름

상대속도 전략이 항상 시장에 먹혀드는 것은 아니다. 오히려 반대로 작동할 때도 있다. 따라서 이 전략이 성공했을 때와 실패했을 때의 매매구조를 나누어 시스템화하는 훈련이 필요하다. 재료 노출 시점과 수급을 함께 확인하며 중심값을 찾고, 지지선을 설정하는 등의 기술적 방법은 챕터 3에서 소개한다.

누구나 매매하는 과정에서는 시행착오가 발생하기 마련이다. 그러나 이러한 생각의 훈련과 실전 투자 경험을 반복적으로 쌓아가다 보면 스스로 매매의 감각을 터득할 수 있으며 이를 통해 시장의 잔파동에 흔들리지 않는 자신만의 호흡을 기반으로 한 투자 전략을 세울 수 있다.

실전 투자
제대로 하기

기술적 분석과 기본적 분석이 필요할까?

실전 투자에 있어 기술적 분석이 효과적인지, 기본적 분석이 효과적인지에 대한 질문을 하는 투자자들이 많다. 또한 HTS(Home Trading System, 홈트레이딩시스템)를 통해 그래프를 파악하여 매수와 매도를 판단하거나 기업의 실적을 보고 투자 기준을 설정하기도 한다. 처음 주식 투자에 입문해서 10년 동안은 기술적 분석에 심취해서 엘리어트 파동, 일목균형표, 갠의 각도이론, 그랜빌의 법칙 등을 공부하며 시스템 알고리즘을 만들어 여러 가지 변수를 적용하는 등 다양한 접근을 시도해보았다. 초보투자자들에게는 가장 쉽게 접근할 수 있고 가장 쉽게 성취감을 맛보게도 하지만 '한 방에 훅 가게'도 하는 것이 기술적 분석 기법이다. 여기서 회의를 느끼면 가치투자자의 길로 접어들게 된다.

'그래, 기업을 바로 알아야 해!' 이런 생각으로 발로 뛰며 기업 탐방도 해보고 그 기업의 보유자산과 인적자산, 그리고 대주주의 경영철학 등 다양한 방법으로 분석하여 해당 기업에 종사하는 사람들보다 그 기업에 대해 더 많이 알고 연구했다. 그런데 많이 알고 세세하게 분석한다고 해서 투자수익으로 연결되는 것은 아니다. 시장은 나를 철저히 무시하고 반응하지 않아 더욱 외롭고 고독해지는 경험을 하기도 했다. 기술적 분석을 통해 좋아 보이는 대상 종목과 현재 가치투자를 하고 있는 대상 종목과 비교를 해보며 초조해지기도 했다. 투자한 기업에 대한 나름대로의 미래지도를 가지고 있고, 그 미래지도에 따라 되리라고 굳게 믿으며 묵묵히 투자를 하면서도 갑자기 어느 순간 회의와 공포와 고독에 빠지게 되어 그동안 걸어왔던 투자 철학을 한순간에 버리는 행동도 하게 되는 것이 가치투자자의 길이다.

얼마나 고독하고 외로우면 가치투자자들 사이에는 "목숨을 걸고 투자하라"는 말까지 있다. 가치투자자는 하루아침에 성과를 거둘 생각을 하지 말고 호흡을 길게 가져가야 한다. 투자의 세상에서는 기술적 분석보다 더 중요하고 반드시 알고 실행해야 하는 사고체계가 가치투자이기 때문에 공부하며 실천하는 실행 능력을 함께 키워야 한다.

기술적 분석이든 기본적 분석이든 투자의 세상을 이해하고 대응하는 능력을 키우는 데 기본적으로 모두 이해하고 사용할 수 있는 수준까지는 공부해야 한다. 하지만 이것이 절대법칙이라는 오류에 빠지지 말

자. 분석 도구를 이해하고 사용하면 투자에 성공한다는 인식을 버리자. 기본적·기술적 분석이 실제 투자와 잘 맞아 떨어지고 유용하게 사용되는 구간이 있는 반면 실제 흐름과 반대로 작동하거나 시장에서 그 법칙이 무시되는 구간도 있기 때문에 실전 투자에 투자자 스스로 적응하는 능력을 키우는 것이 더 중요하다. 따라서 기술적 분석과 기본적 분석 외에 심리학, 철학, 과학과 같은 학문을 공부해서 투자 경제학에 융합시키는 노력을 해보자. 현재 '복잡계 경제학' 혹은 '복잡계 투자학'이라고 말하는 학문의 영역을 이해하고 그것이 만들어내는 다양한 실전 투자 패턴을 습득하면서 시장에 적응하는 능력을 키우는 것이 필요하다.

불량 종목도 필요할 때가 있다

중국 면세점테마주, 정치테마주와 같은 종목에 투자하다 보면, 매매 대상 중 상장폐지 당하는 기업들이 생기는 경우가 종종 있다. 실제 이런 종목에 투자하고 후회하는 투자자들도 많이 봤다. 그러다 보니 불량 종목은 근처에도 가지 않는 것이 좋다고 쉽게 말할 수도 있지만, 실제 시장에서의 이야기는 조금 다르다. 연애도 책으로 볼 때와 실전 경험이 전혀 다른 것과 같이 주식도 마찬가지다. 다소 호흡이 완만한 시가상위 종목의 매매 패턴에 적응하기 힘든 사람들이나 단기간에 큰 수익을 원하는 투자자, 초기 운영자금이 적은 이들에게는 정크펀드(수익률은 높지만 신용도가 낮은, 고수익·고위험 펀드) 전략을 세워주기도 한다.

정크펀드 전략은 적자 기업이지만 새로운 사업을 통해 침체의 늪에서 벗어나려는 움직임이 보이는 회사를 대상으로 한다. 이들 중 주가 조작이나 작전에 연관된 종목은 상승 초기에 매수한 뒤 어느 기준 이상의 수익을 달성하면 분할로 매도한다. 그러다 어느 시점 이후로는 해당 종목을 매매하지 않는다. 정크펀드를 매매할 때는 확실한 기준을 설정하고 이 기준은 반드시 지킨다는 절제력이 필요하다. 그리고 어느 정도 자금을 키운 후에는 해당 자금을 반드시 매매해 우량주나 가치주로 중심을 이동시켜 안정적인 투자를 이어나가도록 한다.

불량 종목은 아무래도 위험이 크기 때문에 순발력 있게 대응해야 하며 투자금이 많을수록 감당해야 할 부담이 커지기 때문에 아무래도 20~30대의 호흡이 짧은 젊은 투자자들에게 적합하다. 이들은 아직 운영하는 자금 규모가 적고, 젊어지고 있는 사회의 무게도 적기 때문에 다른 연령대의 투자자들에 비해 위험을 안고서라도 공격적으로 투자할 수 있다. 정크펀드를 투자하기 전에 각종 공부와 훈련을 통해 매매 잣대를 설정하는 방법을 익히고 실전에서 정크펀드 매매 감각을 키워야 한다. 특히 정크펀드에 대한 이해와 시가상위 종목의 투자 전략, 가치주 및 성장주별로 상이한 투자 전략 등을 이해하고 대응하는 법을 확실하게 체득한 뒤 실전 매매에 나서는 것이 중요하다.

마치 옵션 매매에서 방향성을 잘못 설정하면 일순간에 깡통계좌로 전락해버리듯 정크펀드 관련주도 위험성이 크기 때문에 투자를 할 때는 반드시 한정된 자금으로 해야 한다. 최악의 경우 상장폐지당하고 해당 종목을 정리하는 경험을 하게 될 수도 있기 때문이다. 따라서 정크펀드 관련주 투자는 전체 자산의 10~20% 수준에서만 자금을 투입하도록 한다.

투자를 할 때는 자금을 한곳에 집중시키지 않고 매매 대상을 분산한다. 매매 종목은 10~20개, 투자자금은 한 종목당 100만 원에서 최대 300만 원으로 한정하는 것이 좋다. 여기서 제시한 투자 금액은 투자 원금 1억 원을 기준으로 설정했기 때문에 개인투자자들은 본인의 투자 규모에 따라 투입 금액을 조정하도록 한다.

10~20개에 달하는 종목에 분산투자하고 목표 단가에 진입하거나 단기간에 45도 이상의 각도로 급등한 종목은 매도 후 접근하지 않는다. 두더지 게임처럼 성공한 종목의 수익률은 바로 챙기고 나오는 것이다. 마치 옵션거래에서 양매수 베팅을 할 때 콜과 풋에 각각 100~300만 원의 자금을 투입하고 성공하는 행사 가격의 추세에 집중, 실패한 행사 가격은 손절 단가를 정해 청산하는 것처럼 정크펀드도 관련주 중심으로 상승 각도가 유지되는 구간에서만 매매하고 시스템 구조 변동폭을 구조화해 목표가를 설정하여 대응한다. 세력주 패턴을 보이는 테마주의 경우 모멘텀이 무엇인지 체크하고 수급과 시장에너지를 중점으로 체크하면서 매매 기준 잣대를 시스템화해 대응한다.

정크펀드 운용 전략은 한정된 자금으로 다양한 종목에 분산투자하는 것이 핵심이다. 투자 금액이 아무리 많아도 정크펀드에는 절대 일정 수준 이상의 금액을 투자하지 않는다는 원칙이 반드시 필요하다. 이러한 투기 종목은 변동성이 저점기준 100~1000%까지 나타난다. 성공하면 그야말로 대박이지만 실제 주식시장에서는 대박보다 쪽박, 아니 그보다 못한 깡통이 되는 경우가 비일비재하다. 투입 자금 규모가 커지면 정크펀드에서 실패한 손실을 만회하기 위해 보유하고 있는 우량주를 매도해 자금을 마련하거나 다른 현금 자산을 추가로 유입시켜 손실을 더 키우는 실수를 하게 된다. 따라서 전체 자산 중 일부만 정크펀드 운용에 사용한다는 원칙을 세우고 지켜나가야 한다.

실전에서 20개 종목으로 분산투자를 하면 1, 2개는 300~1000% 급등하는 구간이 생긴다. 운이 좋으면 그 수익을 내 것으로 만들며 투자금액의 3~10배에 달하는 수익을 얻게 된다. 그런데 이때 만약 해당 종목에 큰 금액을 투입했다면 주가의 상승파동을 오롯이 즐길 수 없다. 불안한 마음에 중간에 일단 매도하게 되고 나중에서야 급등한 파동을 보면서 땅을 치고 후회하게 된다. 그러나 한 종목에 적은 자금을 투입시켰다면 어차피 액수가 적으니 부담도 적고, 큰 수익이 날 때까지 일단 기다려본다는 전략을 이어나갈 수 있다.

반대 경우도 마찬가지다. 일부 종목이 급등하기도 하지만 불량 종목들을 편입하다 보면 주가가 50% 이상 손해를 보거나 상장폐지에 거래정지가 되는 경우도 종종 생긴다. 이때 한 종목의 비중이 지나치게 크고 극히 적은 종목에 자산을 집중시켰다면 불량 종목의 시세로 인하여 전체 자산이 영향을 받게 된다. 전체 포트폴리오가 망가지게 되는 것이

다. 따라서 정크펀드는 전체 자산의 20%를 넘기지 말고 여러 종목으로
분산 투자하는 것이 무엇보다 중요하다.

정크펀드, 제때 사고 제때 팔자

정크펀드 운영의 기본 원칙은 투자 비중 조절과 분산투자다. 그러나
이 두 가지만 지키면 안전한 투자를 할 수 있다는 말은 결코 아니다. 이
는 어디까지나 기본일 뿐, 제대로 투자하기 위해서는 세력주와 작전주
패턴 연구를 통해 매매 대상을 찾는 눈과 실전 수급의 흐름과 매매 패턴
을 인지할 수 있는 감각이 필요하다. 이러한 수준에 오르기 전에 무턱대
고 정크펀드를 샀다가는 낭패를 볼 수도 있다.

2016년 4월 4일 기준, 사업보고서 제출과 관련해 상장폐지 사유 발
생으로 엠제이비, 엔에스브이, 제이앤유글로벌, 현진소재, 용현BM 등
12개 업체는 거래정지 상태다. 2015년 하반기부터 국내 증시에서 가장
뜨거운 테마는 중국 자본 유치나 중국 면세점 사업 진출이었다. 그런데
이런 호재를 시장에 퍼뜨리며 주가 부양에 나선 곳들 중 다수가 상장폐
지를 앞두고 있는 것이다. 멋모르고 투자에 나섰던 개인투자자들은 상
장폐지 이야기에 당황스러울 수밖에 없다.

이런 회사 중 대표적인 곳이 바로 엠제이비다. 엠제이비는 중국 기
업을 대상으로 한 유상증자 추진 관련 공시를 지속적으로 내며 투자자

들의 기대치를 높여왔다. 지난 2015년 12월 1일 중국상해성운문화전파유한공사를 대상으로 115억 원 규모의 제3자 유상증자 배정을 단행한다고 공시했고 이틀 뒤인 12월 3일 중국상해성운문화전파유한공사의 모회사인 중추금융과 전략적 제휴를 맺었다는 보도자료를 냈다. 공시 내용만 보면 중국 자본 유치를 통해 핀테크 사업을 추진하는 것처럼 보였다. 그러나 115억 원 규모의 유상증자는 납입대상자의 미납입으로 돌연 불발됐다. 유상증자 실패 공시가 나온 2월 29일, 엠제이비는 다시 중국 국영투자기관 ISPC를 대상으로 100억 원 규모의 유상증자를 결정했다는 공시를 내지만 이 또한 납입 문제로 실패로 끝났다. 상장폐지 발표가 있던 2월 22일, 기타법인이 21억 700만 원어치를 팔아치운 가운데 개인투자자들은 21억 8900만 원을 순매수했다. 기타법인의 주식이 고스란히 개인투자자들에게 흘러간 모양새다. 그리고 감사의견 거절을 이유로 2월 22일부터 거래정지 상태에 들어갔다.

엔에스브이도 마찬가지다. 엔에스브이는 2015년 11월 북경면세점사업단으로 최대주주가 바뀐다는 공시가 나오면서 사흘 연속 상한가를 기록하기도 했다. 이후 북경면세사업이 순항하고 있다는 소식을 전하고 주주총회에서는 배우 정준호 씨를 이사로 선임하자 엔에스브이에 대한 관심은 더욱 뜨거워졌다. 그러나 2016년 2월 22일 회계법인으로부터 의견 거절을 받고 거래가 정지되면서 개인투자자들의 원성을 사고 있다.

이밖에도 거래정지 불과 일주일 전 중국보세 면세사업권 독점공급

계약 체결 소식에 상한가까지 오른 제이앤유글로벌, 중국계 모바일 게임사와 국내사모펀드를 상대로 한 유상증자 소식에 보름 만에 주가가 5배가량 뛴 용현BM 등 하나하나 사례를 열거하다 보면 끝도 없을 만큼 많은 회사가 중국 모멘텀으로 투자자를 유혹했으며, 실제 이 과정에서 상당수의 투자자들이 빠져나올 수 없는 늪에 빠지고 말았다.

모든 이슈가 드러난 후에야 절대 이런 종목은 매매하지 않겠다는 경각심이 생기게 마련이다. 하지만 대형 호재가 만발하고 주가가 급등하던 당시에는 큰 수익에 대한 기대로 홀린 듯 해당 종목을 매수하게 된다. 정크펀드의 위험성을 생각하지 않은 채 말이다. 불빛을 보고 뛰어드는 불나비처럼 상승하는 종목에 무턱대고 따라붙다가는 크게 후회할 수 있다. 따라서 정크펀드 종목의 속성을 미리 공부하고 해당 종목들의 상승스토리와 매매수급 변화를 파악해 전략적으로 접근해야 한다. 대체로 단기간에 급등하고 불빛이 사그라지는 종목들의 특징은 다음과 같다.

- 기존 사업과 관련 없는 테마성 재료가 갑자기 나온다.
- 출처를 알 수 없는 자본을 유치한다.
- 전환사채나 제3자 유상증자 배정을 자주 한다.
- 유명인을 주주로 편입시켜 언론몰이를 한다.
- 스토리(중국 자금이 투입된다는 등)를 퍼트리며 주가를 급등시킨다.

2015년 중국 모멘텀이 주식시장을 지배하는 가운데 중국 면세점 사업 진출이나 M&A를 통한 중국계 자금 유입, 중국계 회사와 전략적 제휴 소식은 시장의 관심을 끌기 충분했다. 현재 상장폐지 사유발생으로 거래정지 상태인 종목들은 이러한 중국 모멘텀과 관련된 정보로 주가를 급등시켰다는 공통점이 있다. 그리고 초기 매집 물량은 각종 호재가 나올 때마다 조금씩 빠져나갔고 그 자리를 개인투자자들이 대신하고 있음을 주가와 거래량을 통해 확인할 수 있다.

주가가 300~1000%까지 급등한 종목들의 패턴과 상승·하락 구간별 거래량을 분석하면 상승 초기 시점에서의 진입이 관건이라는 것을 알 수 있다. 500~2000원 가격대인 종목 중 현재 가격이 120일 이동평균선(6개월간의 주가 흐름을 표시한 선) 아래에서 가격이 수렴되거나 몇 년간 움직이지 않고 바닥을 횡보한 종목을 대상으로 하며 그중 스토리를 만들 수 있거나 기업사냥꾼들이 노릴 수 있는 종목, 사전에 징후가 보이는 종목을 선정해 시세분출 이전에 초기 매수한다.

이미 뉴스가 노출되면서 저점 기준으로 어느 정도의 급등 각도가 나오면 매매 대상에서 해당 종목을 제외한다. 이때 45~60도 이상의 각도로 수직에 가까운 급등 파동을 보일 경우, 주봉을 통해 상승 각도와 수급을 체크한다. 상승 기준은 각자의 투자 호흡과 내공, 투자 성향에 따라 다르게 설정할 수 있는데 개인적으로는 500~1000원대 종목이 저점 기준 500% 이상 급등한 경우, 1000~2000원대 종목이 300% 이상 오른 경우는 매매 대상에서 제외한다. 물론 이 기준은 절대적이 아니며 어디까지나 개인적인 판단 기준에 따라 달라질 수 있다. 상승이 절정에 달하며 군집현상이 나타나면서 해당 주가에 대한 뉴스가 쏟아지기 시작한다. 대체로 이때를 상승 끝물이라고 판단하며 투자자는 급락에 대비해 매매 활동을 종료하고 해당 자금을 현금화한다.

거듭 말하지만 정크펀드 매매는 확실한 기준이 필요하다. 한정된 자금으로 최소 10~20개 종목에 분산투자로 대응한다. 그리고 실패했을 경우 어느 기준에서 손절하고 매매하지 않는다는 원칙이 필요하다. 10개 종목 중 1, 2개 종목은 상장폐지 되거나 원금이 반 이상 손실이 나는 등의 현상은 정크펀드 매매에서 비일비재하기 때문에 투자 호흡과 자금을 조절하는 투자자만 투자에 성공할 수 있다.

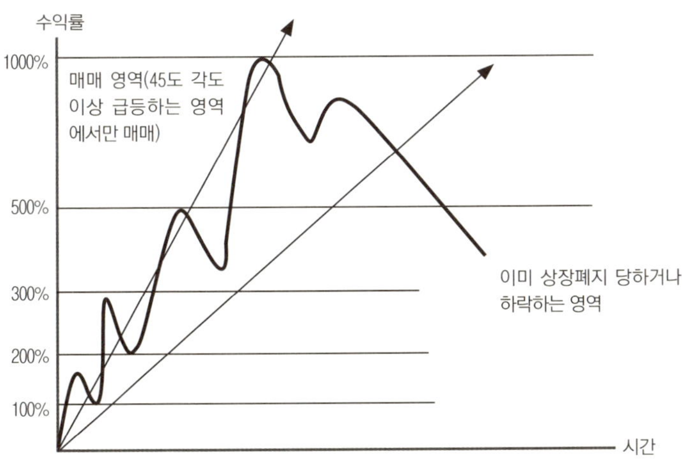

▲ 정크펀드 주가 흐름

이렇게 위험이 있음에도 정크펀드 매매에 반대하지 않는 것은 1, 2개 종목에서 실패해도 나머지 7~8개 종목의 성공이 100~500%까지 커질 수 있기 때문이다. 운이 좋으면 그 이상의 수익을 얻으며 투자금을 늘릴 수 있는 정크펀드는 그야말로 양날의 검이다. 따라서 급등할 가능성이 있는 종목에 초기에 진입해 기다리는 것이 투자에 따른 위험을 최소화하고 수익을 극대화시킬 수 있는 방법이라는 것을 인지하고 45도 각도 이상의 급등세를 보일 때는 매도 시점이지 추격 매수하는 시점이 아니라는 것을 반드시 명심해야 한다.

다음은 상장폐지 사유발생으로 인한 거래정지 종목들의 차트다. 120일 이동평균선 밑에서의 시작점 이후 각도가 어디까지 상승했는지, 상승을 이끈 재료는 무엇이고 수급 모멘텀은 어떻게 작용되었는지 확인해보자. 그리고 초기에 매수했다면 어느 시점에 매도했어야 했는지 생각해보자.

2015년 6월 1일 387원을 저점으로 2015년 11월 23일 5670원까지 오른 엠제이비의 일봉과 주봉 차트다. 저점대비 45도 각도에 오른 3000원선부터 기존 투자자들은 투자를 시작하지만 초기에 진입했던 투자자들은 분할로 매도하고 나오는 구간이다. 같은 기준으로 엔에스브이와 룽투코리아 차트도 확인해보자.

엔에스브이는 7000원 이상, 룽투코리아는 1만 5000원 이상에서 매매하지 않는 감각으로 대응했어야 한다. 그렇다면 시간을 되돌려 해당 종목들을 매수할 예정이라면 이 종목들을 어느 시점에서 매수했어야

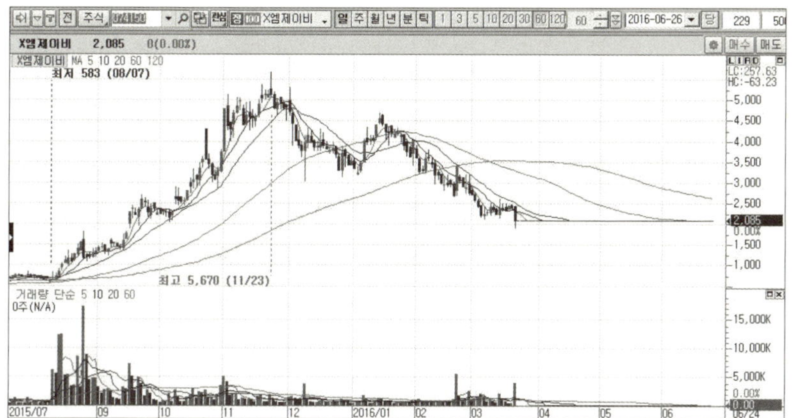

▲ 엠제이비 일봉 차트

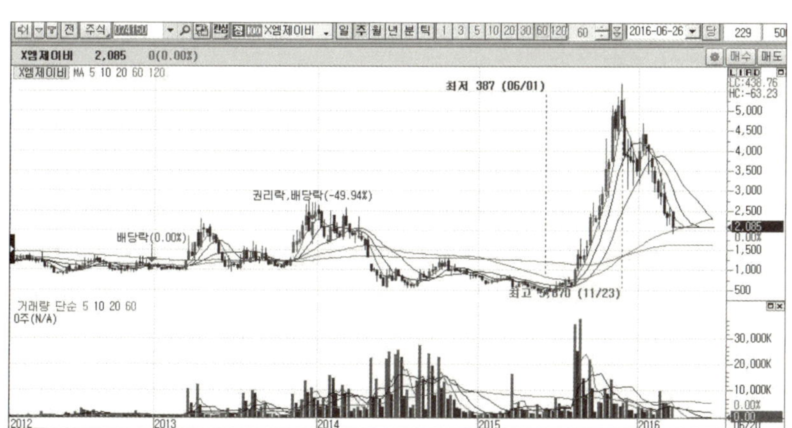

▲ 엠제이비 주봉 차트

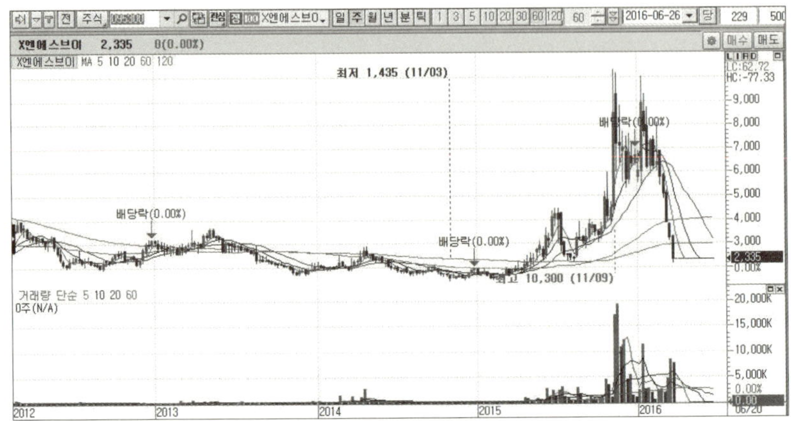

▲ 엔에스브이 주봉 차트

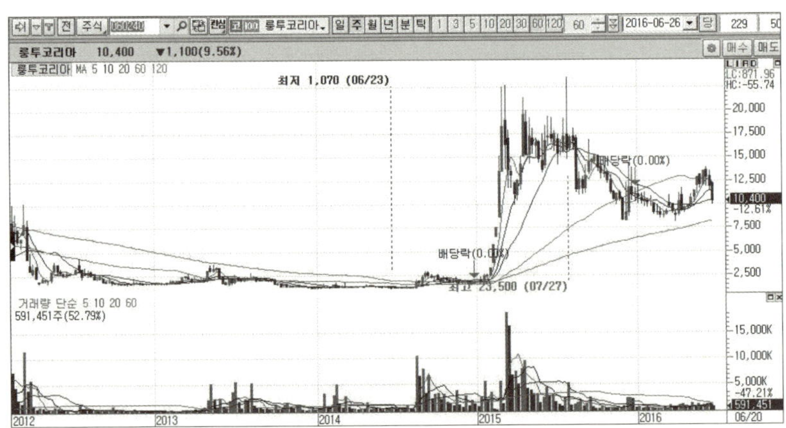

▲ 룽투코리아 주봉 차트

하는지, 또 본인의 포트폴리오에서 어느 정도의 자금을 투입해야 할지 생각해보자. 그리고 호재성 뉴스들이 나올 때 어떻게 대응하는 게 옳았는지 실제 매매 상황이라 생각하고 투자 전략을 세워보자. 현재 기준으로 본다면 거래정지가 된 종목이지만 시간을 과거로 돌리는 가상훈련을 하면 정크펀드 매매에 대한 감을 어느 정도 키울 수 있다.

세력주나 정크펀드 종목은 120일 이동평균선이 시작되기 전에 미리 생각하고 매매한다. 초급등세가 나온 뒤 120일 이동평균선이 붕괴하면 지속 가능성이 없을 위험이 높다. 따라서 매매하지 않는다는 전략을 세운다. 쓰레기를 처리하는 방법은 분리수거와 폐기처분 두 가지뿐이다. 불량 종목은 폐기처분되는 경우가 대다수다. 이러한 상황을 벗어나려는 움직임 속에 주식사냥꾼이나 작전세력이 동참하고 여론몰이를 통해 주식을 매력적으로 포장한다. 이때 비이성적인 과열 현상이 나오고 흥분한 개미투자자가 뛰어든다.

이미 망가질 대로 망가진 후에 대응한다는 것은 아무 의미가 없다. 상장폐지나 거래정지 상황에서는 청산을 위한 정리 매매밖에 방법이 없다. 따라서 실패한 투자가 되지 않기 위해서는 정크펀드 매매를 할 때 자금, 포트폴리오 비중, 투자 시점 및 매매 기준에 대한 원칙이 반드시 필요하다. 혹시라도 이러한 원칙을 지킬 수 없는 투자자라면 정크펀드와 작전종목 근처에는 가지도 않는 것이 좋다.

시장의 물줄기를 추적할 수 있는 ETF

주변을 둘러보면 '친구 따라 강남 갔다가 쪽박 찬' 경우가 상당히 많다. 사실 주식세계에서 이런 경우는 상당히 흔하다. 주식이 대박 났다는 지인을 따라 몰래 투자했지만 남은 것은 손실뿐, 무엇이 잘못되었는지조차 모르니 답답할 것이다. 최근에 "친구가 ELW에 투자해서 대박이 났어요. 그래서 저도 따라 투자했는데, 투자한 수천만 원이 현재는 수백만 원이 되었어요. 왜 그런 거죠?"라는 질문을 받은 적이 있다.

오늘날은 파생상품의 천국이라 할 만큼 과거에 비해 수많은 파생상품이 생겨났다. 굳이 증권사를 방문하지 않더라도 주거래 은행을 통해 해당 상품에 쉽게 가입할 수도 있어 접근성도 상당히 좋아졌다. 상품에 대한 정보는 굳이 전문가가 아니더라도 인터넷을 통해 간편하게 알아볼 수 있는 시대이지만, 이자가 많고 조건이 좋다는 은행이나 금융기관 창구 직원의 말에 무턱대고 ELS(주가연계증권, 개별 주식의 가격이나 주가지수에 연계되어 투자수익이 결정되는 유가증권), ELW(주식워런트증권, 특정 대상물을 사전에 정한 미래의 시기에 미리 정한 가격으로 살 수 있거나 팔 수 있는 권리를 갖는 유가증권), ETN(상장지수채권, 원자재 통화금리 변동성 등을 기초자산으로 해 이 자산의 성과대로 만기에 수익 지급을 약속한 증권), ELF(주가연계펀드, 증권사가 운용하는 ELS를 4종 이상 묶어서 운용하는 펀드) 상품에 가입하는 경우가 너무도 많다.

결론부터 이야기하면 해당 상품은 매매하지 않는 것이 좋다. 금융공학적으로 이해가 잘 되어도 수익이 나기 어려운 게 금융시장이다. 하물며 해당 상품이 어떻게 구성되고 운영되는지 잘 알 수 없는 ELS와 ELW, ETN 등의 상품에 투자하는 것은 투자로 인한 수익보다 투자로 인한 리스크가 몇 배나 더 크다. 은행 창구에서도 쉽게 가입할 수 있기 때문에 투자자 중에는 ELS나 ELW를 은행 예금이나 주식인 줄 잘못 알고 가입하는 경우도 많다. 대개 이런 상품에 가입하는 연령층은 60대 이상이거나 이제 막 재테크에 발을 디딘 사람들이 많다. 고령 투자자들은 시장 대응 능력이 떨어지는 것은 물론 위험 변동성이 어느 정도 자산 가치를 훼손하는지 알기 어려우므로 해당 상품은 피하는 것이 좋다.

채권이든 해외펀드 연계상품이든 높은 이자를 약속하는 금융공학상품은 피하되 코덱스레버리지와 코덱스인버스와 같은 ETF(특정 지수의 수익률을 얻을 수 있도록 설계된 지수연동형 펀드)는 관심 있게 보는 것이 좋다. 52주 최고가와 52주 최저가 시점의 종합지수와 ETF 상품의 위치를 파악하면 앞으로 시장 흐름이 어떻게 전개될지 예측할 수 있다. 시장의 물줄기를 추적하는 데는 이만한 상품이 없다.

다음의 차트와 표를 통해 2016년 3월 30일 코덱스레버리지 1만 350원(고점)과 코덱스인버스 8010원(저점)을 기준으로 시장 방향이 전환된 것을 확인할 수 있다. 해당 시점에서의 시가상위 종목의 위치와 종합주가지수 위치를 함께 체크해가며 매일 데이터가 어떻게 변화하는지 추적한다. 여기서 외국인과 기관의 매매 흐름과 포지션 변화를 체크할 수 있다.

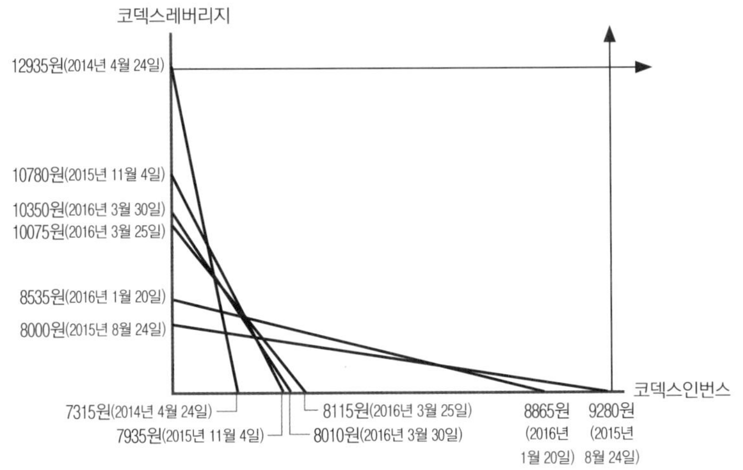

▲ 코덱스레버리지-코덱스인버스 흐름 비교

	최고가 일시 확인요망			최저가 일시 확인요망			최근 저점 대비 구간별 상승률 가격						2016년 03월 30일			비고
NO	구분	52주최고가		최근저점			3%	5%	7%	14%	17%	21%	종가	최근저점대비 상승률	52주최고가 대비 하락율	
1	KOSPI	2015년 4월	2,189.54	2015년 8월	1,800.75		1,854.77	1,890.79	1,926.80	2,052.86	2,106.88	2,178.91	2,002.14	11.2%	-8.6%	
2	선물6원물	2015년 4월	276.25	2015년 8월	220.35		226.96	231.37	235.77	251.20	257.81	266.62	247.85	12.5%	-10.3%	
3	삼성전자	2015년 3월	1,494,000	2015년 8월	1,033,000		1,063,990	1,084,650	1,105,310	1,177,620	1,208,610	1,249,930	1,308,000	26.6%	-12.4%	
4	현대차	2015년 3월	181,000	2015년 7월	123,000		126,690	129,150	131,610	140,220	143,910	148,830	155,500	26.4%	-14.1%	

	최고가 일시 확인요망!			최저가 일시 확인요망			최근 저점 대비 구간별 상승률 가격						2016년 03월 30일			전일
NO	구분	52주최고가		최근저점			7%	14%	21%	25%	38.2%	50%	종가	최근저점대비 상승률	52주최고가 대비 하락율	대비(%)
1	삼성전자	2015년 3월	1,494,000	2015년 8월	1,033,000		1,105,310	1,177,620	1,249,930	1,291,250	1,427,606	1,549,500	1,308,000	26.6%	-12.4%	1.40
2	현대차	2015년 3월	181,000	2015년 7월	123,000		131,610	140,220	148,830	153,750	169,986	184,500	155,500	26.4%	-14.1%	0.32
3	SK하이닉스	2015년 6월	51,700	2016년 1월	25,800		27,606	29,412	31,218	32,250	35,656	38,700	28,650	11.0%	-44.6%	-0.87
4	LG전자	2016년 3월	66,100	2015년 8월	39,300		42,051	44,802	47,553	49,125	54,313	58,950	62,800	59.8%	-5.0%	1.62
5	LG디스플레이	2015년 3월	32,450	2015년 8월	20,500		21,935	23,370	24,805	25,625	28,331	30,750	26,550	29.5%	-18.2%	3.31
6	LG이노텍	2015년 3월	115,500	2015년 7월	77,600		83,032	88,464	93,896	97,000	107,243	116,400	79,300	2.2%	-31.3%	0.51
7	삼성SDI	2015년 3월	142,500	2015년 8월	75,600		80,892	86,184	91,476	94,500	104,479	113,400	99,400	31.5%	-30.2%	-1.09
8	삼성전기	2015년 3월	77,100	2015년 7월	48,800		52,216	55,632	59,048	61,000	67,442	73,200	59,000	20.9%	-23.5%	5.36
9	삼성에스디에스	2015년 5월	341,000	2016년 3월	170,000		181,900	193,800	205,700	212,500	234,940	255,000	178,500	5.0%	-47.7%	3.18
10	대우증권	2015년 4월	18,550	2016년 2월	7,150		7,651	8,151	8,652	8,938	9,881	10,725	8,520	19.2%	-54.1%	1.31
11	삼성증권	2015년 4월	67,800	2016년 1월	34,250		36,648	39,045	41,443	42,813	47,334	51,375	41,250	20.4%	-39.2%	0.36
12	LG화학	2016년 1월	344,500	2015년 1월	163,000		174,410	185,820	197,230	203,750	225,266	244,500	331,000	103.1%	-3.9%	2.32
13	OCI	2015년 3월	129,000	2016년 1월	60,300		64,521	68,742	72,963	75,375	83,335	90,450	105,000	74.1%	-18.6%	10.53
14	현대건설	2015년 4월	59,400	2016년 1월	27,000		28,890	30,780	32,670	33,750	37,314	40,500	42,100	55.9%	-29.1%	3.31
15	대림산업	2015년 7월	98,000	2015년 1월	50,400		53,928	57,456	60,984	63,000	69,653	75,600	91,600	81.7%	-6.5%	2.12
16	대우조선해양	2015년 3월	21,100	2016년 1월	3,830		4,098	4,366	4,634	4,788	5,293	5,745	5,150	34.5%	-75.6%	-2.28
17	현대중공업	2015년 4월	154,000	2016년 1월	79,400		84,958	90,516	96,074	99,250	109,731	119,100	107,000	34.8%	-30.5%	-0.47
18	삼성중공업	2015년 3월	20,700	2016년 1월	9,100		9,737	10,374	11,011	11,375	12,576	13,650	11,250	23.6%	-45.7%	-1.75
19	신한지주	2015년 4월	47,050	2016년 1월	36,000		38,520	41,040	43,560	45,000	49,752	54,000	40,500	12.5%	-13.9%	-1.82
20	KB금융	2015년 4월	42,800	2016년 2월	27,600		29,532	31,464	33,396	34,500	38,143	41,400	31,850	15.4%	-25.6%	-1.55
21	제일기획	2015년 4월	25,400	2015년 8월	16,300		17,441	18,582	19,723	20,375	22,527	24,450	17,000	4.3%	-33.1%	-2.02
22	삼성물산	2015년 5월	215,500	2015년 8월	122,500		131,075	139,650	148,225	153,125	169,295	183,750	144,000	17.6%	-33.2%	-0.69

▲ 2016년 3월 30일 기준 매트릭스 분석표

ETF의 포지션 변화에서 예상할 수 있듯 종합주가지수는 2016년 3월 30일에 기록한 2009p를 고점으로 하락세에 접어들었다. 선물시장의 6월물도 종합지수와 같은 날인 2016년 3월 30일을 고점으로(248.45p) 분석시점인 2016년 4월 6일에 120일 이동평균선 수준까지 하락하며 조정 중이다.

120일 이동평균선을 지지하고 다시 상승추세로 전환되는지 아니면 전체적인 추세가 하락으로 굳어지는지는 매일 코덱스레버리지와 코덱스인버스 매매동향을 확인하며 향후 주가 흐름을 예측할 수 있다. 따라서 매일매일 매트릭스 분석을 시행하고 이를 통해 코덱스레버리지와 인버스의 저점 · 고점의 변화, 시가상위 20종목의 저점 · 고점의 변화를 추적하도록 한다.

실제 2016년 4월 8일 기준 종합주가지수 1954p, 선물기준으로 240p를 저점으로 기록한 주가는 강하게 상승하며 단기간에 코스피 2023p,

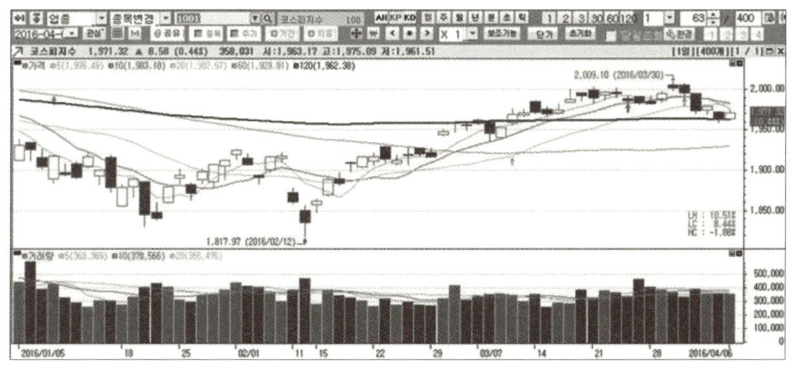

▲ 종합지수 흐름

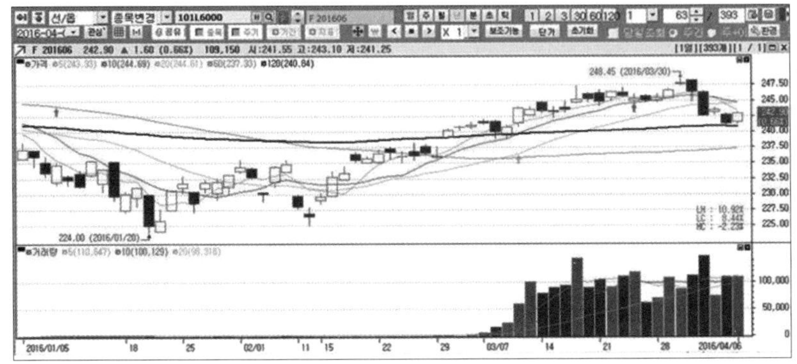

▲ 선물 6월물 흐름

선물 250.3p에 진입하는 모습을 보였다. 그러나 상승기운이 폭발해야 할 때 상승이 충분히 이루어지지 못하다 보니 오히려 실망감에 주가가 하향한 적도 있다.

현물시장 하나만으로는 주가의 전반적인 방향성을 예측할 수 없다. 파생시장과 현물시장을 연계한 그래프를 만들고 해당 데이터를 추적해나갈 때 비로소 시장의 방향성을 제대로 포착할 수 있다.

나만의
투자 철학을 가지자

미래에 대처하는 자세와 노력

처음 주식시장에 발을 들여놓은 초보투자자들은 크게 두 부류로 나눌 수 있다. 주식 입문서 두세 권쯤은 기본으로 읽은 후 공부한 갖가지 분석기법에 대한 믿음을 바탕으로 투자에 나선 사람과 그와 정반대로 아무런 지식 없이 지인의 말만 듣고 무턱대고 주식시장에 입문한 사람이다. 공부를 하고 진입했든, 그렇지 않든, 그들 앞에는 만만치 않은 시장이 펼쳐질 것이다.

스스로 수익을 높이고 손실을 줄이기 위한 노력을 해나가며 점차 본인만의 투자 기법을 갖추게 된다. 그런데 투자 초기 대부분의 투자자들은 주식시장을 하나의 렌즈로만 보기 때문에 급변하는 시장에서의 대응 능력이 상당히 떨어진다. 이론에서 배운 기술적·기본적 투자 방법에 지나치게 충실하기 때문이다. 하지만 이론과 실제는 다르다는 것을 일상생활을 통해 충분히 이해하고 또 경험하고 있다. 책에서 이야기하는 획일화된 기준으로 투자 전략을 세우지 말고 각자의 자금 규모나 시간 조절 능력, 현금 창출 능력 등 다양한 제약 조건을 고려해 자신만의 투자 기준을 정립하고 이를 기반으로 시장에서 직접 싸워보는 것이 무엇보다 중요하다.

때로는 시장을 전체적으로 보지 말고 좁게 보는 것이 더욱 좋은 결과를 낼 때도 많다. 다른 종목과 자신이 선택한 종목을 비교하지 않고 과감히 해당 종목에 '올인' 하는 배짱과 집중력은 단기적으로 큰 수익을 내며 좋은 성과를 준다. 또 여기서 얻은 자신감이 장기적인 성과에도 영향을 미치며 다음 투자 역시 좋은 방향으로 이끈다. 그러나 어느 특정 시기에는 똑같은 투자 기법이 전혀 다른 방향으로 진행되기도 한다. 시장을 좁게 보고 집중 투자한 것이 어느 때는 큰 수익을 주고 또 어느 때는 돌이킬 수 없는 손실을 안겨주기도 하는 것이다.

투자 세상에 절대적인 이론과 법칙은 존재하지 않는다. 때문에 애초부터 한두 가지 기준과 이론으로 시장을 판단하고 이에 투자한다는 것 자체가 무모한 행동이다. 초보투자자일수록, 종목이 상승하는 시기를 귀신같이 맞추려고 한다. 또 아직은 안 되더라도 고수가 되면 그 시기를 맞출 수 있다고 생각한다. 그러나 시장은 아무도 모르기 때문에 가능성에 투자하고 그 상황이 실제로 현실화되기를 기다리는 것이 가장 중요하다.

주식시장에서 여러 투자자들을 만나보면서 많은 투자자들이 시장의 움직임과 투자 수익에 따라 심리적으로 흔들리는 것을 자주 보아왔다. 수익이 좋을 때는 자신의 승률이 70~100%에 달한다는 등 선천적으로 주식투자 DNA를 갖고 나왔다는 둥 큰소리치더니 어느 순간에는 언제 그랬냐는 듯 아무 말도 없고 조그마한 일에도 흥분하고 화내며 초조해하는 모습을 보이기도 한다. 심지어 주식 실패를 인생 실패와 연결시키며 자포자기하는 경우도 적지 않다.

주식투자를 너무 쉽게 생각하고 자신만만하게 생각하는 투자자가 많다. 일단 자기 자신을 내려놓고 시장을 있는 그대로 인정하고 바라보는 훈련, 보이는 것과 보이지 않는 것을 읽어내는 훈련이 이들에게는 필요하다. 그런데 이들과는 반대로 너무 주식시장을 겁내서 근처에도 가지 않는 사람들도 상당하다. 우리는 이들의 가운데에 서 있어야 한다. 중심을 지키고 변동성과 방향성에 치우치지 않으며 본인의 투자 철학과 원칙을 잘 지킨다면 시장의 변동성에 크게 당하지 않고 위험을 조절할 수 있는 투자자가 될 수 있다.

그렇다면 구체적으로 어떻게 훈련을 해야 흔들리는 시장에서도 중심을 지키고 수익률을 높일 수 있을까? 그리고 투자에 대한 자만이나 지나친 겸손(나는 못해, 투자는 아무나 할 수 없어 등)에 빠지지 않기 위한 훈련은 어떤 것일까?

이 물음에 대한 답이 바로 '시간여행 훈련'이다. 기존 투자자든 초보

투자자든 한 번은 시간여행 투자 훈련을 경험해야 한다. 그래야 본인의 투자 호흡을 알 수 있고, 호흡에 따른 투자 전략도 세울 수 있다. 각각의 투자 성향뿐 아니라 운, 노력 등에 따라 적게는 3년 안에 시간여행 훈련을 마치는 투자자도 있다. 그러나 적어도 10년 주기를 하나의 호흡으로 설정해 실전 투자 훈련을 하자.

투자 훈련에도 단계가 있다

앞서 설명한 시간여행 투자 훈련법을 단계별로 알아보자.

① 내려놓기

먼저 자기 자신을 내려놓는 훈련부터 시작한다. 시장을 보는 기본적인 시각을 먼저 정립하는 것이다. 야구에서 4할 타율을 달성하면 전설적인 선수가 된다. 이제껏 야구 역사상 4할 타자가 단 한 명에 불과했다는 사실을 보면 4할이 아니라 3할 타자만 되어도 실력이 상당한 선수라는 것을 알 수 있다. 그런데 왜 주식시장에서는 그렇게 생각하지 않는 것일까?

일부 전업투자자들은 본인의 승률이 70~80% 혹은 그 이상이 된다고 말하기도 한다. 그러나 전체 자산에서 차지하고 있는 비율을 확인했을 때 전체 비중의 몇 %를 차지하고 있는지 말하는 사람은 극히 적다.

다시 말해, 한 종목에서 많은 수익을 얻었다고 하더라도 그보다 많은 비중을 차지하고 있는 종목의 손실이 더 크기 때문에 전체 자산의 수익률이 낮을 수도 있다는 말이다. 전체적인 상황을 고려하지 않고 단순히 특정 종목의 수익률만으로 전문가의 수익률이라고 믿어서는 안 된다.

전문투자자 역시 매번 홈런을 칠 수 없다. 그렇다면 일반투자자 역시 눈높이를 지금보다 살짝 낮추어 10번 중 10번의 홈런이 아니라 3~4번의 안타 혹은 홈런을 목표로 하는 것이 옳다. 시장에서 3~4번의 성공만 거두어도 전체적인 자산 가치가 우상향되는 투자 호흡과 자금 배분 전략을 만드는 것이 중요하다. 또한 실패한 투자는 어디서 조절하고 어떻게 대응하는지 그 전략을 시스템화하여 손실을 확정짓는 매매가 아니라 손실을 수익으로 전환하는 매매를 지향해야 한다.

야구에서 4할 타율 선수가 되기는 거의 불가능하다. 주식투자도 마찬가지다. 본인의 투자 성공률이 40%를 달성하지 못했다고 해서 자기 자신을 무시하거나 화낼 필요가 없다. 더 높은 승률만 찾아다니다 오히려 더 큰 손실이 생기거나 자금 유동성이 묶이는 경우가 생길 수도 있을 만큼 주식투자에 있어 가장 중요한 것은 평정심이며 시장에서 10번의 성공을 다 이룰 수 없다는 것을 인정하는 것이 무엇보다 중요하다.

② 투자 철학과 호흡 가지기

각 증권사의 HTS 그래프를 보면 X축에 시간이 설정되어 있음을 알 수 있다. 그래프를 볼 때면 우리 자신도 모르는 사이, 시간에 따른 가격 변화를 즉각적으로 인식하게 되는 것이다. 이는 당초 계획한 목표값이나 목표기간 등을 망각하고 즉각적으로 매매 활동에 참여하게 만든다. 보유하고 있는 종목이 천천히 움직일 때, 분 단위로 강하게 움직이는 종목들을 볼 때면 특히 매매 유혹이 거세진다. 증권사는 여러 장치들을 만들어 투자 서비스를 제공하고 있다. 여러 그래프와 기술적 분석은 실제 시장에서 효과적으로 작동하는 구간이 있고 반대로 작동하는 구간과 종목도 있지만 투자자들은 여러 기법들을 사용해 투자를 하고, 실시간 매매에 동참한다.

이쯤이면 설정한 값으로 정보를 보여주고 때로는 지나치게 많은 정보를 주는 HTS 자체가 매매유발자라는 생각마저 들게 된다. 기본 설정에 따라 제공되는 통제된 정보와 과잉 정보 사이에서 흔들리지 않고 실전 투자에서 효과적인 대응 능력을 키우기 위해서는 자신만의 투자 철학과 호흡을 정립하는 것이 중요하다. 먼저 몸에 힘을 빼고 내려놓아야 한다. 앞서 이야기했듯 30~40%의 승률도 충분히 잘하는 것임을 명심하면서 종목을 대응하고 물량을 조절하는 방법을 익혀본다.

생각대로 상승하고 있는 우상향 종목은 처음 세운 투자계획대로 진행한다. 목표가를 설정하고 특정 시점에서 특정한 비율로 분할매도를 해 목표가까지 보유한다. 특정 단가 이상으로 상승하는 부분은 매매하지 않고 욕심을 버리는 투자 호흡으로 대응한다.

생각과 정반대로 가는 우하향 종목은 특정 시점에서 끊어주거나 충분히 하락해 바닥 징후가 나타나는 구간에 진입할 때까지 내버려둔다.

바닥의 징후가 나타나고 바닥이라는 직관이 서면, 목표가를 달성한 종목을 매도한 수익금으로 해당 종목을 추가 매수해 평균 단가를 낮추는 전략을 사용한다.

투자 이론서에서는 손실이 더욱 커질 수 있기 때문에 손실 구간에서의 추가 매수(일명 물타기)를 금지한다. 그러나 실전에서는 다르다. 추가 매수를 통해 평균 단가를 낮추고 상승 모멘텀이 있을 때 종목이 상승하기를 기다린다. 물론 테마성 급등주나 모멘텀이 없는 잡주와 같이 위험한 종목에서도 추가 매수가 옳다는 것은 아니다. 때문에 애초에 종목을 선택할 때 유사시 추가 매수를 해도 괜찮을 만한 종목을 선정하는 눈을 키워야 한다.

우하향하던 종목이 특정 구간에서 우상향으로 바뀌는 시점은 반드시 있다. 아무리 실적 악화 소식이나 갖가지 악성 뉴스 등이 쏟아져도 더 이상 주가가 빠지지 않고 지지받는 구간에서 추가 매수를 한다면 상승세로 전환했을 때 빠르게 손실을 복구하고 수익을 보며 해당 종목을 매도할 수 있다.

만일 현재 목표 달성으로 수익을 낸 종목이 없거나 추가 투입이 가능한 여유 자산이 없다면 비율 조절을 통해 하락하고 있는 종목의 대응 전략을 세울 수도 있다. 우하향한 종목이 우상향하는 시점에서 특정 단가부터 비율 매도를 한다. 그리고 단기적인 고점에서 매도하고 조정국면에서 재매수하면서 추가 자금 투입 없이 물량 늘리기를 한다.

비율매도 기준은 대상 종목의 시가총액 기준으로 7~14~21~38.2~

50~61.8~75~100% 비율을 설정한 후 시가상위 1~20위 종목은 저점 기준 21~38.2% 상승영역에서 보유 물량의 50~70% 분할매도 변동성을 이용해서 재매수하는 전략을 세우고, 시가상위 20~200위 종목 기준으로는 38.2~61.8% 상승영역에서 보유 물량을 비율매도하는 것이 좋다.

또한 목표 달성을 한 종목을 매도해서 현금화시킨 자금을 우하향 추세에서 바닥 신호가 나온 종목에 투입하거나, 기존 종목에서 파도타기를 통해 물량 조절을 하다 보면 처음에는 10개, 20개였던 종목이 점점 하나의 종목으로 압축된다. 기존의 포트폴리오가 1개의 종목으로 압축될 때, 전체 자산은 초기 자산보다 불어나 있으며 투자자 본인의 호흡도 짧은 호흡에서 긴 호흡으로 바뀌어 있을 것이다.

이러한 투자법은 일반적으로 알려진 투자 원칙에 위배되는 점이 많다. 그러나 실전에서 싸워보니 이론과 실제가 딱 맞아 떨어지는 경우가 그리 많지 않다는 것을 몸소 체험하면서 이에 얽매여서는 안 된다는 생각을 하게 되었다. 투자 이론서에서 이야기한 절대 기법이나 기술적 분석이 항상 옳은 것은 아니다. 때론 효과적으로 들어맞는 경우도 있었지만 오히려 이러한 기법 때문에 돌이킬 수 없는 손실을 맛보게 되는 경우도 자주 경험했다. 여러분도 현존하는 투자 원칙이나 이론서대로 매매하기보다 실제 상황에서 대상 종목이 움직이는 흐름에 집중하고 그 흐름에 맞는 기준을 세워 대응하고 조절하는 것이 더욱 중요하다는 것을 명심하기 바란다.

그렇다면 실전 상황에서 본인만의 투자 원칙과 호흡을 어떻게 찾을 수 있을까? 앞서 언급한 시간여행 호흡으로 여러 종목들이 1개의 종목으로 수렴되기까지 짧게는 3년, 길게는 10년의 세월이 걸린다. 그러나 시간여행 10년 주기를 극복해 그 호흡을 자기 것으로 만들면 금전적인 문제에서 자유로워지고 여유롭게 인생을 즐기면서 살 수 있는 기회가 있다. 자신의 현재 나이와 여유자금의 크기에 구애받지 말고 시간여행 훈련을 해보자.

다음은 〈주너벗〉에 문의한 한 투자자의 실제 포트폴리오다. 이 포트폴리오를 통해 시간여행 훈련을 어떻게 설계하는지 예를 들어 설명해본다.

"보유하고 있는 종목이 무려 17개입니다. 많은 금액은 아니더라도 최소 20만 원에서 최대 1000만 원까지 매수했습니다. 다 오를 것 같아서 못 팔겠고, 무조건 빨간 불에 판다는 신념 때문에 계속 보유하고 있는 종목들도 있어요. 정리가 필요한 것 같지만 다들 장점이 있어서 쉽게 못 팔겠습니다. 어떻게 하면 좋을까요?"

종목	수익률(%)
일신석재	−14.29
남선알미늄	+0.52
동양철관	−9.74
삼성에스디에스	−5.39
유비케어	−1.25
비트컴퓨터	−5.57
대아티아이	−13.82

차바이오텍	−0.32
알서포트	−0.52
재영솔루텍	−49.82
한전기술	+20.61
예스24	−10.09
한국정보인증	−1.72
케이티스	−0.54
바른전자	+12.10
인피니트헬스케어	−9.14
스틸플라워	+0.99

이 투자자의 포트폴리오를 보면 이것저것 너무 많은 종목을 매수했다는 생각이 든다. 현재 한전기술(20.61%), 바른전자(12.10%), 남선알미늄(0.52%)의 세 종목을 제외한 14개 종목은 손실 중이며 북방, 테러, 헬스케어, 전자인증 등 다양한 테마와 종목들이 마구잡이식으로 섞여 있다. 그러나 다행인 점이 있다면 하락하더라도 굳이 손절할 필요가 없는 종목, 다시 말해 지속 가능성이 높은 종목들이 대부분이라는 점이다.

먼저, 시간여행 대상으로 설정한 한전기술과 차바이오텍은 매매 대상 종목에서 제외한다. 이 종목들은 단기적인 수익이 났더라도 당장 수익을 챙기거나 단기적으로 발생한 손실을 확정짓지 않는다. 해당 종목들은 매달 일정 자금을 적립식으로 저축하는 대상이지 매매 대상이 아니기 때문이다.

과거 이러한 투자 호흡으로 설정했던 적립식 투자 종목들이 있었다. 2008년 금융위기 당시 삼성그룹주 4개(삼성전기, 삼성SDI, 삼성태크원, 삼성엔지니어링)를 대상 종목으로 설정해 3년 이상 시간여행을 했다. 2008년 당시 3만 원 중반이던 삼성전기는 2010년 7월, 16만 원까지 올랐으며, 삼성SDI는 5만 원대에서 21만 원, 현재는 한화테크윈으로 이름을 바꾼 삼성태크원은 2만 원대에서 무려 12만 원까지 올랐다. 삼성엔지니어링 역시 3만 원대 중반에서 17만 원대까지 올랐으니 실제 시간여행을 떠난 투자자들은 어마어마한 수익을 달성한 셈이다. 이후 같은 호흡으로 당시 1만~2만 원이었던 호텔신라도 2015년 7월 최고 14만 원까지 급등해 막대한 수익을 안겨주었다.

그러나 이 과정에서 수익을 계속 끌고 간 투자자도 부지기수이고 주가가 충분히 오른 이후에 접근해 하락파동 속에 손실을 경험한 투자자들 역시 상당히 많다. 오롯이 해당 주가 상승에 따른 수익을 챙기기 위해서는 잦은 매매를 하는 것보다 저축하는 대상으로 해당 종목을 설정해 보유하는 것이 좋다. 그러므로 2025년을 목표로 KT나 차바이오텍, 한전기술은 포트폴리오 속에 두고 적립식으로 꾸준히 보유 수량을 늘려가는 전략이 유효하다.

나머지 종목의 대응법은 다음과 같다. 먼저 대상 종목의 시가총액과 매출액, 영업이익의 변수를 구조화시킨다. 그리고 그것에 따라 52주 최고가·최저가 변동성, 120일 이동평균선의 위치와 5일, 10일, 20일 이동평균선의 배치·배열을 분석해본다. 현재 주가 위치가 120일 이동평균선 아래 위치해 있는지, 정배열 상태로 위치해 있는지, 그리고 120일 이동평균선도 어느 정도 수준인지 체크하는 것이 중요하다.

질문을 받던 시점에 마이너스 손실을 보는 종목 중 일신석재의 경우는 2016년 5월 27일 용평리조트 상장 모멘텀으로 대주주가 상한가 급등하면서 마이너스 수익률이 플러스 수익률로 전환되었다. 북방 모멘텀으로 구분되었던 재영솔루텍의 손실이 가장 컸는데 반기문 테마주로 엮이면서 단기간에 급등해서 마이너스 수익률이 플러스 수익률로 전환되었다. 즉, 마이너스 구간에서는 매매하지 않고 기다리다가 목표가에 달성한 종목이 나오면 그 수익을 손실 중인 다른 종목으로 이동시킨다. 이때 손실이 발생하고 있는 종목을 손절처리하지 않는 것과 해당 자금을 어떤 종목으로 이동시키는 것이 가장 빠를지 잘 판단하는 것이 중요하다. 판단 기준은 당시 종목별로 가지고 있는 모멘텀이 시장에서 어떻게 반영되는지, 실적 변수와 주가 변동성은 어떠한지 등을 종합적으로 고려해야 한다.

수익이 난 종목을 손실 중인 다른 종목으로 이동하는 작업을 하면서 보유하고 있는 종목이 17개에서 16개가 되고 15개가 되는 과정을 거치면서 3~5개가 남을 때까지 투자 호흡을 조절해본다. 그 시기가 1년이 걸리든 10년이 걸리든 시간에 맞출 생각을 하지 말고, 매매하는 호흡을 기르는 것이다.

개인적으로는 시가상위 1~50위 종목은 52주 최저가 기준 21~38.2~61.8% 상승 잣대로 매매 전략을 수립한다. 그리고 시가상위 50~200

위 종목은 38.2~61.8~100% 상승 잣대로 설정해서 매매 기준을 수립한다. 그 외 저가 대형주나 세력주, 테마주 성격의 종목은 50~61.8%를 제일 낮은 기준치로 보고 50~75~100% 상승 잣대로 설정한다. 해당 종목이 상승 잣대만큼 상승할 경우 매도한다. 저가세력주나 동전주 성격의 500~2000원대 가격을 형성하고 있는 종목의 경우는 61.8~100~161.8%로 상승 잣대를 확대시키면서 목표 가격에 도달하면 매도한다. 그러나 앞에서도 말했듯 이 기준 역시 절대적일 수 없다. 투자에 따른 호흡이 서로 다르기 때문에 실전 투자에서는 투자자 개인의 투자 호흡과 투자 내공에 따른 기준을 설정할 필요가 있다.

행운아라면 3년 안에 계좌 속 수많은 종목들이 한두 종목으로 정리되는 경험을 하게 될 것이다. 종목이 압축되는 경험을 하고 나면 처음에는 조그마한 눈뭉치가 나중에는 얼마나 큰 눈덩어리로 불어나게 되는지 몸소 체험할 수 있다. 종목의 움직임을 조율하면서 수익을 이전시켜 더 큰 수익으로 만드는 계좌의 눈덩어리 효과가 어느 정도인지 직접 체험해보자. 지금 당장에야 말도 안 되는 것처럼 생각될 수도 있지만 이러한 투자 철학과 호흡을 한번 경험하고 나면 눈덩이처럼 불어난 계좌와 응축되고 내재화된 투자 호흡과 철학이 직관과 융합되면서 다른 투자 세상을 볼 수 있게 될 것이다.

실전 매매, 이것 하나만은 지키자

많은 투자자들이 "실전 투자에 있어 이것 하나만은 지켜야 한다는 것이 무엇인가요?"라는 질문을 많이 한다. 이는 소중한 자산을 잃지 않기 위한 자신만의 원칙을 찾고 싶기 때문이다.

주식시장에서 큰 부를 얻은 사람들은 행운아에 가깝다. 기술적 분석과 가치 분석의 대가라고 해도 언제나 이론과 현실이 맞아 떨어지는 것은 아니다. 또 투자 철학과 신념에 따라 투자하더라도 결과적으로 시장에서 소외되어 있다면 남들에게 말하지 못하는 외로움과 투자 실패에 대한 두려움과 후회가 파도처럼 밀려온다.

제 아무리 이론에 능통하고 투자 경험이 많으며 흔들리지 않는 투자 철학을 가지고 있는 투자자라 해도 운이 따라주지 않으면 큰 수익을 내기 어려운 게 주식시장이다. 실전에서 부를 이루었다고 해도 일시적일 뿐, 오히려 다음 투자에서 크게 손해를 보는 경우도 많기 때문에 주식에서 큰 성공을 이루었다면 그야말로 하늘에서 큰 복을 준 것이라 생각하지 않을 수 없다.

주식시장에 입문하는 투자자들 중에는 '대박'기법을 찾아 해매는 사람이 적지 않다. 여기서 대박에 목마른 투자자들에게 전할 수 있는 한 가지 방법은 '시장에서 덜 다치는 방법'이다. 원래 무술을 배울 때도 낙법부터 제일 먼저 배운다. 메치기에서 나가떨어지거나 갑자기 넘어지게 될 경우 타격을 최소화하기 위해서다. 주식투자도 마찬가지다. 실전

전투에서 승리할 때도 있고 질 때도 있다. 사람들은 완벽한 승리만을 노린다. 그러나 다칠 때 덜 다치는 것이 더 중요하다는 것을 투자자들은 종종 잊곤 한다. 투자가 실패했을 때 가용자산을 무리하게 사용하지 않고 절제력을 발휘해야 한다. 그래야 비로소 다음을 기약할 수 있다.

그러나 현실적으로 손실이 눈덩이처럼 커지는 상황에서 절제력을 발휘해 이성적으로 투자 전략을 실행하기는 쉽지 않다. 따라서 종목의 특성에 따라 대응하는 잣대를 만들어 시스템적으로 매매하는 습관을 길러야 한다. 시장에 대한 데이터를 모으다 보면 자신만의 대응 잣대가 생긴다.

다음 그래프는 시간당 종목의 상승률을 나타내고 있다. 여기서 X축은 시간, Y축은 종목의 상승률로, Y축 상승률 기준과 120일 이동평균선 이격률(주가와 이동평균선간의 거리) 기준에 대해서는 구체적인 수치를 적지 않았다.

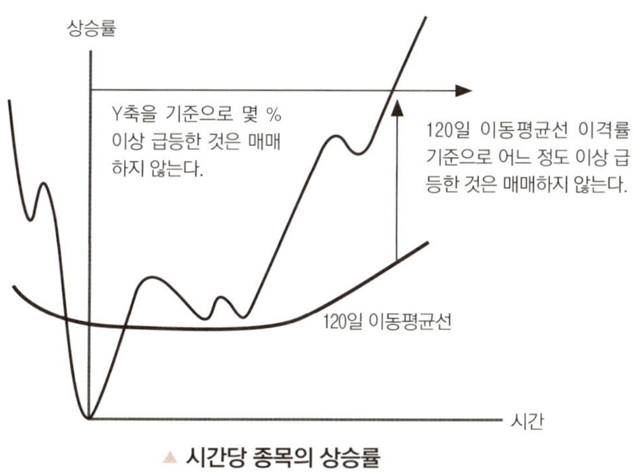

▲ 시간당 종목의 상승률

개인적으로 시가상위 1~20위 종목은 Y축 기준 61.8~100% 상승과 120일 이동평균선 이격률 30~50%를 기준으로 대응한다. 이 두 기준이 'AND'인지 혹은 'OR'로 작용하는지에 따라 차이를 둔다. Y축 기준으로 61.8~100% 상승하고 120일 이동평균선 이격률이 30~50%로 벌어지는가, 혹은 Y축 기준으로 61.8~100% 상승하거나 120일 이동평균선 이격률이 30~50%로 벌어지는가를 확인한다.

시가상위 20~100위 종목은 Y축 기준 100% 이상 상승과 120일 이동평균선 이격률 50% 이상을 기준으로 한다. 그리고 이러한 변화가 3개월 만에 나타나는지 혹은 5~8~13개월에 걸쳐 나타나는지 확인하며 시간 개념이 포함된 각도도 체크해본다.

500~2000원대의 저가동전주는 Y축에 제한을 두지 않는다. 120일 이동평균선 이격률과 상대속도, 수급 상황, 급등 재료를 더욱 중요하게 체크하고 발행된 총주식의 수와 상승 각도, 수급 변화를 확인해 그에 따른 매도 기준을 설정한다.

중저가 옐로우칩 혹은 중소형주는 Y축 기준을 100~300%로 폭넓게 설정한다. 중소형주의 경우 수급과 재료, 실적을 복합적으로 체크해가며 120일 이동평균선 이격률이 100% 이상일 경우는 매매 대상에서 제외한다. 120일 이동평균선 이격률이 축소되는 과정에서 눌림목(어느 시점에서 상승과 하락의 큰 변동이 없는 경우) 매매 기준을 설정하고 손절 기준과 재진입 기준 등을 시스템화해 이에 따라 매매한다.

앞서 제시한 종목별 상승률과 이격률에 대한 기준은 빅데이터를 통한 실전 매매로 얻은 개인적인 기준이다. 따라서 투자자의 투자 호흡과 시장분석 능력에 따라 각기 다른 기준이 설정될 수 있다. 실전 매매를 하는 투자자라면 제일 먼저 이러한 자신의 투자 기준을 만들어야 한다. 누가 어떤 종목으로 대박이 났고, 어떠한 투자 철학과 분석으로 엄청난 수익을 얻었다고 해도 그것은 당사자만의 경험이고 결과일 수 있다. 분명 같은 방법을 사용하고 같은 종목을 매수해도 '쪽박을 차는' 투자자는 반드시 있다.

자신만의 매매 기준과 시스템 구조를 통한 실전 투자는 상당히 중요하다. 항상 투자가 성공으로 끝나지는 않을 것이다. 그때는 실패했을 때 손실을 최소화하는 구조를 만들어보자. 투자자의 가용자산이 크게 손상되지 않는 기준을 세워 관리하는 능력을 키운다면 위기의 순간을 누구보다 빨리 빠져나와 기회로 삼을 수 있다. 그리고 행운을 가져오는 긍정적인 마인드와 성공투자에 대한 강력한 의지를 가지고 시장에 대응하자.

가용자산 배분 전략과 관리 노하우

가용자산은 어느 정도로 해야 할지, 포트폴리오 분배는 어떻게 해야 할지에 대해 고민하는 투자자가 많다. 이를 제대로 관리하고 분배하려면 우선 자신만의 투자 철학을 가지는 것부터 시작해야 한다.

가용자산의 범위는 투자자마다 다르다. 그리고 투자손실을 견딜 수 있는 한계도 투자자마다 다르다. '지피지기면 백전백승'이라는 말처럼 투자자도 자신의 성향을 먼저 파악하는 것이 중요하다. 투자 성향이 외향적인지 내향적인지에 따라 실전 투자 대응법도 달라지기 때문이다.

자신의 성향을 파악하기 위해서는 인문학적인 접근이 필요하다. 투자 철학과 행동심리학, 돈과 관련이 있는 심리학 등 다양한 인문학 도서를 통한 생각의 훈련이 필요하다. 가장 권하고 싶은 책은 루트비히 폰 미제스의 《인간행동》(전3권)이다. 투자 세상과 인간 행동에 대한 구체적인 분석은 실전 투자 세상에서 생존 능력을 키우는 데 도움이 될 것이다. 그 외 다양한 책을 읽으며 자신의 투자 성향을 알아보자.

기술적 분석이나 가치 분석도 중요하지만, 투자 심리를 다스리고 자신만의 매매 기준을 세워야 실전에서 대응하는 능력이 더욱 커진다는 사실은 이미 충분히 강조했다. 리타 카터의 《다중 인격의 심리학》은 복잡다단한 오늘날의 주식시장에 어떻게 대응해야 하는가에 대해 잘 보여준다. 하나의 투자 방법과 하나의 투자 철학이 시장과 맞아떨어질 경우 자산 가치에는 엄청난 변화가 나타난다. 행운이 깃든다면 확실한 투자 방법 하나로도 시대의 행운아가 될 수 있지만 그때가 언제쯤 올지, 오기는 하는 건지, 우리는 아무것도 알 수 없다. 따라서 불확실한 시장 상황에 효과적으로 대응하기 위해서는 다양한 투자 전략이 필요하고 그때그때 상황에 맞는 호흡을 운영하는 능력이 필요하다. 말하자면 '바람둥이 투자법' 혹은 '다중인격 투자법'인 셈이다.

　개인의 성향에 따라 투자 성향과 전략을 적게는 3~4개, 많게는 그 이상으로 나눌 수 있다. 너무 많이 나눌 경우 중복되는 영역으로 인하여 투자자 본인이 혼란스러울 수 있으므로 적당한 수준에서 나눈다. 그리고 실전 매매를 통해 분산된 자금이 각각의 영역을 나누고 있는 구분선을 허물고 하나의 원이 되기까지 얼마만큼의 시간이 걸리는지 경험해 본다.

　일반적으로 4가지 인격에 따른 4가지 투자 철학을 기준으로 포트폴리오를 만든다. 중심 종목 공격 패턴은 본래 자신의 성향에 따른 투자다. 자신에게 가장 적합하고 투자 성격에 맞는 종목을 대상으로 투자 잣대를 만들어 매매한다. 중심 종목 방어 패턴은 경기방어주나 유틸리티 자산주 성격의 종목을 선정해 자금을 배분하여 투자 시스템을 만든다. 창고형 종목은 동전주 성격의 종목 혹은 정크펀드 대상 종목을 중심으로 매매 기준과 투자 전략을 세워 실전에 사용하며, 개별 종목 기

▲ 포트폴리오 배분

준 잣대는 테마주 매매 전략이나 세력주 매매 전략 등 다양한 투자 패턴과 투자 호흡을 실전에서 사용한다. 이렇게 4가지 성향의 투자가 완성되는 데 몇 년의 시간이 걸리는지 확인해보자.

기간은 열어두었지만 투자 원금은 1억 원을 기준으로 한다. 투자 자금이 너무 세분화되면 투자에 따른 효과가 없을 수도 있기 때문에, 1억 원이 되기 전에는 다중인격체 방식으로 자금을 배분하는 것을 권하지 않는다. 1억 원을 만들기 전까지는 자신의 투자 철학과 투자 호흡에 따라 매매하면서 기준 잣대를 세우고 그를 통해 투자금을 키우는 데 집중한다. 그리고 1억 원이 넘어서는 순간, 또 다른 철학과 투자 성향을 가진 제2의 나를 만들어 해당 방식에 따른 종목을 선택하고 그 기준에 따른 매매 잣대를 구조화한다. 그렇게 다시 1억이 더 쌓이면 제3, 제4의 나를 추가시키며 투자하는 식이다. 이러한 방법을 다중인격체 형성 방식의 투자 전략이라고 한다.

다중인격 투자는 각기 다른 모습을 보이는 시장에 효율적으로 대응하는 힘을 길러준다. 실제 이 방법으로 투자를 하다 보면 앞서 이야기한 인문학적인 접근이 왜 중요한지, 그리고 실전 투자에서 얼마나 귀중한 자산으로 쓰이는지 몸소 깨달을 수 있을 것이다.

"투자의 세상에서 살아가면서 항상 생각하고 고민해야 하는 화두가 있다면 무엇일까요?" 최근 〈주너벗〉 청취자에게 들은 질문이다. 아주 철학적인 질문이지만 투자의 세상에서 30년 이상 살아오면서 가장 크게 고민했고 아직도 고민하는 부분이다. 이 질문을 듣자 '가격과 가치,

지속 가능성, 시간여행, 이론과 실전, 보이는 것과 보이지 않는 것, 수치와 직관, 투자와 투기, 투자 역사와 투자 철학' 등의 단어가 떠올랐다.

여러분도 투자의 세상에 발을 들여놓고 자신의 투자 호흡과 투자 철학을 키워나가는 과정에서 앞의 화두를 지속적으로 생각하고 정리하며 자신에게 맞게 체화시키는 노력을 해보길 바란다. 이 책을 통해서 어느 정도 풀어놓았지만 평생 고민해야 하는 화두라고 생각한다. 정답이 딱 나오는 것도 아니기 때문에 모든 것을 한 번에 다 이해하려고 하지 않길 바란다. 이해된다고 실전 투자에 성공하는 것도 아니며 이론과 실전에서의 오차와 변수가 무엇인지 체험을 통해서 투자 실력을 키워나가는 투자 여행을 해보자. 성과가 바로 나타나는 경우도 있지만 상당히 마음고생하고 성과가 늦게 나타나는 경우도 많기에 실망하지 말고 꾸준하게 하자. 지속 가능성이 중요한 화두라는 것도 명심하자.

자신만의 투자노트를 만들어 생각을 정리해 실전에서 경험한 것을 하나하나 적어나가다 보면 생각지도 않게 리스크 관리 능력이나 투자의 직관이 생겨서 항상 노출되는 위험과 수익의 오차를 조절하는 자신을 발견하게 될 것이다.

우리나라 주식시장의 가장 큰 문제점은 가치와 가격의 이론적·관념적·철학적 부분에 너무 치중해서 실전에서 생존하게 하는 부분이 취약한 것이라고 생각한다. 주식과 경제, 그리고 인문 등 다양한 책을 읽으며 가치와 가격이 가지고 있는 본연의 개념을 숙지하며 서로 상호작용이 만들어내는 세상을 파악하면 실전 투자 세상에서 승리할 수 있을 것이다.

　일반적으로 가치보다 고평가, 저평가되었다고 하는 기준은 무엇이며 가치에서 파생되는 내재가치, 본질가치, 상대가치의 개념이 만들어내는 세상이 무엇인지 생각해보기 바란다. 가치와 가격에 시간의 개념을 넣은 것과 시간을 무시한 본질적이고 철학적인 개념도 투자의 틀을 잡는 데 반드시 거쳐야 하는 과정이다. 다음 챕터에서부터 소개할 내용이 여러분의 투자 인생에 조금이라도 도움이 되길 바란다.

02

이제는 제대로 된
투자를 하자

주가는 참 이상하다. 내가 사면 떨어지고, 내가
팔면 오르는 것 같다. 호재성 뉴스를 보고 주식을
사면 그때가 최고점이 되고 조금 상승하다가 이내
고꾸라져버린다. 이러지도 저러지도 못하다 손실이
눈덩이처럼 커져버린 후에야 다시는 주식시장에
발도 붙이지 않겠다고 다짐하며 주식시장을 떠나는
투자자들이 많다. 과거에도 그랬고, 현재도 그렇다.
미래에도 이런 경험을 하는 투자자는 반드시 있을
것이다. 그러나 주식시장의 특성을 제대로 알고
전략을 세운다면 투자 리스크를 관리하여 최소화할
수 있다. 투자 역사를 통해 주식시장을 이해하고,
시장은 과연 효율적인지, 주식시장의 흐름은
어떻게 형성되었고 다양한 투자 전략은 어떻게
생겨났는지 등을 짚어보면 자신이 투자를 하면서
놓치고 있었던 것이 무엇인지 알 수 있을 것이다.

01

제대로 된 투자를 위해 알아야 할
투자의 역사

왜, 나는 상투만 잡을까?

"왜 나는 사기만 하면 상투인가요? 공포에 떨며 손절한 후 나중에 돌아보면 그 시점이 꼭 바닥이던데…. 대체 왜 꼭대기에서 사고 바닥에서 파는 실수를 자주하게 되는 것인가요?"

이런 질문을 하는 청취자들이 해당 종목을 어느 시점에서 매수했는지 체크해보면 열에 아홉은 누구나 다 알 수 있는 호재성 정보에 뇌동 매매를 했거나 대량 거래를 동반하면서 시장의 최고 인기를 구사하는 종목을 추격 매수한 경우다.

주식시장에서 싸워오면서 확실하게 느낀 기준 하나가 있다면, 이미 알려진 호재는 호재가 아니라는 사실이다. 이미 누구나 다 알고 있는 정보로 주가가 급등할 때 뒤늦게 추격 매수로 따라갔다가는 실패할 확률이 높다. 일반적으로 투자자들은 내부 정보나 소위 말하는 대박 정보를 찾아다닌다. 고급 정보에 기반을 둔 정보 매매는 실전에서 효과적으로 작동한다. 그러나 이것이 누구다 다 아는 일반 정보로 전환될 때 투자자들이 불나방처럼 들러붙어 추가 매수 패턴이 나타난다. 이런 군중 심리가 나타나는 종목만 피해도 주식시장에서 크게 다치지 않고 좋은 투자 성과를 얻을 수 있다.

사람들은 대박이 날 만한 종목을 매수한다. 대박까지는 아니더라도 손해 보지 않고 은행 이자 이상의 수익을 얻을 수 있는 종목을 신중하게 고르고 자금을 투입한다. 그런데 실제 투자는 실패하는 경우가 많다. 대체 왜 그럴까? 자신이 수집한 정보를 기준으로 봤을 때는 분명 수익이 날 것 같은데 결과가 그렇지 못했다면, 수익을 주는 좋은 종목을 매수한 것이 아니라 내재가치보다 고평가된 급등 종목을 매수했다는 이야기다. 그리고 그 종목에 대한 투자 정보가 시장에 반영되기 전에 자신이 정보를 먼저 확보한 것이 아니라 이미 누구나 다 아는 시점에 자신의 귀에도 들어왔다는 의미이기도 하다.

내가 아는 정보는 이미 정보가 아니다?

1970년에 발표한 조지 애컬로프의 논문《레몬이론》에는 레몬시장에서 나타나는 현상을 토대로 정보의 비대칭성에 대해 설명한 이론이 있다. 여기서 '레몬'이란 '빛 좋은 개살구'처럼 겉만 멀쩡한 물건을 말하며 우리나라에서는 레몬시장을 '개살구시장'이라고도 부른다.

중고차 구매자들을 예로 들어보자. 그들은 사고가 난 적이 없고 연비도 좋으면서 내부와 외부 모두 깨끗한, 그러면서도 가격은 저렴한 일명 '싸고 좋은 차'를 원한다. 그러나 실제로 그런 차를 사는 것은 쉽지 않다. 어떤 품질의 중고차든 매매상이 싸게 구입한 뒤 적정한 시장가격에 내놓기 때문이다. 그러므로 매매상은 중고차의 품질을 알 수 있지만, 구매자들은 진짜 품질을 모르는 상태로 구입하게 된다. 이런 정보의 비대칭성 때문에 실제로 구입해보지 않으면 진짜 품질을 알 수 없어 저품질의 재화(레몬)가 거래되고 있는 시장을 레몬시장이라고 한다.

경제학에서도 정보의 비대칭성과 관련된 이론이 있다. "그 주식의 내재 가치만큼 시장가가 형성된다"는 유진 파마의 '효율적 시장가설'이다. 효율적 시장가설 이론이란 가격이 이용 가능한 정보를 즉각적으로 반영하고 있다는 것이다. 여기에 따르면 이미 주가에 모든 정보가 반영되어 있기 때문에 평균 수익률 이상의 초과 수익을 얻기는 힘들다. 하지만 현실에서는 시장의 평균 수익률 이상의 초과 수익을 올리는 사람들이 분명 있다. 시장 평균을 웃도는 투자 수익을 내며 투자의 귀재로 불리는 워렌 버핏이 대표적이다. 워렌 버핏은 "시장이 효율적이라면 난한 푼도 벌지 못했을 것"이라며 효율적 시장가설을 전면 부정하기도 했다.

최소한의 투자자금으로 최대의 성과를

그렇다면 주식시장에서 말하는 '효율성'이란 무엇일까? 효율성이란, 최소한의 투자자금으로 최대 성과를 얻는 것을 의미한다. 그러나 주식시장에서 말하는 효율성은 일반적인 효율성과 달리 분배, 운영, 정보의 세 가지 측면에서의 효율성을 뜻하기 때문에 따로 살펴볼 필요가 있다.

투자세계에서 좋은 성과를 얻으려면 자금 배분을 적절하게 할 수 있어야 하고 투자 타이밍을 조절하는 운영 능력도 뛰어나야 한다. 종목을 선택할 때 필요한 회계정보나 기업정보 같은 다양한 정보를 획득하고 분석하는 능력 역시 갖춰야 한다. 만일 어느 한 부분이 미흡하다면 좋은 결과를 얻기 힘들게 유기적으로 연결되어 있다.

① 분배의 효율성

먼저 분배의 효율성이란, 투자자금을 분배할 때 더 많은 생산성을 가지고 있는 분야에 많은 자금을 분배하고 이로 인해 모든 사람들이 이득을 얻을 수 있는 상태를 말한다. 미래 경영 성과가 좋을 것으로 예상되는 기업에 더 많은 자금을 분배하고 성과가 나쁠 것으로 기대되는 기업에는 적은 자금이 배분될 때 비로소 자본 시장의 분배 효율성이 달성될 수 있다. 예를 들어 A 회사가 수익성이 높은 신기술을 개발하여 미래의 현금 흐름이 크게 증가할 것으로 예상된다고 하자. 이 경우 투자자들은 수익성이 낮은 다른 주식들을 팔고, 위험에 비해 수익성이 높게 예상되는 A 회사의 주식에 더 많은 자금을 투자할 것이다. 그 결과 A 회사의 주가는 상승하게 되고, 더욱 많은 자금이 A 회사로 배분된다. 궁극적으로 경제 전체의 효율성이 증가된다.

② 운영의 효율성

운영의 효율성은 증권시장의 내적 효율성을 의미하기도 한다. 증권시장의 여러 기구와 기관들은 투자자에게 거래와 관련된 서비스를 제공해야 하며 투자자는 서비스에 대한 대가로서 거래 수수료, 증권거래세 등 거래 비용transaction costs을 지불한다. 이때 가장 저렴한 거래 비용이 발생한다면 증권시장에서 운영의 효율성이 달성되었다고 한다.

③ 정보의 효율성

마지막으로 정보의 효율성은 이용할 수 있는 모든 정보를 충분히 반영하여 주식시장에서 가격이 결정된 상태를 말한다. 정보의 효율성은 증권에 관한 정보가 신속하고 공평하며 저렴하게 모든 투자자들에게 배분되고 그 정보가 증권 가격에 정확하게 반영될 때 달성된다. 증권시장에서 정보의 효율성이 달성되면, 어떠한 투자자라도 특정한 정보를 이용하여 시장 평균 수익률 이상의 성과를 얻을 수 없다. 모든 투자자들이 공평하고 빠르게 모든 정보를 이용할 수 있기에 일부 투자자만 특정한 정보를 유리하게 이용할 수 없기 때문이다.

분배·운영·정보 중 효율적 시장이론에서 의미하는 효율성은 정보의 효율성을 말한다. 주가는 현재 회사의 내재가치 등 다양한 정보와 미래성과에 대한 투자자의 기대 심리 등이 반영되어 형성된다. 실적 기대감이 생기면 그 기대만큼 주가가 상승하지만 실적 발표 후에는 과도하게 상승한 만큼 주가가 다시 조정되기도 한다. 이는 각종 정보가 주가에 즉각 반영되고 시장이 효율적으로 작동하고 있다는 것을 보여준다. 그러나 이론과 달리 실제 시장에는 평균 수익률 이상의 초과 수익을 올리는 투자자도 있다. 효율적 시장 이론으로는 이를 충분하게 설명할 수 없다.

시장은 효율적이지 않다. 그리고 정보의 비대칭성도 존재한다. 특정한 정보를 가지고 있는 사람끼리 정보를 공유하고, 이를 통해 시장 평균수익률을 초과한 수익을 얻는 상황도 수없이 발생하고 있다. 정보의 비대칭성과 자금배분 전략의 한계 등 여러 문제와 부담을 떠안고 투자하는 것은 그만큼 리스크가 높다 보니 차라리 전문가 집단이나 기관에게 투자를 위탁하는 것이 낫다는 인식이 퍼지게 된다. 이러한 생각은 인덱스펀드나 롱숏펀드, 홍콩H지수를 기초자산으로 한 ELS 상품을 구조화시켰고 투자 위험을 분산시키기 원하는 사람들에게 빠르게 전파되었다.

효율적 시장가설은 증권시장의 투자 역사에 아주 중요한 이정표를 만들어주었다. 그리고 인덱스펀드, 랜덤워크 이론, 포트폴리오 이론을 정립시키는 데 큰 영향을 주었다. 그러나 실제 시장에서는 효율적 시장가설이 적용되는 구간과 효율적 시장가설과 정반대로 움직이는 비효율적 시장 구간이 상존한다. 그렇기 때문에 시장의 성격을 획일적으로 규정짓는 것보다는 각각 펼쳐지는 시장 형태에 맞춰 시장을 판단하고 시장에 맞는 전략을 세워 실행하는 것이 중요하다.

이러한 투자 능력은 투자 역사에서 어떤 고민이 대두되었고 그것을 누가 이론적으로 어떻게 풀어냈는지 추적하면서 키워나갈 수 있다. 그리고 투자의 원칙과 기준을 세우고 시장을 읽는 능력을 키우기 위해서는 적어도 1800년대부터 나타난 주식시장의 투자 이론 원칙을 알아두는 것이 중요하다.

효율적 시장 개념의 탄생

효율적 시장은 프랑스 소르본대학의 젊은 수학자 루이 바슐리에가 자신의 논문인 《투자의 이론》을 통해 처음 이야기했다. 그는 효율적 시장 개념에 대해 "주식 가격에는 과거와 현재, 심지어 현재 가치로 환산된 미래의 사건까지 반영되어 있지만 이 사건들이 가격과 뚜렷한 연관성을 보이지 않을 때도 많다"고 말했다.

시장가격의 변동성에 대한 시장 참여자의 상반된 의견은 시간이 흐를수록 차이가 커지게 된다. 매도자는 가격이 오를 것으로, 매수자는 가격이 떨어질 것으로 예상하는 경우가 있다. 이때 매도자나 매수자가 다른 사람들보다 미래를 더 잘 안다고 말할 수 있는 근거는 없다. 이러한 사실을 바탕으로 바슐리에는 일정한 시점의 투기 세력들의 집합인 시장에는 다수의 매도자와 매수자가 존재하기 때문에 시장 가격이 상승하거나 떨어질 것이라고 예측하기는 어렵다고 결론지었다. 주식시장은 불규칙하기 때문에 예측이 불가능하며 단지 통계적으로만 기술할 수 있다고 주장했다. 주식시장의 움직임을 과학적으로 분석한 그는 주식시장의 특성을 무질서하게 움직이며 충돌하는 분자 운동(브라운 운동)과 접목시켰다. 물리학 이론을 금융 이론에 접목시킨 그의 시도는 '주가의 움직임은 우연의 산물'이라는 랜덤워크 이론으로 발전하게 된다.

프랑스의 물리학자로 주식시장의 움직임을 과학적으로 분석한 최초의 학자 바슐리에의 통찰력은 당대에는 빛을 발하지 못했으나 1950~1960년대 이르러 프랙탈 기하학을 응용한 '카오스 이론', 유진 파마의 '효율적 시장가설 이론', 버튼 멜키엘의 '랜덤워크 이론'을 정립하는 시 발점이 된다.

02

나는 주식시장을
제대로 보고 있을까?

주식시장의 미래 예측, 가능할까?

경제 전문가와 시장 전략가, 애널리스트들은 주가와 시장의 미래를 두고 수많은 예측을 쏟아낸다. 그런데 그 결과물을 나중에 확인해보면 정작 아무런 쓸모가 없거나 오히려 투자 판단에 오류를 일으켜 잘못된 선택을 하는 경우가 많다. 주식시장과 주가의 미래를 정확하게 예측할 수 있는 방법은 없는지, 이를 두고 수치 데이터를 활용해 검증까지 한 인물이 있다. 바로 경제학의 아버지라고 불리는 알프레드 코올스 3세다.

그는 당시 유명한 투자정보지 분석보고서를 정기 구독하며 증권시장이 어떻게 돌아가는지 파악했다. 홍수처럼 밀려드는 온갖 정보지와 분석보고서를 꼼꼼하게 살펴봤지만 시간이 지난 후 확인해보면 대부분의 예측이 틀리다는 것을 알게 되었다. 각종 정보와 분석들이 모두 쓸모없다는 생각을 하면서도 오히려 시장 정보와 주가데이터를 이전보다 더욱 꼼꼼하게 정리하기 시작했다. 코올스는 투자자문사의 예측과 분석보고서와 주가데이터 중에 어떤 것이 미래를 더 정확하게 예측할 수 있는지 분석하기 위해 많은 전문가와 함께 코올스경제학연구위원회를 설립했다. 1933년《이코노메트리카》라는 학회지를 출간한 이후 현재까지 꾸준히 발행하고 있으며 경제학자, 수학자, 통계학자들 사이에서 권위 있는 학회지로 인정받고 있다.

창간호에서 코올스는 〈시장분석가는 증권시장을 예측할 수 있는가〉라는 짧은 논문을 통해 "시장분석가의 예측에 대해 회의적이다"는 말로 결론 내리지만 그 결론을 도출하기 위해 7500건의 투자자문 매매 추천과 4년간의 화재보험사 매매 기록, 1903~1929년 사이에 발간된 3300여 건의 증시 예측보고서와 투자 정보 예상치를 다우지수와 일일이 견주어보는 방대한 작업을 했다. 이런 분석을 통해 투자자문 16곳 중 단 6곳만이 주가 예측에 성공했음을 밝혔는데, 그는 그것도 실력이 아닌 운이 작용했기 때문이라고 판단했다. 특히 분석대상 그룹이 추천한 종목의 실적은 시장 전체 수익과 반비례 관계인 것으로 드러났고 기관투자가라고 할 수 있는 화재보험의 수익률 역시 별반 다를 게 없었다. 차라리 무작위로 종목을 선정한다고 하더라도 그 정도의 수익은 냈을 것이라고 봤다.

코올스는 이런 데이터 분석을 통해 각종 정보지나 투자전문가의 추천대로 투자하는 것보다 시장 전체 움직임의 평균으로 인덱스 지표를 만들어서 인덱스에 투자하는 것이 더 유리하다는 결론을 내렸다. 그리고 이를 토대로 코올스인덱스를 만들어서 발표했다. 이 연구는 인덱스펀드 기준을 제공하는 시도였고 포트폴리오 전략을 태동시키는 밑거름이 되었다.

당시에는 찰스 다우가 개발한 다우지수가 뉴욕증권거래소의 대표 지수로 인정받고 있었다. 다우지수는 지수에 편입된 종목의 종가를 모두 더해서 전체 편입 종목 수로 나누는 방식으로 산출되었는데, 시장의 큰 흐름은 알 수 있지만 30개의 우량 기업 주식으로 구성되기 때문에 많은 기업의 가치를 대표할 수 없다는 한계가 있다. 그러나 코올스인덱스는 현재 S&P(스탠드앤드푸어스)500지수와 같이 시가총액 방식(현 시점의 시가총액을 일정 시점의 시가총액과 비교해 현재의 주가 수준을 파악하는 방식)으로 구하기 때문에 당시 뉴욕증권거래소에 상장된 기업의 97%를 대표하는 정확성을 가졌다.

코올스는 주식시장에서 가격의 미래를 예측할 수 없고 모든 정보는 주가에 다 반영되어 있기 때문에 주가를 예측하지 못했던 상황이 발생할 때만 주가가 움직인다는 화두를 주식시장에 던졌다. 여기서 효율적 시장가설이 이론화되었고 시장평균수익을 초과하는 수익을 내는 종목을 찾기란 불가능하며 만약 찾는다 하더라도 그것은 운에 불과하다는 결론에 도달했다. 결국 시장을 대표하는 인덱스 상품에 투자하는 것이 가장 효율적이며 인덱스에 편입되는 종목은 편입 기준에 적합한지, 시장과는 어떤 관계를 갖는지에 대한 연구가 진행되었다.

코올스의 노력으로 투자 이론은 엄청나게 발전하게 되었다. 수많은 노벨경제학상을 수상하는 영광이 투자이론연구에서 나왔다. 위험을 관리하는 방법으로 포트폴리오 연구가 시작되고 다양한 투자상품을 개발하게 되었다. 코올스의 계량경제학적 사고와 주식 가격의 미래를 예측할 수 없다는 아이디어에서 발전한 투자 아이디어는 다음과 같다.

① 포토폴리오 배분

- 시장참여자들이 같은 정보를 가지고 있는 한, 거래를 통해 평균 이상의 수익을 낼 수 있는 기회는 사라진다.
- 어느 주식에 긍정적인 뉴스는 다른 주식에는 부정적일 수 있으며, 또 앞으로 어떤 일이 일어날지 예측할 수 없기 때문에 여러 자산으로 잘 분산된 포트폴리오를 구성해야 한다.

② 트레이딩

- 이 주식에서 저 주식으로 반복적으로 옮기는 것보다는 포트폴리오를 구성하여 오랫동안 보유하는 것이 더 낫다.

③ 금융분석가

- 효율적 시장가설에 따르면 금융분석가들이 추천하는 주식이 시장을 능가하기는 어렵다.

- 이윤을 많이 낼 것으로 예상되는 회사라고 해서 그렇지 않은 회사에 비해 투자하기에 더 좋은 것은 아니다. 모든 회사의 주가에는 현재 이용 가능한 모든 정보가 들어 있기 때문이다.

시장평균수익률 이상을 달성하는 종목을 찾기 위해 힘쓰기보다 대표성이 있는 인덱스 상품에 투자하는 것이 효율적이라는 코올스의 투자철학적 사고가 100년 이상 주식시장을 지배하면서 다양한 펀드가 개발되었고 위험을 관리한다는 명목 하에 보이지 않게 위험을 더 증폭시키는 파생연계상품도 개발되었다. 그러나 이런 상품들이 절대적으로 안전한 것은 아니기 때문에 구조가 명확하지 않거나 확실하게 이해되지 않는 파생연계상품은 매매하지 않는 것이 좋다. 본인 스스로 공부하고 시장을 판단해 대응하는 능력을 키워 자산배분과 대응 및 조절 능력이 있는 투자자가 된다면 과거 키코 상품의 광풍에서 벗어 날 수 있었고 브라질채권의 열풍이나 홍콩H자산으로 기초자산을 구성한 ELS펀드에서 한 걸음 떨어져 소중한 자산을 지킬 수 있었을 것이다.

초과수익을 올리는 방법을 찾아라

주가가 무작위로 움직이는 것은 시장이 비합리적이기 때문이 아니다. 현명한 투자자들이 다른 사람보다 먼저 관련된 정보를 찾으려고 경쟁하는 과정에서 필연적으로 나타나는 결과일 뿐이다. 가격이 합리적으로 결정된다면 가격이 바뀌는 경우는 오직 '시장이 모르는 새로운 정보'가 있을 때다.

랜덤워크 이론에서의 주가란 항상 현재의 모든 지식을 반영하고 있다. 그리고 주가에 영향을 미치는 새로운 정보는 반드시 예측 불가능한 것이어야만 한다. 공개적으로 이용 가능한 정보는 이미 모든 주가에 반영되어 있다고 보기 때문이다. 랜덤워크 이론을 체계적으로 분석한 경제학자 버튼 맬킬은 저서《시장 변화를 이기는 투자》에서 효율적 시장가설에 대해 다음과 같이 말했다.

"논리적 극단으로 가져갔을 때, 이 이론은 원숭이가 눈을 가리고 신문 증권면에 다트를 던져 선택한 포트폴리오의 실적이 전문가가 주의 깊게 선택한 포트폴리오 실적과 크게 다르지 않을 것임을 의미한다."

월가 금융시장 애널리스트들은 상당한 지식을 가진 사람들이다. 그들은 기업의 재무건전성, 기업경영자의 능력, 새로운 제품의 성공가능성 등에 대한 유용한 정보를 제공한다. 하지만 이들이 투자하기에 가장 좋은 개별주식을 귀신같이 골라낸다는 증거는 별로 없다. 효율적 시장가설에 비판적인 사람들은 금융시장의 이론과 실제 사이에 다음의 세 가지 차이점을 지적하면서 효율적 시장가설의 타당성에 대해 의문을 제기하고 있다.

① 시장에서 형성되는 가격에는 예외현상pricing anomalies이 존재하기

때문에 지속적으로 평균 이상의 수익을 얻을 수 있다.

효율적 시장가설은 지속적으로 평균 이상의 수익을 얻을 수 없다고 한다. 그러나 일부 분석가들은 평균 이상의 수익을 낼 수 있는 거래전략이 있다고 믿는다. 대표적인 예외현상은 소기업효과small firm effect와 1월효과January effect다. 소기업효과는 규모가 작은 기업의 주식이 규모가 큰 기업의 주식보다 높은 수익률을 지속적으로 실현시키는 것이며, 1월효과란 1년 가운데 1월의 주식 수익률이 비정상적으로 높은 현상을 말한다.

② 정보를 이용하여 가격변동을 어느 정도 예측할 수 있다.

외부에는 알려지지 않은 내부자끼리만 아는 내부정보inside information가 있다. 이 정보를 잘 활용하면 시장 평균을 웃도는 초과수익을 얻을 수 있다. 한미약품이 다국적기업과 신약 기술 수출 계약을 체결한다는 내부정보를 이용해 거액의 시세차익을 얻은 연구원과 증권사 애널리스트, 펀드매니저가 검찰 조사를 받고 구속당하는 사건이 2015년 겨울에 벌어진 바 있다.

③ 주식의 기본가치 변동에 비해 실제의 주가변동이 훨씬 크게 나타난다.

예일대학의 로버트 쉴러 교수는 S&P500에 포함된 주식을 대상으로 수십 년간의 기본가치를 추정했는데, 실제의 주가변동이 그 주식의 기본가치의 변동에 비해 훨씬 크다는 결론을 내렸다. 이것을 과잉변동성이라고 표현했는데, 1871년 이후 100여 년 동안의 S&P500지수와 다우존스지수의 변동을 추적한 그의 연구 결과는 주가 변동성이 이론적으로 가능한 것보다 훨씬 크다는 사실을 보여주었다. 그의 주장을 토대로 하면 기본가치보다 가격이 높은 주식을 팔고 기본가치보다 가격이 낮은 주식을 살 때 평균 이상의 수익을 얻을 수 있다.

시장은 일정한 패턴과 주기가 있다

시장은 일정한 흐름에 따라 상승과 하락을 반복한다. 기술적 분석을 통해 패턴과 주기를 예상할 수 있고 이를 기반으로 미래를 예측할 수도 있다. 시장을 접근하는 방식에서 또 다른 한 줄기의 큰 흐름은 미국에서 시작되었다. 1897년 금융투자정보지인 〈다우존스〉가 미국에서 창간되었다. 여기에 〈월스트리트저널〉의 초대편집장인 찰스 다우가 공동설립자로 참여했다.

우리에게 익숙한 다우존스지수와 다우이론을 만든 찰스 다우는 투자전문가라기보다는 경제학자다. 그는 증권시장의 미래를 예측하는 시스템을 개발하는 것보다 시장의 역사를 연구하는 것에 더 관심이 많았다. 다우존스는 "증권시장은 변화의 조짐을 보이기 전까지 일정한 트렌드를 유지하고 특정한 패턴을 형성한다"는 것을 기본 철학으로 삼았다.

그는 1901년 〈월스트리트저널〉의 칼럼을 통해 "바닷가에서 밀려오는 파도를 관찰할 때 가장 높은 파동의 높이를 재고 싶다면, 밀려오는 파도가 미치지 않는 지점에 푯대를 세우고 멀찌감치 떨어져 다가오는 파동을 푯대와 견주어 살펴보면 된다"라고 말했다.

파도의 높이를 측정하는 이 방법은 증권시장의 시세변동을 관찰하고 분석하는 데도 적절하게 응용될 수 있다. 가격의 파동은 파도와 마찬가지로 정점에 오르는 순간 곧바로 가라앉지는 않는다. 파동을 일으킨 힘이 일정한 기간 동안 파동을 유지하게 만들기 때문이다. 따라서 파동의 실체를 확인하기까지는 시간이 걸린다. 여기에서 기술적 분석의 핵심이 되는 파동의 높낮이와 시간, 변곡점의 개념이 도출되고 발전되었다.

찰스 다우는 물리학과 수학의 개념을 금융시장에 도입하여 '중력의 법칙', '관성의 법칙', '파동의 에너지'를 통해 주식시장을 보려고 노력했다. 그는 시장의 전체 에너지를 측정하고 파동의 높낮이와 시간의 흐름을 파악하기 위해 '다우지수'를 개발했다.

그는 숨을 거두기 한 달여 전인 1929년 10월 21일 〈다우이론을 바탕으로 한 파동이 변화〉라는 제목의 기사를 통해 1920년대 대세상승기의 종말을 예언했다. 그의 예언은 254일 후 이른바 검은 목요일로 시작된 미국 대공황을 적중시켰다. 1929년부터 급락한 미국의 주식시장은 1932년까지 3년 동안 고점 대비 90% 수준까지 하락했다. 이후 다우이론은 소위 '기술적 분석'의 모태가 되면서 다양한 형태로 발전했다.

여기서 재미있는 에피소드가 있다. 윌리엄 피터 해밀턴은 1929년 10월 대세상승기가 마감했다는 예측 기사를 실었다. 반면 효율적 시장가설과 계량학파의 선두주자로 금융공학의 토대를 만든 어빙 피셔는 1929년 10월 "주가가 영원히 추락하지 않는 고원의 경지에 이르렀다"며 해밀턴과 정반대되는 분석을 했다. 시장이 피로 증세를 보여 슬금슬금 하락한다 하더라도 두세 달 안에는 지금보다 더 높은 수준으로 주가가 상승해 있을 것이라는 상당히 과감하면서도 낙관적인 전망을 내놓은 것이다. 그러나 결과는 참담한 실패로 끝났다. 훗날 미국의 저명한 경제학자인 존 케네스 갈브레이스는 어빙 피셔의 전망을 '불멸의 증시 분석'이라고 조롱했다.

낙관론을 내놓은 어빙 피셔도 그때 당시 큰 자금을 투자하여 큰 피해를 보았다. 이런 어려운 상황에 놓였던 어빙 피셔를 구제해준 사람이 알프레드 코올스였다. 찰스 다우-해밀턴으로 이어지는 기술적 분석학파와 어빙 피셔-알프레드 코올스로 이어지는 계량경제학과 효율적 시장가설학파가 서로 보이지 않게 연결되는 역사적 사건이 1920년대 미국 대공황이었다는 점도 재미있는 투자 역사다.

기술적 분석학파는 1920년대 시장의 한 물줄기를 만드는 데 큰 역할을 했다. 여기서 만들어진 연결고리로 다양한 기술적 분석 방법이 만들어졌다. 1920년대에 소개된 랠프 넬슨 엘리어트의 엘리어트 파동이 있고, 1930년대에는 윌리엄 드 갠의 기하각이론, 에드워드 듀이의 순환이론-경기변동이론 등이 시장에 쏟아져 나왔다. 이러한 시도가 구체화된 것은 1960년대 그랜빌이 단순한 수치분석에서 벗어나 추세를 분석하고 일정한 기간 동안의 평균 주가를 구해 매매시점을 포착하는 기법을 정리하면서다. 기술적 분석의 대명사라고 하는 '그랜빌의 8법칙'이 만들어지면서 실전매매에 응용되기 시작했고 시스템 알고리즘기법으로 확산되는 시대를 접하게 되었다.

동양에서도 음양이론-주역이론에 기본을 둔 이치모쿠 산징의 '일목균형표'가 1969년 일본에서 발표되었고 우라가미 구니오는 순환이론을 근거로 한 '4계절 순환이론'을 통해 기술적 분석과 순환이론의 철학을 접목시켰다.

① 엘리어트 파동이론Elliott wave principle

주식시장도 자연법칙에 따라 움직이는 반복적인 법칙이 있음을 발견하여 정리한 이론으로 주가는 연속적인 8개의 파동(상승 1, 2, 3, 4, 5파와 하락 A, B, C파)이 하나의 사이클을 형성하며 상승과 하락을 반복하는 패턴을 보인다는 이론이다.

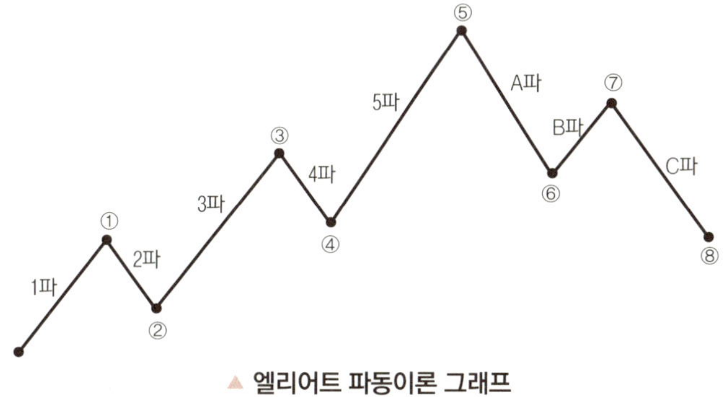

▲ 엘리어트 파동이론 그래프

② 그랜빌의 법칙theory of Granville

　　그랜빌은 주가와 이동평균선을 이용하여 매매시점을 포착하는 8가지의 투자 전략을 제시했다. 이동평균선이란 주가의 이동 흐름을 평균적으로 나타낸 값으로 5일선, 20일선, 60일선, 120일선 등으로 나타낸다. 단기이동평균선인 5일선은 지난 5일간 종가 기준 주가의 평균값, 20일선은 20일간 종가 기준 주가의 평균값을 나타낸다. 전반전인 주가 흐름을 파악하고 앞으로의 주가 추이를 전망하는 데 이동평균선은 아주 중요하며 매일 계산되어 차트에 표기된다. 위에서부터 차례로 5일선, 20일선, 60일선, 120일선이 위치하는 상태를 정배열, 그 반대를 역배열이라고 하며 단기선(5일선)이 중기선(20일선, 60일선)이나 장기선(120일선)보다 오르는 경우 강력한 매수 신호로 해석된다.

매수 신호

1 이동평균선이 하락한 뒤 보합이나 상승국면으로 진입할 때 주가가 이를 뚫고 위로 올라가는 경우

2 이동평균선이 상승하고 있을 때 주가가 이동평균선 아래로 하락하는 경우

3 주가가 이동평균선 위에 있을 때 이동평균선을 향해 하락하다가 다시 상승하는 경우

4 주가가 이동평균선 아래에서 급속히 하락하다가 이동평균선에 다가갈 때

매도 신호

1 이동평균선이 상승한 뒤 평행 또는 하락으로 전환되는 국면에서 주가가 이를

뚫고 내려올 때

2 이동평균선이 계속 하락하고 있을 때 주가가 이를 뚫고 올라가는 경우

3 주가가 이동평균선의 아래에서 위를 향해 계속 상승하다가 뚫지 못하고 다시
   하락하는 경우

4 주가가 상승하고 있는 이동평균선을 넘어 급등하다가 다시 하락할 기미를 보이
   는 경우

③ 일목균형표

주가 움직임을 5개의 의미 있는 선을 이용하여 예측하는 기법으로 시간론, 시세폭, 형보, 스팬 등으로 구성되는데, 시간을 가장 중요하게 여긴다. 주식시장에서 매수와 매도의 균형이 무너진 방향으로 가격이 움직인다는 생각을 바탕으로 하고 있다. 시간 개념이 포함된 지표인 일목균형표는 과거의 가격과 트렌드를 중요하게 고려하는 엘리어트 파동이론 등과 차이가 있다.

투자자는 시장에서 합리적 의사결정을 할 수 있을까?

모든 시장이 효율적으로 작동하는 것은 아니다. 불균형 속에 초과수익은 언제나 존재하고 비정상적이고 비효율적이며 비합리적인 시장도 있다. 실제 시장은 하나로 규정할 수 없기 때문에 하나의 정답을 찾기

보다는 효율적 시장은 그 시장대로, 비효율적인 시장은 비효율적인 시장대로 인정하면서 각기 다른 투자 전략을 세우고 실제 투자수익을 현실화시키는 것이 중요하다.

투자자들은 자신의 의사결정이 합리적이라고 생각한다. 그리고 소신에 따라 투자한다. 그런데 실제 시장이 효율적으로 움직이는 구간인지 아니면 비효율성이 지배하는 구간인지에 따라 같은 결정이라도 투자 성과는 천차만별이다. 그렇기 때문에 투자를 할 때는 다양한 의사결정을 하면서 실제 투자수익을 현실화시키는 것이 가장 중요하다. 여기서 가치투자자와 모멘텀투자자를 구분 짓는 기준이 생긴다. 바로 매도 타이밍을 결정하는 의사결정 기준인 '투자합리성'이다.

가치투자자들은 기업의 내재가치보다 가격이 높게 평가되지 않는 한 매수한 물량을 계속 보유Buy&Hold한다. 기업 가치가 지속적으로 성장할 때까지 대체로 오랜 기간 동안 보유하고 이후 고평가되는 상황이 나타나는 시점에서 매도하는 것이 바로 투자 기준이다. 반면에 모멘텀투자자는 어느 정도 자신들이 설정한 수익 이상으로 시장에서 급등하거나 호재·악재성 재료 노출로 추세가 바뀌었을 때를 매도 시점으로 잡

	합리성	비합리성
효율성	효율적 시장가설 작동 시장 합리적 의사결정	효율적 시장가설 작동 시장 비합리적 의사결정
비효율성	비효율적 시장 합리적 의사결정	비효율적 시장 비합리적 의사결정

는다. 모멘텀투자자는 그 기업의 내재가치 변화와는 상관없이 주가의 변동성만을 기준으로 매도한다.

여기서 가장 어려운 부분이 시장이 효율적으로 움직이는지 비효율적으로 움직이는지를 판단하는 기준이다. 효율적 시장가설을 강조하는 학자들은 언제나 시장의 모든 가격은 투자정보를 반영한다고 하겠지만 실제 주식시장을 보면 주가에 반영되는 정보가 항상 정확한 것은 아니다. 오류성 정보에도 주가는 강한 변동성을 나타내고 때로는 의도적인 역정보에도 시세가 움직이게 마련이다. 주가에 정보가 반영되는 시점에 시장은 효율적으로 움직이기기도 하지만 비효율적으로 움직이는 경우 역시 비일비재하다는 말이다.

이런 상황에서 주가 변동성이 확대되고 주가가 내재가치보다 더 높거나 낮게 거래되는 비정상적 시장이 전개된다. 이때 합리적 의사결정을 하는 가치투자자와 모멘텀투자자들이 차익거래를 발생시켜 이 오차를 조정해가는 작업을 하게 된다. 차익거래자의 등장으로 시간이 지나면서 비효율적 시장은 효율적 시장으로 이동하는 경우가 많다. 또한 롱숏 전략(올라갈 것 같은 주식은 매수, 내려갈 것 같은 주식은 매도하는 전략)만 구사하는 펀드가 많아진 상황에서 이런 비효율적인 가격의 변동성이 나오면 시장은 롱숏 전략을 구사하는 차익거래자의 참여로 다시 효율적 시장으로 변화하게 된다. 문제는 항상 이렇게 시장이 자율 기능을 가지고 있는가 하는 것이다.

차익거래자가 효율적 시장을 비효율적 시장으로 잘못 판단하거나 그 밖의 다른 변수가 작동하여 시장의 변동성을 더 확대시키는 경우도 발생한다. 이런 과정에서 버블이나 거품이 붕괴되기도 한다. 효율적 시장이나 비효율적 시장에서 합리적 의사결정을 하면 시장이 균형을 이루고 수렴 과정을 거치면서 시장의 흐름이 효율적 시장으로 이동한다. 그러나 비효율적 시장에서 비합리적인 의사결정을 하면 버블이나 거품이 극단으로 커지는 변동성을 일으키기도 한다. 또 효율적 시장임에도 시장참여자가 비합리적 의사결정을 하는 인지적 오류나 정보의 비대칭성으로 잘못된 투자판단을 하여 발생하는 주가 흐름은 시장의 반응에 따라 각양각색의 패턴을 만들게 된다.

이 과정에서 악재에 매수하는 비합리적 의사결정을 하지만 시간이 지나면 그 선택이 합리적 의사결정이라는 것을 확인하는 역발상투자법이 체계화되면서 투자 전략의 한 흐름으로 자리매김하기도 했다.

수익은 극대화 위험은 최소화, 포트폴리오

증권사에서 연 80% 이상의 고수익을 보장해주는 상품이 출시됐다고 가정해보자. 아마도 이 상품에 가입하려는 사람들로 증권사는 아침부터 북새통을 이룰 것이다. 모르긴 몰라도 아마 증권사 앞에는 사람들이 며칠씩 줄을 서서 먼저 가입하기 위해 밤새워 기다릴지도 모른다. 그런데 이 상품의 위험성인 리스크Risk가 75%라면? 과연 그때도 이 상품이 흥행에 성공할 수 있을까?

금융 상품에 투자할 때 사람들이 가장 중요하게 생각하는 것은 수익률이다. 하지만 수익률에 항상 따라오는 리스크를 생각하지 않는다. 수익률과 동시에 참고해야 하는 것이 바로 리스크다. 대부분 수익은 높지만 위험이 적어서 원금을 손해볼 확률이 없기를 바란다. 그러나 경제학의 절대 진리로 높은 수익에는 높은 위험이 따른다는 말이 있다.

은행의 예·적금처럼 원금이 보장되고 펀드처럼 연이율이 20~30%씩 되는 상품이 있다면 좋겠지만 현실은 1년에 겨우 1% 후반에서 2% 초반이다. 물론 은행 예금 이율이 20%대까지 올랐던 적도 있다. 바로 IMF 시절이다. 그러나 그때는 하루가 멀다 하고 은행이 문을 닫고 통폐합되던 때였기 때문에 은행 예금이 안전한 상황이 아니었다. 그때 높은 예금 이율 역시 높은 위험에 따른 높은 기대 수익이었던 것이었다. 결국 세상의 모든 투자 상품을 수익과 위험이라는 두 축으로 놓고 살펴본다면 크게 다음의 네 가지로 나눌 수 있다.

현명한 투자자라면 고위험 저수익 상품에 투자할 리가 없다. 위험은 비슷하면서 훨씬 높은 수익을 주는 고위험 고수익 상품을 두고 괜히 손실에 대한 위험을 떠안을 필요가 없기 때문이다. 저위험 고수익 상품이 가장 바람직하지만 실제로 얻어내기란 어렵기 때문에 저위험 저수익과 고위험 고수익에서 타협을 찾되 최대한 위험이 낮으면서 수익이 높은 상품을 선택한다. 이것이 바로 일반적인 투자 선택 패턴이다.

그런데 해리 마코위츠는 고위험 저수익 구간에서도 때에 따라서는 투자해서 포트폴리오로 편입시키는 것이 전체적인 포트폴리오의 손실 위험을 줄일 수 있다고 주장했다. 좀 더 정확하게 말하면 개별 상품으로서는 매력이 없지만 다양한 상품을 섞어 만든 전체적인 자산 포트폴리오에서는 손실 위험을 낮출 수도 있기 때문에 고위험 저수익 상품도 분산투자 대상에 포함할 필요가 있다는 의미다.

돈 1억 원으로 작년에 10% 정도의 수익을 올린 삼성전자와 5% 수익을 올린 현대차에 주식 투자를 한다고 가정하면 이 포트폴리오에서 기대하는 수익률은 10%와 5%의 중간인 7.5%가 된다. 그러나 개별 자산인 삼성전자나 현대차의 위험은 자산 가격이 오르내리는 범위인 표준편차로 측정하는데, 포트폴리오 자산들은 자산 자체의 위험에 미치는 다른 자산의 영향이 더해진다.

쉽게 말해서 삼성전자 주식과 LG전자 주식의 주가 변동에 영향을 미치는 조건은 휴대전화 사업의 경쟁력, 시장 점유율, 국내 경기의 활황·불황, 환율 등 다양한 부분이다. 이런 공통적인 영향에 따라 주식이 같이 오르내릴 수 있다.

한 주식의 가격이 변할 때 다른 주식의 가격도 영향을 받는 정도와 방향을 나타내는 것을 상관계수라고 하는데 포트폴리오의 위험은 이런 상관계수가 영향을 미치기 때문에 개별 자산들의 위험도와는 다른 값이 나오게 된다. 이런 위험도를 어떻게 측정해서 어떠한 방식으로 포트폴리오를 구성해야 하는지에 대한 이론을 정립한 것이 바로 헤리 마코위츠다. 그는 1952년 현대 투자이론의 기본을 이루는 '포트폴리오 이론'을 최초로 제시하여 노벨경제학상을 수상했다.

일찍이 월스트리트에서는 "계란을 한 바구니에 담지 말라"는 것을 모토로 분산투자의 중요성을 강조했는데 마코위츠는 단순히 분산투자의 중요성과 필요성을 강조하는 것을 떠나 대체 왜 분산투자를 해야 하는지에 대한 해답을 제시하고 분산투자의 지표인 상관계수를 밝혔다.

앞에서 예로 든 삼성전자와 LG전자 사례를 다시 생각해보자. 한 주식의 가격이 변할 때 다른 주식의 가격도 영향을 받는 정도와 방향을 나타내는 상관계수(휴대전화 시장 경쟁률, 환율, 국내경기 상황 등)가 공통으로 영향을 미치는 상관계수와 함께 낮은 자산을 서로 결합해 투자하는 것이 최적의 포트폴리오를 구성하는 비결이라는 것이다.

마코위츠 박사의 포트폴리오 이론은 포트폴리오의 투자 위험을 줄일 수 있는 효율적인 분산 투자 방법에 관한 것이다. 여기서의 분산투자란 포트폴리오 기대 수익을 낮추지 않고 위험만 감소시키기 위해 상관계수가 1보다 작은 자산들을 결합한다는 것이다. 두 개의 증권 혹은 두 개의 포트폴리오로 구성된 포트폴리오 중에서 분산이 최소화되는 포트폴리오를 찾아낸다. 이 최소 분산 포트폴리오에서 동일한 위험군 중 기대 수익률이 가장 높은 포트폴리오를 선택해 연결한 선으로 최적의 포트폴리오를 선택하면 위험을 줄이면서 고수익을 낼 수 있어 투자 수익을 극대화할 수 있다.

여기서 상관계수 1은 시장에 영향을 주는 사건이나 이벤트 등에 같은 움직임을 보이는 것을 말한다. 여름이 오면 빙과류나 주류 관련주가 오르고, 월드컵이나 올림픽 같은 대형 스포츠 이벤트 전에는 소위 치맥주(닭, 주류 관련 종목)가 같이 상승하는 경우가 있는데 이런 경우 모두 상관계수 1에 가깝다고 볼 수 있다. 반면 여름에 아웃도어주가 부진한 경우, 환율 하락으로 수출주가 하락하는 경우는 상관계수 −1에 가깝다고 보면 된다.

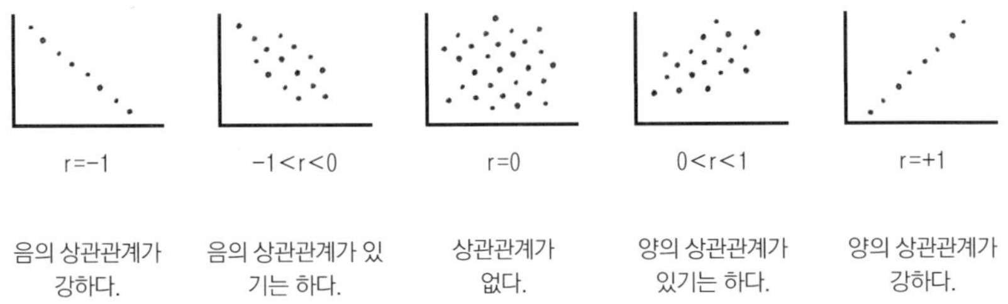

그래프 안에 위치해 있는 점들이 종목이라고 치면 어떤 이슈와의 관련성이 높을수록 점들은 직선에 가깝게 분포한다. 그러나 관련성이 약

할수록 직선에서 멀리 떨어져 있음을 알 수 있다. 직선에서 멀리 떨어지지 않고 같은 추세를 이루는 것일수록 상관관계가 강하고 직선과 상관없이 무작위로 분포되어 있을수록 상관관계가 없다고 볼 수 있는 것이다. 이때 시장에 영향을 미치는 이슈와 함께 강한 동반 흐름을 보이는 것을 양의 상관관계, 반대 움직임을 보이는 것을 음의 상관관계에 있다고 한다.

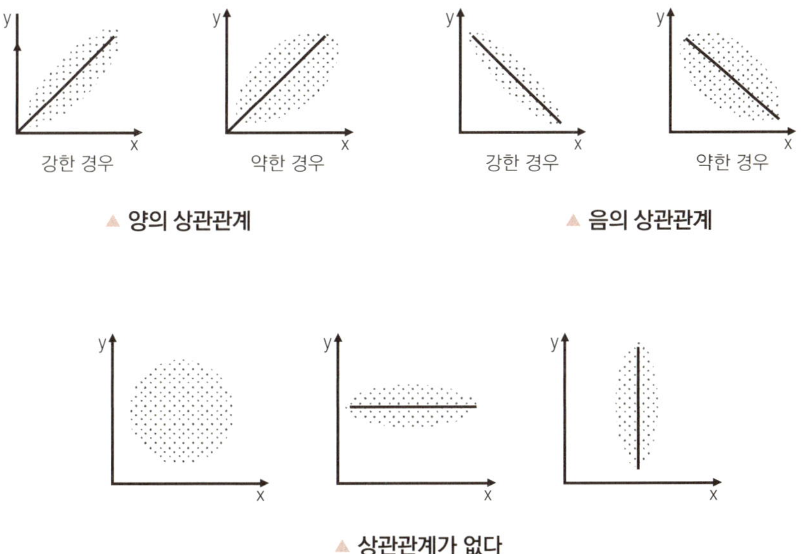

마코위츠가 말하는 이론은 포트폴리오 구성을 통해 합리적인 투자 방법을 제시해주었지만 위험 증권만으로 구성된 포트폴리오를 분석 대상으로 하고 있고, 투자자 개개인의 선택을 문제로 한 개인균형 모형

이지 시장균형 모형이 아니라는 점, 모든 증권의 평균과 분산을 계산하고 또 공분산 계산이 이뤄져야 하기 때문에 계산 작업이 많고 복잡한 문제점이 있다는 한계가 있다.

03

주식시장 제대로 파헤치자

오랜 시간 동안 실전 매매를 경험한 투자자들은
자신만의 매매 기준과 잣대가 있다. 그리고 정보를
취사선택하는 능력도 남다르다. 현물시장의
그림자인 파생시장을 들여다보는 법과 시장을
분석하는 기준을 세우는 방법, 의미 없는
데이터를 의미 있는 데이터로 만드는 방법 등
기존의 투자 입문서나 기술서에서 제시하지 않은
실전투자 방법을 여기에 담았다. 이번 챕터를
통해 주식시장을 분석하는 내공을 길러보자. 이미
정보화된 내용을 습득하기보다 단편적인 정보를
의미 있는 정보로 가공하는 역량을 키운다면
주식시장 흐름을 더욱 자세히 읽을 수 있을 것이다.

주식시장과
파생시장의 연결고리

파생시장이라는 그림자를 봐야 전체 시장이 보인다

일반적으로 주식은 저가에 매수해서 고가에 매도하는 상품으로 주가가 상승하면 수익을 얻는 구조다. 그런데 주식을 기초자산으로 하면서도 주가가 하락할 때 오히려 수익이 나는 인버스 상품이 개발되었다는 사실을 보면, 오늘날은 기초자산을 바탕으로 다양한 연계상품을 만들 수 있는 세상이 된 것이다. 이제는 기초자산이 연계상품을 만들 뿐 아니라 연계되어 만들어진 파생상품Derivatives이 오히려 기초자산에 영향을 미치는 상황이 벌어지고 있다.

일반적으로 파생시장이라고 하면 어렵고 상당히 위험한 도박 같은 투자라는 인식이 강하다. 잘못하면 패가망신의 지름길이라며 파생시장에는 눈도 돌리지 말라는 이야기가 나올 정도다. 그런데 이러한 생각은 레버리지가 큰 변동성 상품인 선물옵션을 마치 파생상품인 것처럼 생각하는 편견에서 나온 것이다.

파생상품은 기초자산의 가치 변동에 따라 가격이 결정되는 상품을 말한다. 기초자산에는 주식이나 채권 등과 같은 금융상품과 농·수·축산물과 같은 일반 상품이 포함된다. 뿐만 아니라 신용위험 및 자연·환경·경제 현상 등의 위험이 있지만 적절한 방법으로 가격과 이자율을 산출하고 평가할 수 있는 모든 상품이 포함된다. 또 이러한 기초자산을 기반으로 파생된 파생상품을 다시 기초자산으로 삼아 또 다른 파생상품을 만들어내기도 한다.

이렇듯 우리가 생각할 수 있는 세상의 모든 상품을 연결고리로 이으면 이를 파생상품으로 만들 수 있다. 그렇기 때문에 우리는 알게 모르게 파생상품이 범람하고 있는 세상에서 그 변동성에 영향을 받으며 살고 있다. 어떤 상품이 파생되었고 어떤 시스템으로 구성되며 운영되는지, 또 그 사이에서 어떤 상호작용이 일어나 시장 전체에 영향을 미치는지 등 파생상품의 연결고리를 파악하고 그 흐름을 읽는다면 한정된 자산을 키우는 데 효과적인 전략을 세울 수 있다. 뿐만 아니라 파생시장을 통해 현물시장에서 발생하는 리스크를 상쇄하고, 앞으로 현물시장에 나타날 변화를 미리 체크해 대응할 수 있다.

매일 선물과 옵션을 사고파는 '거래'를 하라는 이야기가 아니다. 본격적으로 선물투자에 나서라는 말은 더더욱 아니다. 다만 시장의 변동성이 높은 상황에서 레버리지가 높은 상품인 선물·옵션상품을 탄력적으로 활용한다면 현물시장에서의 손실을 파생시장에서의 수익으로 상쇄시킬 수 있는 만큼 리스크를 줄이는 수단으로 파생상품을 활용할 수 있다는 이야기다.

중장기 추세 매매를 하는 시간여행 종목이 단기 조정국면에 진입할 경우 어느 정도까지 하방압력을 받을지는 누구도 알 수 없다. 이런 경우 현물시장에서 대응한다면 기존 종목을 완전히 매도해 손실을 확정 짓거나, 주가가 하락할 때마다 추가 매수를 통해 단가를 낮추는 방법 외에는 따로 취할 수 있는 대응 방법이 없다. 상당히 소극적인 대응인 셈이다.

그러나 이때 선물시장이라는 반대쪽 시장에 접근한다면, 적극적인 대응이 가능해진다. 현재 중장기 추세 매매를 하고 있는 종목의 시가총액 기준 50~70% 정도의 규모를 선물 매도하거나 풋옵션 매수하는 것이다. 실제 해당 종목이 하락 조정에 진입할 경우 플러스(+)와 마이너스(-)가 합해 제로(0)가 되는 것과 같이 선물 매도나 풋옵션 매수에서 발생한 수익으로 기초자산의 평가손실 부분을 만회할 수 있게 된다. 현물시장에만 투자했다면 변동성에 따라 발생한 손실을 고스란히 떠안아야 하지만 선물시장과 현물시장에 함께 대응할 경우 처음 세운 목표대로 기초자산을 보유하며 안정적으로 중장기 투자를 할 수 있다.

투자자에게 폭넓은 위험 헤지hedge 기회를 제공하는 파생상품은 맞춤형 자산 구성이 가능하다는 특징이 있다. 위험 선호도에 따라 자산을 쉽게 구성할 수 있기 때문에 성향에 따른 매매 전략을 세울 수 있다. 위험 회피 성향의 투자자는 자산이나 부채의 가치 변동에 따른 위험을 회피하는 목적으로 투자하지만, 위험 선호 성향의 공격적인 투자자는 레버리지를 활용해 적극적으로 투자함으로써 파생상품시장을 상당한 이익을 얻는 기회의 장으로 활용한다.

파생상품시장은 현물시장과 같이 장내시장과 장외시장으로 구분할 수 있다. 장내시장은 가격 이외의 모든 거래 요소가 표준화되어 있는 파생상품 거래시장으로 한국거래소KRX를 통해 거래되기 때문에 거래소시장이라고도 한다. 장외시장은 표준화되어 있지 않은 파생상품이 거래되는 시장이며 거래소를 통해 거래하는 장내시장과 달리 시장참여자 간에 직접 거래가 성사된다는 차이점이 있다.

현행 자본시장법(자본시장과 금융투자업에 관한 법률)에서는 금융 투자상품을 증권과 파생상품으로 구분하고 있다. 증권과 파생상품 모두 원금 손실 가능성이라는 투자 위험이 존재한다. 그러나 손실이 어디까지 확장되는지 여부에 따라 상품을 구분할 수 있다. 아무리 손해가 발생하더라도 원금 이상의 손실이 발생하지 않는 경우를 증권, 원금을 초과하는 추가적인 손실이 발생할 수 있는 위험이 있는 상품을 파생상품으로 나눈다.

대응하지 않는 위험의 목적지는 손실이다. 그러나 위험을 분석하고 적극적으로 대응한다면 위험을 오히려 수익으로 전환할 수 있다. 위기가 기회가 되는 것이다. 투자자들은 투자 판단에 있어 기대되는 평균적인 수익률과 함께 기대수익이 현실화되지 않을 가능성을 고려한다. 특정 투자를 통해 실현될 수 있는 수익률은 기대수익률(평균수익률)을 통해 구할 수 있고 투자 위험도는 수익률의 분산이나 표준편차를 활용하면 알 수 있는데, 이를 통해 기대수익률은 높으면서도 위험은 적은 투자를 택해 투자성공률을 높일 수 있다.

중심가격으로 주가 분석하기

삼성전자에 투자한다면, 투자자들은 현재 시점에서 기대수익률은 어느 정도인지, 투자가 성공할 확률과 실패할 확률 중 어느 쪽이 높은지 예상해보아야 한다. 또한 현재까지 노출된 정보를 파악하고, 보이지 않는 연결고리를 추적하며 향후 주가 흐름이 어떤 방향으로 전개될지를 예측해야 하는 것이다. 주가를 분석하는 구체적인 방법은 다음과 같다.

가장 먼저 시간 기준을 52주 최고가와 52주 최저가로 설정하고, 현재 주가를 정규분포라고 가정해 이를 4등분으로 나눈다. 물론 실제 정규분포 상황에서 계산하는 것과 현재 주가를 정규분포로 가정하여 계산한 것 사이에는 상당한 오차가 발생할 수 있다. 그러나 실제 변동성을 측정하고 주가의 표준편차분산 기준과 변동성 기준을 설정한다면 이를 충분히 실전투자에 대응하는 기준으로 삼을 수 있다.

2015년 3월 19일 삼성전자가 기록했던 52주 최고가 151만 원과

2015년 8월 24일 기록한 52주 최저가 103.3만 원을 4등분해보자. 50% 의 중심가격은 127.2만 원, 25% 능선가격은 115.2만 원, 75% 능선가격 은 139.1만 원이다. 실제 주가의 움직임은 52주 최저가를 시현한 후 되 풀이 파동에서 75% 능선가격 부근인 139.3만 원까지 상승했다가 다시 조정되는 모습을 보였다. 그러나 조정 속에서도 하단 기준인 52주 최저 가를 붕괴하지 않고 지켜냈다. 2016년 1월 18일 108.8만 원을 2차 저점 으로 잡은 삼성전자는 현재 다시 115만~130만 원 구간에서 움직이고 있다.

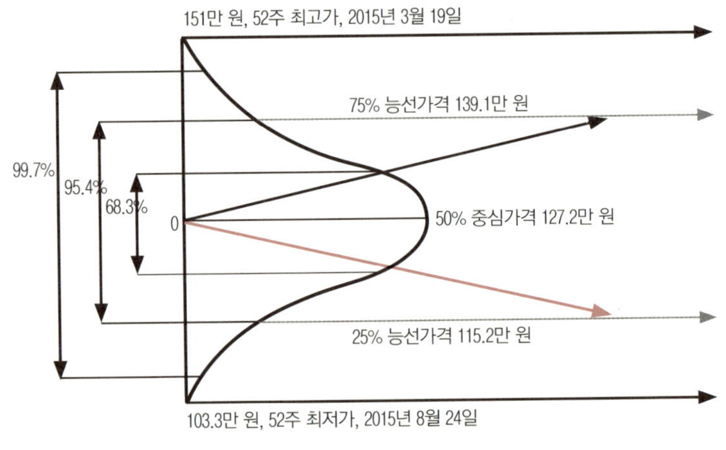

▲ 삼성전자 주식 가격 형성

저점에서 75% 능선가격인 139.3만 원까지 상승할 수 있는 모멘텀 은 실적이었다. 삼성전자는 환율 효과에 힘입어 3/4분기 영업이익 7조

3000억 원을 발표하며 시장 기대치인 6조 6000억 원을 훌쩍 뛰어넘는 성적표를 내놓았다. 그러나 이후 다시 하락하기 시작해 2016년 1월 18일, 52주 최저가인 103만 원 부근까지 밀려났다. 그런데 이번 하락의 이유 역시 실적이었다. 2015년 4/4분기 영업이익이 6조 1400억 원으로 지난 분기 대비 영업이익이 1조 2500억 원이나 감소한 사실이 전해진 것이다.

앞으로 전개되는 삼성전자 주가 파동의 중심가격은, 매분기 발표되는 매출액과 영업이익에 달려 있다. 분기실적이 어느 수준에서 발표되는가에 따라 중심가격이 낮아지든 높아지든 그 흐름이 결정될 것이기 때문이다. 그리고 물결의 움직임에 따라 프로그램 매매의 방향성과 외국인의 매매 전략이 수립될 것이다.

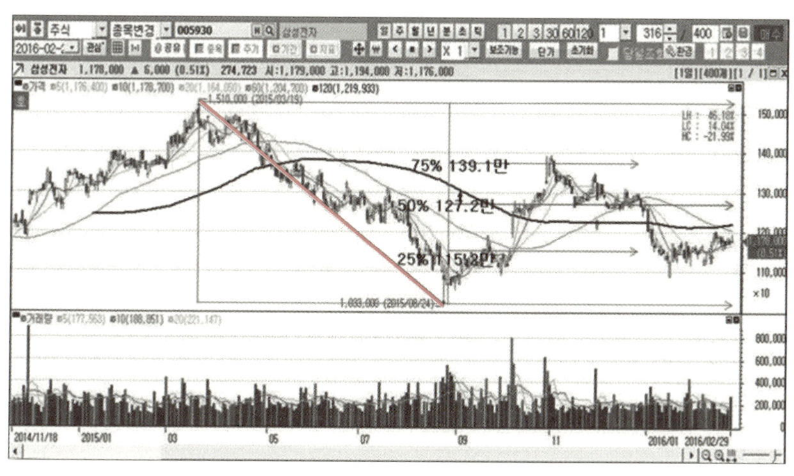

▲ 삼성전자 일봉 차트(2015년 3월 고점, 2015년 8월 저점)

　52주 최고가와 최저가 사이의 중심가격 127.2만 원을 기준으로, 2016년 2월 29일에 기록한 종가 117.8만 원은 중심 가격에서 7.3% 하락한 위치에 있고 52주 최저가 103.3만 원은 중심가격 127.2만 원에서 18.7% 하락한 수준에 위치해 있다. 117.8만 원에서 고점과 저점 사이의 중심가격인 127.2만 원까지 상승하려면 7%의 상승에너지가 있어야 하고, 75% 능선가격인 139.1만 원까지 상승하려면 무려 18%가 올라야 한다는 것을 수치상으로 확인할 수 있다.

　이처럼 평균가격을 기준으로 현재 주가가 어느 위치에 있는지 파악하는 것은 투자 전략을 세우는 데 상당히 중요하다. 주가가 중심가격보다 위에 있는지 아니면 그 아래에 있는지, 또 현재 주가는 어떤 흐름으로 진행되고 있는지 파악하고 변동성이 최대로 전개될 경우 진폭 비율은 어느 정도가 될 것인지 등을 수치화해 시스템을 만들어야 한다. 그리고 이를 기준으로 코덱스레버리지와 코덱스인버스의 상대탄력성을 측정하고 투자 전략을 수립하는 기준 잣대로 삼는다.

　전체 2000여 개에 달하는 상장사 중 성적순으로 선발한 200개 기업의 평균 성적을 지수로 표현한 것이 코스피200이다. 코스피200은 전교생의 평균 성적이 아니라 우등반 학생들의 평균 성적을 지수화한 것이기 때문에 전교생의 성적인 코스피보다 높다. 바로 여기에서 착안해 전교생이 아닌 우등반의 평균 성적을 기초자산으로 만든 것이 코덱스다. 그리고 코덱스와 마찬가지로 코스피200을 추종하지만 레버리지를 일으켜 변동폭이 약 2배에 달하는 상품을 코덱스레버리지라고 하며 코덱스와 코덱스레버리지의 구성 성분은 각각 코덱스 홈페이지(www.kodex. com)를 통해 확인할 수 있다.

다음 표는 2016년 2월 29일 종가 기준으로 코덱스와 코덱스레버리지, 그리고 코스피200을 구성하고 있는 종목이다. 보유하고 있는 종목은 언뜻 비슷하다. 그러나 하나하나 살펴보면 해당 상품이 보유하고 있는 종목의 편입 비율에 미묘한 오차가 있음을 알 수 있다.

코스피200이 보유하고 있는 삼성전자 비중은 전체의 16.8%에 불과하다. 그러나 코덱스200에서는 압도적으로 많은 비중을 삼성전자(19.78%)가 차지하고 있다. 현대차의 경우도 마찬가지로 코스피200에서 편입한 3.2%보다 많은 3.52%를 코덱스200에서 차지하고 있다. 그

순위	보유 종목	비중(%)
1	삼성전자	19.78
2	현대차	3.52
3	한국전력	3.02
4	SK하이닉스	2.78
5	현대모비스	2.72
6	신한지주	2.57
7	NAVER	2.37
8	POSCO	2.25
9	LG화학	2.13
10	삼성물산	2.07

▲ 코덱스200 보유 종목

순위	보유 종목	비중(%)
1	F 201603	92.87
2	KODEX 200	30.27
3	삼성전자	14.34
4	현대차	2.55
5	한국전력	2.19
6	SK하이닉스	2.01
7	현대모비스	1.96
8	신한지주	1.86
9	NAVER	1.72
10	POSCO	1.63

▲ 코덱스레버리지 보유 종목

순위	보유 종목	비중(%)
1	삼성전자	16.8
2	한국전력	3.71
3	현대차	3.20
4	삼성물산	2.89
5	현대모비스	2.39
6	삼성생명	2.21
7	SK하이닉스	2.15
8	아모레퍼시픽	2.12
9	LG화학	1.96
10	NAVER	1.86

▲ 코스피200 보유 종목

러나 코덱스200에서는 코스피200보다 훨씬 적은 비중의 한국전력을 편입하고 있다.

바로 이런 미묘한 차이 때문에, 종합주가지수가 1% 움직일 때마다 선물지수와 코덱스, 코덱스레버리지, 코덱스인버스의 변동성에도 작은 오차가 생기게 된다. 매일 시가총액 상위 종목의 변동성을 측정하면서 이런 오차를 알고 실전에서 대응하는 것과 모르고 대응하는 것에는 큰 차이가 있다.

이와 함께 삼성전자 주가가 상승할 때와 하락할 때 외국인이 선물 매수 포지션을 취하는 시장에너지는 어떤 차이가 있는지, 삼성전자 주가가 1% 움직일 때 종합주가지수에는 어떤 영향력을 미치는지, 또 몇 개의 시가총액 종목들을 합쳐야 1%의 삼성전자 주가가 변동을 일으키는 힘과 비슷해지는지 등을 체크해보아야 한다.

코스피200에 편입된 삼성전자 비중은 16.8%다. 한국전력부터 시작해 현대차, 삼성물산, 현대모비스, 삼성생명, SK하이닉스까지 모든 종목을 합해야 삼성전자와 동일한 에너지가 발생할 수 있다. 이런 점들을 감안해 앞으로 시장을 볼 때는 시가총액 상위 20개 종목의 상승과 하락 배열, 비율을 측정하고 데이터를 모으는 통계 감각을 발휘해야 한다.

삼성전자에 대한 투자 판단을 위해서는 분기실적 변화를 확인하고 해당 분기의 고가가격과 저가가격, 중심가격을 체크하고 그 흐름을 추적해 앞으로 움직일 삼성전자의 주가 변동성 진폭을 예측한다. 또 코스피200 종목들과의 상대속도는 물론 코덱스나 코덱스레버리지, 코덱스인버스를 통한 전체 시장의 추세를 고려한다면 현재 시점에서 어떤 투자 결정을 내리는 것이 가장 효율적인지 감을 잡을 수 있다.

삼성전자 분기 실적을 통해 분기별 매출 추이와 그 분기에 기록한 주가의 고가와 저가 수준을 체크해보자. 고가와 고가를 선으로 연결해 P-MAX(최대) 파동을 만든다. 마찬가지로 저가와 저가를 연결해 P-MIN(최소) 파동을 만들어 두 파동의 움직임을 추적한다. 그리고 고가와 저가의 50% 중심가격을 표시한다. 그 후 현재 위치가 어디쯤에 있는지도 체크해본다. 이런 시스템구조를 통해 삼성전자의 분기 추세를 지속적으로 추적하고 주가의 고가·저가의 변동성을 확인하면 현재 주가의 상태를 더욱 확실하게 파악할 수 있으며 앞으로의 주가 방향을 예측할 수 있다. 예를 들면 2016년 2월 26일 삼성전자 주가는 117.8만 원에 위치하고 있다. 그 위치는 2016년 1월에서 2월 사이 해당 주가가 기록했던 최고가와 최저가의 50% 중심가격이다.

P-Max와 P-Min 파동이 그리는 중심가격은 점차 낮아지는 추세다. 환율 효과로 2015년 3/4분기 매출 53.3조에 영업이익 7.3조를 시현한 시점에서 삼성전자는 139.3만 원까지 올랐다. 4/4분기 실적은 매출이 지난 분기보다 늘어났지만 영업이익은 오히려 6.1조로 급격하게 감소하는 추세를 보이면서 삼성전자 주가는 2016년 1월 18일 108.8만 원까지 하락해 100만 원선 붕괴 가능성을 높였다. 매출은 늘어났지만 영업이익이 감소하면서 저가덤핑 의혹을 받았던 삼성전자는 다행스럽게 다시 반등에 성공해 현재 110만~130만 원을 박스권으로 움직이고 있다.

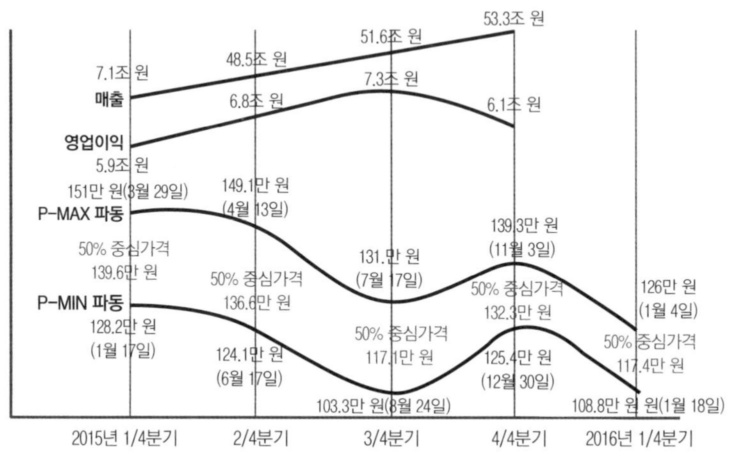

▲ 삼성전자 분기 실적과 P-MAX, P-MIN 파동

전체적인 글로벌 환경이 악화되는 과정에서 2016년 1월에서 2월의 평균 원/달러 환율은 1200원대 이상에서 많이 거래되었다. 환율은 점차 올라 2월말 1240원을 돌파하자, 일각에서는 원/달러 환율이 1250원을 돌파해 1300원대까지 상승할 것이라고 예측하고 있다.

지난 2015년 3분기, 환율 모멘텀(상승 동력)이 주가 상승을 이끌었던 것처럼 또 다시 환율에 따른 실적 개선이 모멘텀이 되어 매출과 영업이익이 6.5조~7조 원대에서 발표된다면 삼성전자 주가는 120만~130만 원 영역으로 한 단계 상승할 수 있는 힘을 받을 것이다. 그러나 원/달러 약세 속에서도 삼성전자의 매출과 영업이익이 시장컨센서스(시장의 합치된 예상치)에 부합되지 않고 오히려 악화되었다고 발표하거나, 시장 예상치에 부합했다 하더라도 1/4분기 시장컨센서스가 악화될 것이라는 발표가 나온다면 시장은 삼성전자를 롱숏 전략에 이용하면서 변동성을 확대시키는 전략에 사용할 것이다. 따라서 이 부분을 체크해가면서 향후 장세의 변동성을 측정해야 한다.

다행히 삼성전자는 1/4분기 6.6조 원의 영업이익을 발표했다. 시장 컨센서스를 초과하는 어닝서프라이즈(시장의 예상치를 훨씬 뛰어넘는 깜짝 실적) 소식에 우려한 것과 달리 삼성전자의 변동성이 확대되지 않았다. 실적발표 이후 삼성전자는 2016년 4월 8일 124만 원을 저점으로 상승한 후 124만~130만 원대를 유지하고 있다.

삼성전자가 지그재그로 움직이는 박스권 움직임을 끝내고 상방 혹은 하방으로 방향성을 잡기 위해서는 실적발표가 중요한 기준이 된다. 앞으로 시장의 기대치를 훌쩍 넘어 6.6조 원 이상의 실적이 나온다면 현재 주가 수준이 유지되거나 박스권을 뚫고 추가 상승할 가능성이 높

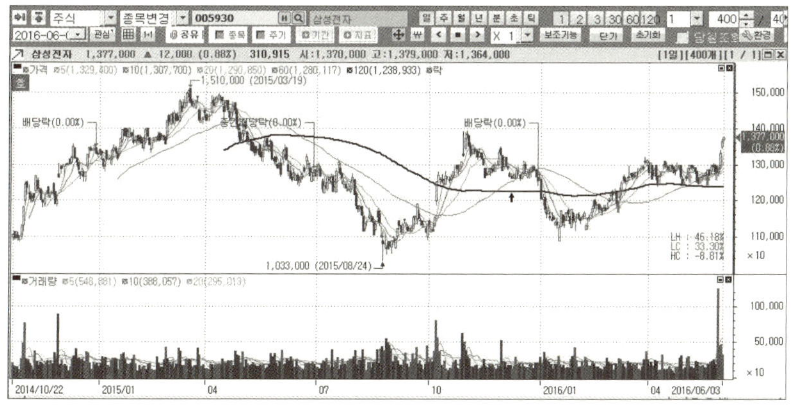

▲ 삼성전자 주가 흐름

다. 그러나 영업이익이 6조 원대 초반을 기록하거나 어닝쇼크(기업이 시장에서 예상했던 것보다 저조한 실적을 발표하여 주가에 영향을 미치는 현상)로 6조 원이 붕괴되어 5조 원대 실적이 발표될 경우 삼성전자 주가뿐 아니라 전체 시장의 변동성이 상상 이상으로 확대될 것이 분명하다. 결국 시장의 방향성은 삼성전자의 실적발표에 달렸다고 보아도 과언이 아니며 앞으로의 시장 변동성은 삼성전자를 기준으로 판단해도 무리가 아니다.

수학적 사고를 통한 투자 감각 키우기

키코 사태는 대한민국 금융투자 역사에 한 획을 긋는 대사건이었다. 키코는 환율이 사전에 지정한 상한(Knock-In)과 하한(Knock-Out) 구간에서 변동할 때에는 기존에 정한 환율을 적용받을 수 있지만 상한 이상으로 치솟으면 현재 환율보다 낮은 가격으로 2배의 외화를 팔아야 하는 상품이다. 요즘같이 환율 변동성이 큰 상황에서 자칫하면 환차손으로 인해 큰 손실을 입을 수 있는 상품이지만 환율 예측 능력이 떨어지는 중소기업들이 이 위험성을 모르고 많이 가입했다가 막대한 피해를 입었다. 견실한 중견기업이 환차손으로 흑자 도산한 사례가 있을 정도로 키코로 인한 피해는 상당했다.

원/달러 환율이 890~950원 사이에서만 움직일 경우 키코에 가입한

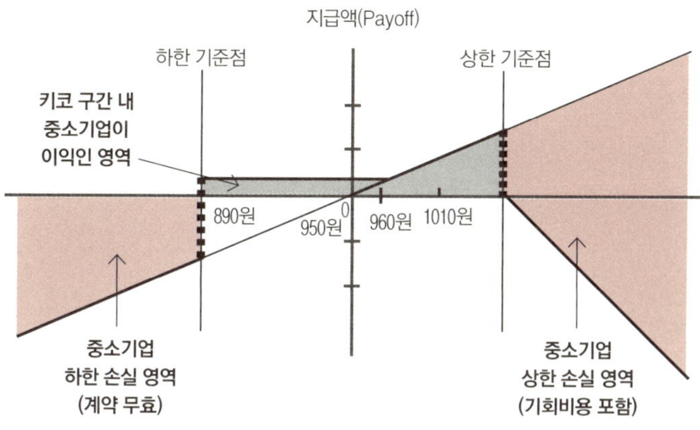

▲ 키코 계약 시 중소기업 중심으로 외국계 은행이 상한과 하한 기준을 설정한 손익 구조

중소기업은 이익이 발생한다. 반대로 원/달러 환율이 890원 아래로 붕괴하거나 1010원을 돌파하는 상황이 발생하면 계약조건에 의해 큰 손해를 보게 된다.

키코뿐만이 아니다. 금융기관에서 판매하고 있고 다른 상품보다 이자를 많이 준다는 이야기에 현혹되어 파생상품을 예금상품의 일종으로 잘못 알고 상품에 가입하는 투자자들이 의외로 많을 만큼 파생상품은 우리 실생활에 깊게 파고들어 있다. 그렇다면 파생상품은 대체 무엇일까? 모든 파생상품은 일차방정식과 이차방정식을 혼합한 수학적 상품이라고 정의내릴 수 있다. 그렇다고 너무 어렵게 생각할 필요는 없다. 파생상품을 직선과 곡선의 요술방망이로 생각하고 그 구조를 이해하는 작업을 해보자.

y=ax와 y=-ax 함수와 이차함수 y=ax² 함수를 합쳐서 다음과 같이 그려보자. 그리고 원점을 분석하는 날을 기준으로 현재 주가를 지정하고 과거보다 상승할 것인지 하락할 것인지 생각해보는 것이다.

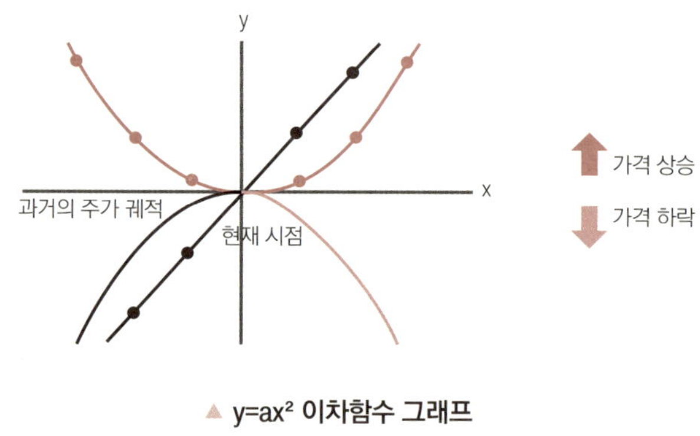

▲ y=ax² 이차함수 그래프

복잡해보이지만 이것을 실전에 접목해보면 의외로 간단하다. 2016년 2월 26일 현대차 종가는 14.7만 원으로 마감했다. 현재 가격에서 현대차를 매수할 것인지 매도할 것인지에 대한 의사결정을 하려고 한다. 이때 무엇을 기준으로 삼고 판단해야 할까?

삼성전자 사례에서 확인했듯 투자 판단의 근거는 바로 현대차의 미래 실적이다. 미래 실적이 현재보다 우상향할 것으로 예상되어 현재 가격이 미래 가치 대비 저평가된 것으로 보인다면 2월 3일 12.6만 원을 저점, 2월 25일 15.3만 원을 고점으로 형성해 14.7만 원까지 내려온 시점에 추가 상승을 기대하고 매수할 것이다. 그런데 향후 실적이 우하향할 것으로 예측되고 여기저기에서 불확실성이나 실적에 악영향을 미

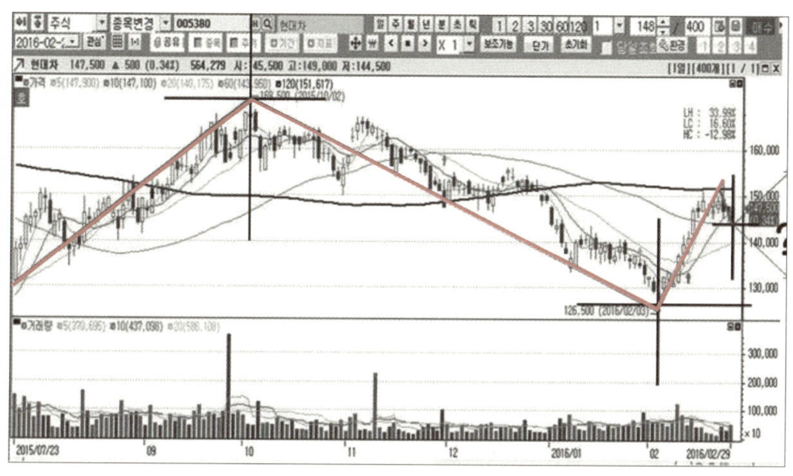

▲ 현대차 일봉차트

칠 만한 변수들이 하나둘씩 체크된다면 현재 가격에서 일단 매도한다. 그리고 추후 상황을 관망하면서 어디까지 가격변동성이 나타날지 체크해보는 것이 합리적이다.

이런 의사결정 과정은 어떤 종목이든 적용할 수 있다. 매수나 매도 같은 투자 판단을 내리기 전, 미래 실적의 방향성을 구조화시키는 작업은 상당히 유효하다. X축과 Y축, 그리고 원점을 주가가 고점을 형성한 날을 기준으로, 또 저점을 형성한 날을 기준으로 그려보고 고가와 저가의 변동성이 실제로 얼마나 나타났는지 측정해본다.

여기서 향후 현대차에 영향을 미칠 것으로 판단되는 원/달러와 엔/달러의 동향, 미국·유럽·중국시장에서의 현대차 매출 동향 등을 점검해가면 앞으로 실적이 우상향할 가능성이 높은지 우하향할 가능성이 높은지 체크한다. 이러한 근거를 바탕으로 의사결정을 내린다.

현대차를 P-MAX 파동과 P-MIN 파동으로 구조화시키면 다음과 같다.

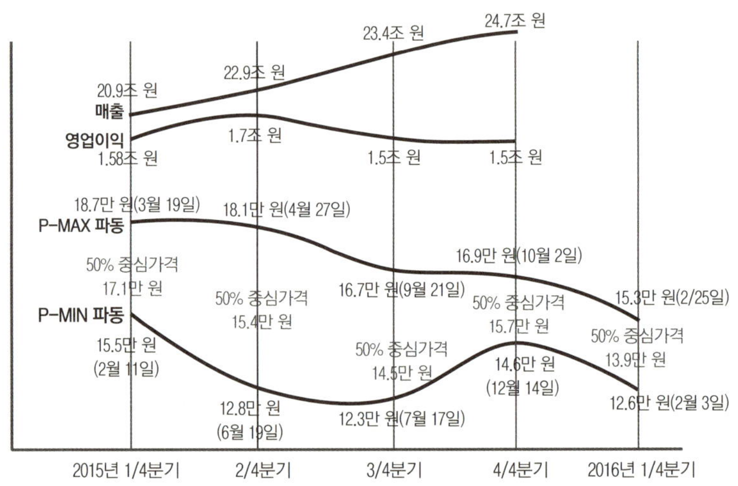

▲ 현대차 분기 실적과 P-MAX, P-MIN 주가 파동

현대차 1/4분기 실적에서 가장 중요한 부분은 환율이다. 현대차가 엔화 강세 현상으로 누린 반사이익과 이러한 환율 경쟁력을 바탕으로 미국시장과 유럽시장에서 거둔 성과를 체크해야 한다. 또한 중국시장에서 상당한 고전을 면치 못한다는 외신보도가 어느 정도까지 사실인지 등이 향후 실적을 가늠하는 데 기준이 될 것이다.

문제는 2015년 2/4분기 50% 중심가격인 15.4만 원과 3/4분기 중심가격인 14.5만 원, 4/4분기 중심가격 15.7만 원이 강력한 저항대로 작동할 가능성이 높다는 사실이다. 2016년 1분기 실적에서 영업이익이 1.7 조 원 이상 나오지 않는 한 14.5만~15.5만 원대의 저항벽을 상향 돌파 하기는 어려울 것이라 짐작할 수 있다.

현대차 주가는 지난 1년간의 주가 흐름에서 15.5만 원대가 강력한 저항으로 작동하고 있다. 2월 26일 현대차가 14.7만 원 부근에 위치하고 있고 지금 매수에 나설 경우 예상되는 상승률은 5.4%에 불과하다. 투자리스크를 안고 투자하기에는 예상되는 기대수익률이 너무 낮은 것이다.

만약 주가가 12.5만~13만 원 영역이라면 적게는 19%에서 많게는 24%의 수익률을 기대할 수 있다. 불확실성에 따른 리스크를 감안하더라도 24%의 수익률은 상당히 매력적이기 때문에 승부를 걸어볼 수도 있다. 그러나 14.5만~15만 원 영역은 승부를 걸기에 다소 높은 위치이

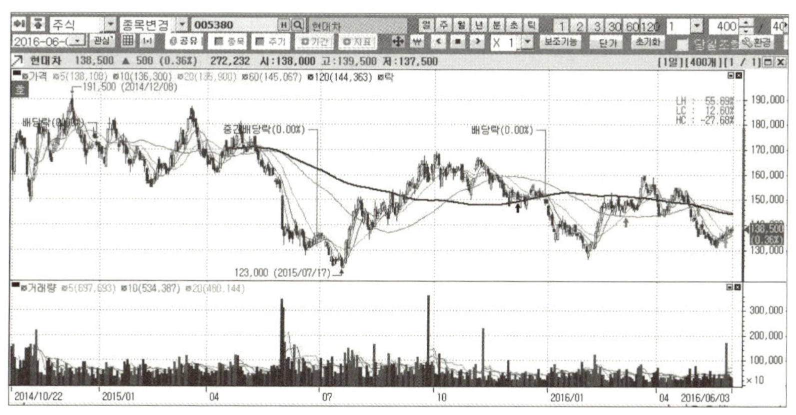

▲ 현대차 주가 흐름

며 예상되는 수익률도 매력적이지 않다. 따라서 지금 당장 투자에 나서기보다 1/4분기 실적을 실제로 확인한 후에 투자 전략을 수립하는 것이 바람직하다. 만약 실적이 노출되기 전 12.5만~13만 원대로 가격조정이 이루어진다면 매수하는 투자 전략만 세워놓고 그동안은 실제 파동이 전개되는 흐름만 체크할 것을 권한다.

2016년 4월말 현대차는 1/4분기 실적을 매출 22.3조 원, 영업이익 1.3조 원으로 발표했다. 시장예상치인 1.7조 원(영업이익)보다 현저하게 낮은 실적이었다. 현대차 투자 전략을 세우면서 14.5만~15.5만 원을 저항으로 판단하고 매도하는 것이 좋다는 투자 판단이 옳았음을 실적 발표 이후의 주가 움직임을 통해 확인할 수 있다. 실제 현대차는 실적 발표 이후 15만 원대를 저항으로 형성한 뒤 13만 원대까지 하락하는 모습을 보였다.

전체 시장의 움직임과 변동성이 형성되는 시점에서 특정한 종목(매매 대상으로 설정한 종목)의 주가가 어느 자리에 위치해 있는지 체크하고 실적 변화가 앞으로의 주가 향방에 어떻게 작동하는지 확인해야 한다. 그리고 발표된 실적이 미래의 주가변동성을 우상향으로 이끄는지 혹은 우하향으로 이끄는지 동태적으로 추적하면서 주가 흐름에 맞는 투자 전략을 세워야 한다.

현대차 분석 사례를 통해 변화의 변곡점과 진폭의 방향을 방정식으로 구조화해 투자 판단의 기준으로 삼는 방법을 확인해보았다. 수학적 사고는 어떤 변수가 기초자산에 영향을 미치는지, 또 그것이 어떤 방향성을 주는지 판단하는 기준 잣대가 된다. 또한 대부분의 투자 상품은 이런 수학적 구조를 시스템화하여 만들기 때문에 올바른 투자 판단을 위해서는 수학적 사고를 기반으로 구조를 만들고 그 변화를 읽고 해석하여 미래를 예측하는 사고가 무엇보다 필요하다.

수학적 사고로 이익과 손해가 결정된다

자본시장법에 따르면 금융 투자 상품은 증권과 파생상품으로 나뉘며 증권과 파생상품은 모두 원금 손실 가능성이 있지만 파생상품은 증권과 달리 원금을 초과하는 손실이 발생할 수 있다고 앞서 언급한 바 있다. 잃어도 본전인 주식과 달리 자칫 잘못하면 초가삼간 다 태우고, 불자국 난 땅이며 이웃마을로 퍼져나간 연기까지 보상해주어야 하는 파생상품은 심리적으로 기피하는 경우가 많다.

사실 투자자 입장에서는 원금 손실은 적으면서 수익은 극대화되는 투자 상품이 제일 좋다. 내 돈을 안전하게, 그리고 눈덩이처럼 크게 불려줄 수 있는 상품이 있다면 그 상품에 투자하려고 몇날 며칠 창구에서 밤을 새서라도 가입하려고 할 것이다. 그러나 이미 알고 있듯이 그런 상품은 없다. 안전하게 투자하려면 이윤이 적고, 이윤이 많다면 그만큼 위험도 커지기 때문이다. 물론 수익이 거의 없어도 원금 손해는 절대 보고 싶지 않다면 은행에 예금하거나 현금으로 보유하는 것이 좋다. 행여 현금으로 보유한다고 해도 물가상승률을 고려한다면 지금의 1만 원과 10년 전의 1만 원은 전혀 가치가 다르니 이는 실질적으로는 원금 손실이라고도 볼 수 있다.

어차피 원금은 조금씩 손해가 나는 구조가 되어가고 있다. 그렇기 때문에 최고의 방어는 공격이라는 말처럼 한정된 자원을 안전하게, 그러나 최대한의 수익을 낼 수 있는 방법으로 운영하는 것이 필요하다. 그러기 위해서 필요한 것이 바로 파생시장이다. 파생시장의 다른 이름은 주식시장의 그림자 시장이다. 따라서 주식시장을 온전하게 보기 위해서는 파생시장에 대한 이해가 반드시 선행되어야 한다. 주식투자 결정을 내릴 때 파생상품에 대한 고려도 함께 이루어진다면 시장에 대응하는 힘을 그만큼 더 키울 수 있기 때문이다.

파생시장 중 옵션에 대해 알아보자. 콜옵션과 풋옵션 매수에는 권리가 부여되고 매도에는 의무가 부여된다. 이야기를 풀기에 앞서 옵션이 낯선 투자자들을 위해 예를 들어 설명해보자. 서울에서 쌀 도매상을 운영하는 A씨가 시골에서 쌀농사를 짓는 농부 B씨를 찾아갔다. 도매상 A씨는 B씨에게 이번 가을 추수를 끝낸 후 한 가마당 12만 원씩 총 100가마의 쌀을 살 테니, 쌀을 살 수 있는 권리를 한 가마당 2000원에 팔라고 제안했다. 현재 쌀 한 가마가 10만 원에 거래되고 있는데 도매상이 한 가마당 12만 원으로 쳐준다고 한 것이다.

B씨의 입장에서는 풍년이 들어 10월 말 쌀 가격이 급락한다 해도 이미 쌀을 가마당 12만 원에 살 권리를 한 가마당 2000원의 프리미엄을

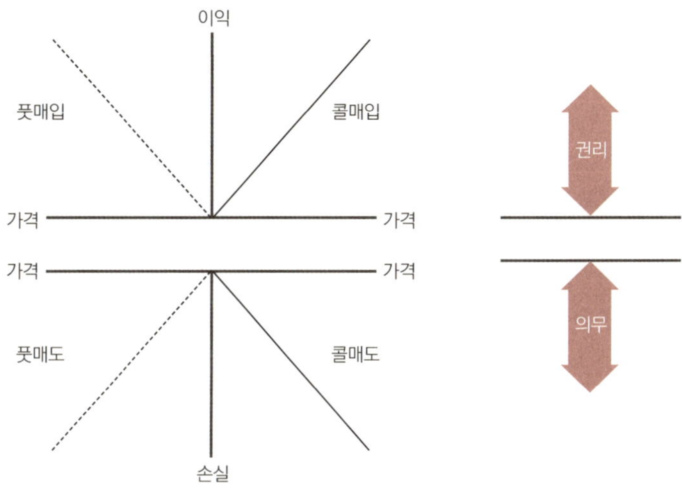

▲ 콜옵션-풋옵션 매수에 부여되는 권리와 콜옵션-풋옵션 매도에 부여되는 의무

주고 팔았기 때문에 쌀 가격 급락에 따른 피해를 어느 정도 상쇄할 수 있다. 이미 받은 프리미엄 자금으로 비료나 농약 등 농사를 짓는 데 필요한 비용을 충당했기 때문에 현재 거래되는 가격이 급락하더라도 전체적인 하락과 그로 인한 손해를 줄일 수 있는 것이다. 또한 프리미엄을 팔면서 가을에 물건을 넘길 판로를 확보한 셈이니 안심하고 쌀농사에 더욱 집중할 수 있다.

만약 10월 말 추수 이후 쌀 가격이 급등해 농부가 팔기로 약정한 12만 원보다 값이 더 오르게 된다면 농부 입장에서는 쌀을 더 비싸게 팔아 많은 수익을 얻을 수 있는 기회를 놓치게 된다. 이 경우 농부는 금전적인 손해를 보게 된다. 그럼에도 쌀을 살 권리를 파는 것(프리미엄)은 미래에 대한 불확실성을 안고 가는 것보다 프리미엄이라는 안전장치를 만들어 거래를 성사시킬 확률을 높이는 것이고 이를 통해 위험을 줄이는 것이다.

쌀 도매상 A씨 입장에서는 한 가마당 2000원의 프리미엄을 주고 쌀 100가마를 살 수 있는 권리를 얻었으니, 추수 이후 안정적으로 물량을 확보할 수 있게 된다. 만약 10월 말에 한 가마당 가격이 12만 원보다 급등해 15만 원이 된다면, 그냥 시가에 구입하는 것보다 훨씬 저렴하게 물건을 구하게 되는 셈이다. 이 계약을 요약하면 다음과 같다.

도매상 A씨가 농부 B씨에게 제안한 내용과 예상 결과

① B씨는 1년에 평균 100가마 수확

② 현재 쌀 한 가마당 가격은 10만 원

③ A씨는 수확하는 10월 말 한 가마당 12만 원씩 100가마를 매수할 권리를 제안, 이때 프리미엄은 가마당 2000원

④ 총 프리미엄: 2000원X100가마=20만 원

10월 말, 수확 시 쌀 가격이 15만 원이라면, 15만 원X100가마-{(12만 원+2000원)X100가마}=280만 원

A씨는 쌀값이 15만 원으로 오를 경우 280만 원의 이득을 본다.

쌀 도매상만 농부에게 거래 제안을 할 수 있는 것이 아니다. B씨도 A씨에게 다음과 같이 거래를 제안할 수 있다. 농부 인생 30년간의 경험을 바탕으로 생각할 때, 농부는 아무래도 올해는 쌀농사가 풍년이 들

쌀 도매상 A씨의 제안	해당되는 옵션 용어
10만 원	현재가격 또는 기초상품가격
10월 말	옵션 만기일
12만 원	행사가격
100가마	계약 수
가마당 2000원	1계약당 옵션가격(프리미엄)
살 수 있는 권리	콜옵션

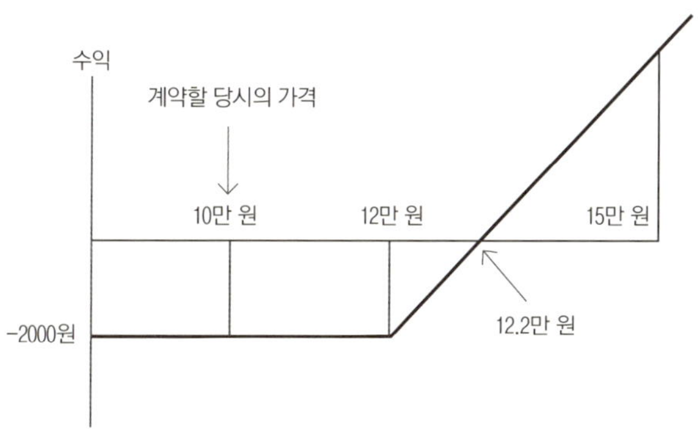

▲ 쌀 도매상 A씨의 1가마당 손익그래프(콜옵션 매수)

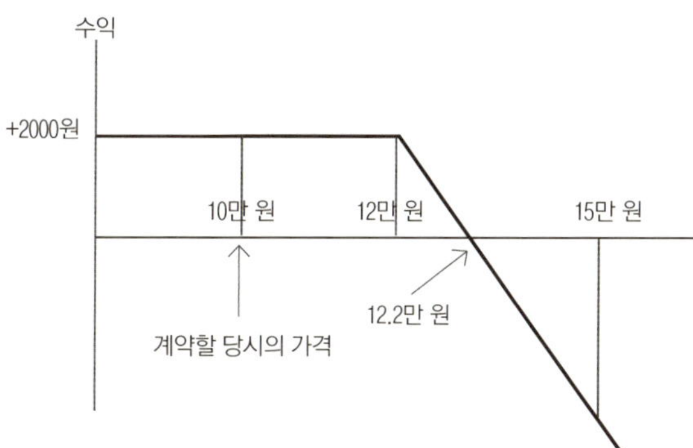

▲ 농부 B씨의 1가마당 손익그래프(콜옵션 매도)

것 같다. 현재 한 가마당 12만 원에 거래되고 있지만 앞으로 쌀값이 떨어질 것이라고 예측한 농부는 추수하면 한 가마당 10만 원에 총 100가마를 팔 테니, 그 권리를 한 가마당 2000원에 계약하자고 제안한다.

어차피 쌀을 사서 팔아야 하는 A씨의 입장에서야 현재 거래되는 가격 12만 원보다 더 싼 10만 원에 물량을 확보할 수 있으니 나쁘지 않은 거래인 셈이다. 물론 추수하는 10월 말에 가격 변동성이라는 불확실성이 존재한다. 그러나 도매상이 가격이 오를 것이라고 생각하고 있거나, 안정적인 물량 확보를 우선시한다면 충분히 거래가 성사될 수 있다. 이 상황을 다음과 같이 정리할 수 있다.

농부 B씨가 도매상 A씨에게 제안한 내용과 예상 결과

① 풋옵션 매수자=농부 B씨

② 풋옵션 매도자=쌀 도매상 A씨

③ 현재 쌀 한 가마당 가격=12만 원

④ B씨는 수확하는 10월 말, 한 가마당 10만 원씩 100가마를 매도할 권리를 제안,

　이때 프리미엄은 가마당 2000원

거래 이유

농부 B씨: 풍년에 따른 가격 하락 대비

도매상 A씨: 어차피 필요한 물량을 현재보다 싼 가격에 옵션 프리미엄을 받고 살

수 있음

농부 B씨의 제안	해당되는 옵션 용어
12만 원	현재가격 또는 기초상품가격
10월 말	옵션 만기일
10만 원	행사가격
100가마	계약 수
가마당 2000원	1계약당 옵션가격(프리미엄)
팔 수 있는 권리	풋옵션

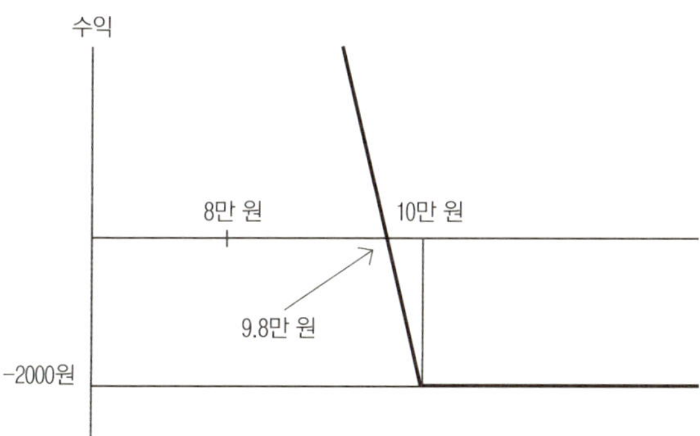

▲ 농부 B씨의 1가마당 손익그래프(풋옵션 매수)

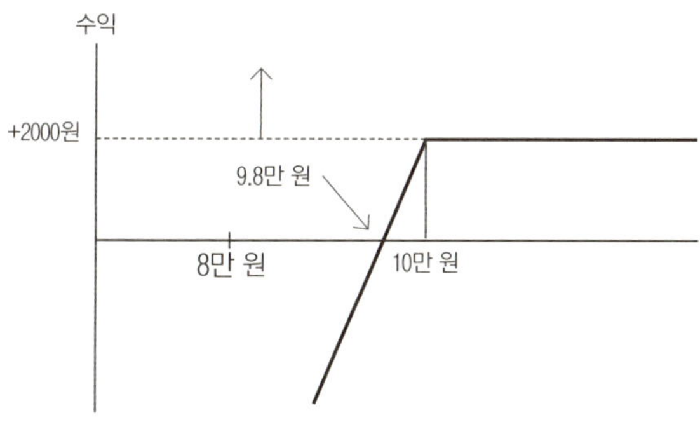

▲ 쌀 도매상 A씨의 1가마당 손익그래프(풋옵션 매도)

콜옵션과 풋옵션 매수에는 권리가 부여되고 매도에는 의무가 부여되다는 개념이 이해되었다면 이를 주식 매수·매도에 접목시켜 실전에서 응용해보자. 앞에서 살펴본 현대차를 예로 들어 살펴보면 다음과 같다.

다음은 52주 최고가와 최저가 기준으로 현대차 주가를 구조화시킨 그림이다. 만약 2월 26일 종가로 현대차를 14.7만 원에 매수했다고 가정하면 이 가격대는 최근 저점인 2016년 2월 3일의 12.6만 원보다 16.6%나 비싸게 매수한 셈이다. 현재 가격보다 더 싼 가격에서 매수할 기회가 충분히 있었지만 투자자들은 왜 14.7만 원까지 상승하는 영역에서 매수하지 못했을까?

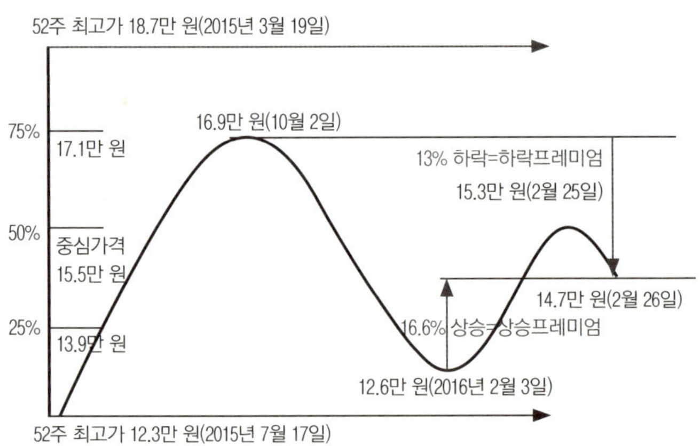

▲ 현대차 52주 최고가-최저가 기준 주가 흐름

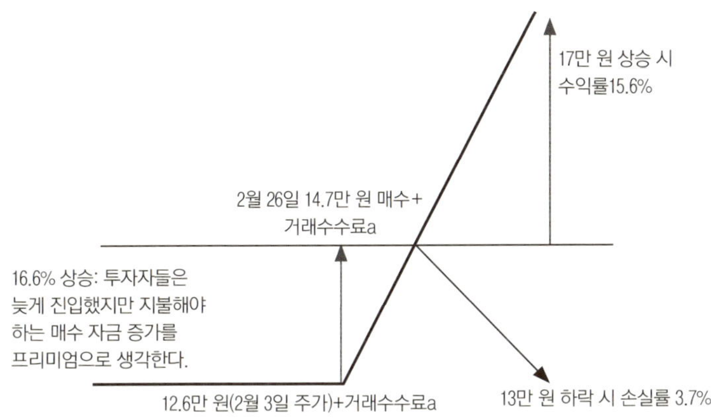

▲ **현대차 주당 14.7만 원에 매수했을 때의 손익그래프**

투자자들은 확인하고 가려는 심리가 강하다. 진입시점 가격이 저점에서 어느 정도 상승한 위치인지 확인한 뒤 투자하려고 하기 때문에 실제 주가가 상승한 경우 하락할 수 있는 위험을 안고 투자한 이들은 그만큼의 수익을 얻고, 확인한 후에 투자에 나서는 이들은 상승률만큼의 프리미엄을 지불했지만 저점을 다졌다는 심리적 안도감을 얻는다.

그러나 안도감보다는 수익을 추구하는 투자의 특성상 과연 이 구조가 앞으로 주가가 상승해 수익이 나는 구조인지를 따져봐야 한다. 그리고 이를 지불한 프리미엄에 거래수수료를 합한 금액 이상으로 주가가 상승해야 수익이 나는 콜옵션 구조로 전환해 판단해야 수익과 손실을 예측할 수 있고 이에 대응할 수 있다.

빅데이터를 활용한
시장 읽기

빅데이터, 시장을 보는 기준 세우기

투자자들은 실전투자에 나서기 전 주식시장에 대한 정보나 분석, 시황 자료, 종목 분석 등 갖가지 자료를 수집하고 데이터에 기반을 두어 투자 판단을 내린다. 그런데 투자자들이 이용하는 대부분의 정보는 증권사나 신문사에서 내는 리포트에 의존하는 경우가 다반사다. 때로는 전문 애널리스트나 증권사가 내놓은 리포트가 유용하게 쓰이기도 하지만 실전투자자로서 주식시장을 읽고 해석해 그때그때 대응하기 위해서는 투자자 본인의 잣대로 데이터를 수집해 분석하고 이를 시장에 적용해보는 능력을 키워야 한다.

그렇다면 시장을 읽는 기준인 데이터는 어떻게 수집하고 활용하는 것일까? 먼저 종합주가지수를 시가 상위 200개 종목과 연계시켜 확인하는 방법이 있다. 증권시장에서 의미가 있거나 중요한 이벤트가 있었던 날 주가 흐름이 어떻게 움직였는지 시간 마디별로 움직임을 체크해보면 시장의 물줄기가 어디로 향하고 있는지 쉽게 파악할 수 있다. 다음은 2016년 증시개장일부터 2016년 3월 말까지 주가 흐름과 주요 이벤트를 체크한 차트다.

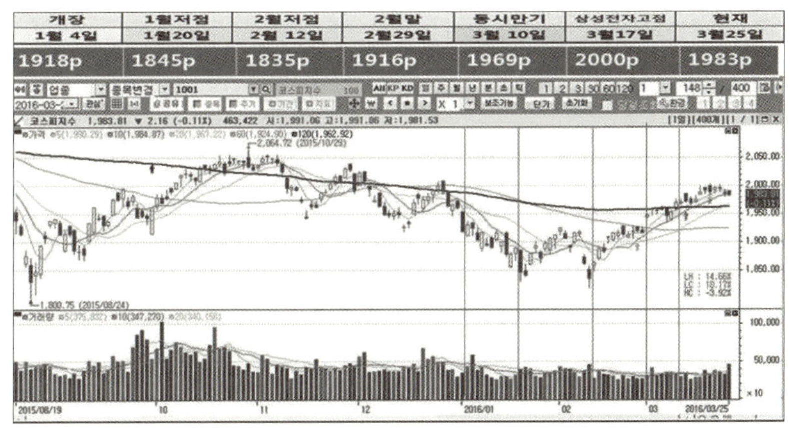

▲ 코스피 일봉 차트와 중요 이벤트별 주가 위치

2016년 1월 4일 문을 연 주식시장은 1월 20일과 2월 12일에 의미 있는 저점을 형성했다. 1월 20일 국제유가가 12년 이후 최저치로 하락한 가운데 중국 경기 둔화 우려가 불거지며 홍콩H지수는 7년 만에 8000선이 붕괴된다. 이날 일본의 닛케이225지수도 전일대비 3% 넘게 하락한 가운데 국내 코스피(유가증권시장)도 외국인과 기관의 매도세에 2%

넘게 폭락하며 1845.45p로 거래를 마친다. 2015년 8월 이후 5개월 만에 1840p선에서 거래를 마친 코스피는 장중 1830.06p까지 하락하기도 한다. 그리고 한 달도 채 안 된 2월 12일, 국내증시는 개성공단 가동 중단으로 북한리스크가 불거진 가운데 뉴욕-유럽-아시아로 번진 글로벌 쇼크 여파로 연이틀 패닉에 빠졌다. 코스닥이 장중 8%대로 하락해 서킷브레이커(주가가 급등 또는 급락하는 경우 주식매매를 일시 정지하는 제도)까지 발동하는 등 대혼란이 빚어졌으며 코스피는 이날 장중 최저점으로 1817p를 기록하는 등 시장에는 공포가 만연했다.

그러나 시간이 지난 지금, 1월 20일과 2월 12일의 폭락은 시장의 바닥을 확인하는 시점이었음을 알 수 있다. 시장이 바닥을 다지는 과정에서 시가총액 상위 종목들의 흐름은 어떻게 형성되었는지 시가상위 순서를 비교하고 매일 흐름을 점검해보았다면 시장의 흐름이 어떠한 방

시총	종목명	개장	1월저점	2월저점	2월말	동시만기	삼성전자고점	현재	아래 기준일가종가 대비 3월25일종가 등락률					
		1월 4일	1월20일	2월 12일	2월29일	3월 10일	3월17일	3월25일	1월 4일	1월20일	2월 12일	2월29일	3월 10일	3월17일
1	삼성전자	1,205,000	1,138,000	1,130,000	1,178,000	1,225,000	1,263,000	1,288,000	6.89%	13.18%	13.98%	9.34%	5.14%	1.98%
2	한국전력	50,000	51,500	52,900	58,700	58,000	59,300	59,300	18.60%	15.15%	12.10%	1.02%	2.24%	0.00%
3	현대차	144,000	136,500	137,000	147,500	148,000	146,500	153,000	6.25%	12.09%	11.68%	3.73%	3.38%	4.44%
4	삼성물산	140,000	148,000	143,000	154,500	147,500	149,000	143,000	2.14%	-3.38%	0.00%	-7.44%	-3.05%	-4.03%
5	현대모비스	238,000	239,000	252,000	249,000	253,500	247,500	249,500	4.83%	4.39%	-0.99%	0.20%	-1.58%	0.81%
6	삼성생명	106,500	101,000	110,000	112,000	112,000	116,000	116,000	8.92%	14.85%	5.45%	3.57%	3.57%	0.00%
7	아모레퍼시픽	412,500	384,500	371,000	367,500	366,500	390,500	392,500	-4.85%	2.08%	5.80%	6.80%	7.09%	0.51%
8	LG화학	341,500	295,000	283,000	300,000	295,000	314,000	323,000	-5.42%	9.49%	14.13%	7.67%	9.49%	2.87%
9	SK하이닉스	30,150	26,800	27,350	30,000	30,300	29,250	29,150	-3.32%	8.77%	6.58%	-2.83%	-3.80%	-0.34%
10	NAVER	632,000	664,000	556,000	572,000	635,000	636,000	613,000	-3.01%	-7.68%	10.25%	7.17%	-3.46%	-3.62%
11	기아차	50,800	47,150	46,350	46,100	47,900	47,550	49,300	-2.95%	4.56%	6.36%	6.94%	2.92%	3.68%
12	신한지주	39,000	36,100	38,650	37,950	40,100	41,600	41,300	5.90%	14.40%	6.86%	8.83%	2.99%	-0.72%
13	POSCO	164,000	158,500	177,500	198,500	218,500	212,000	209,500	27.74%	32.18%	18.03%	5.54%	-4.12%	-1.18%
14	SK텔레콤	210,500	197,000	211,000	233,500	214,500	218,000	207,500	-1.43%	5.33%	-1.66%	-11.13%	-3.26%	-4.82%
15	SK	234,500	219,500	217,000	248,000	236,500	238,500	234,000	-0.21%	6.61%	7.83%	-5.65%	-1.06%	-1.89%
16	SK이노베이션	126,000	127,000	129,500	145,000	155,500	162,000	161,500	28.17%	27.17%	24.71%	11.38%	3.86%	-0.31%
17	KT&G	105,000	106,000	108,500	106,500	107,000	108,500	108,500	3.33%	2.36%	0.00%	1.88%	1.40%	0.00%
18	LG생활건강	1,015,000	974,000	867,000	868,000	853,000	930,000	951,000	-6.31%	-2.36%	9.69%	9.56%	11.49%	2.26%
19	삼성화재	308,000	290,500	315,000	303,000	307,000	303,000	295,500	-4.06%	1.72%	-6.19%	-2.48%	-3.75%	-2.48%
20	삼성에스디에스	250,500	247,000	199,000	185,500	187,500	187,000	172,500	-31.14%	-30.16%	-13.32%	-7.01%	-8.00%	-7.75%
21	KB금융	32,450	28,300	28,400	29,700	31,950	32,400	31,750	-2.16%	12.19%	11.80%	6.90%	-0.63%	-2.01%
22	아모레G	147,000	141,000	148,500	141,500	141,500	153,500	151,000	2.72%	7.09%	1.68%	6.71%	6.71%	-1.63%
23	LG	69,300	67,000	69,000	71,800	68,500	68,300	67,600	-2.45%	0.90%	-2.03%	-5.85%	-1.31%	-1.02%

▲ **시가상위 1~23위 종목의 중요 이벤트별 주가 위치**

향으로 형성하는지 미리 알 수 있었을 것이다.

삼성전자는 1월 저점과 2월 저점에 각각 113.8만 원과 113만 원을 기록하며 쌍바닥 패턴을 보였다. 이후 삼성전자 주가는 상승세로 방향을 돌려 3월 17일 129.9만 원을 최고점으로 형성했는데 이날 코스피는 장중 2000선을 고점으로 찍고 1987.99p에 거래를 마쳤다. 재미있는 것은 비단 삼성전자뿐 아니라 시가상위 대부분 종목들이 1월 20일과 2월 12일 저점이 거의 비슷한 쌍바닥 패턴을 보였다는 사실이다.

물론 모든 종목들이 종합주가지수와 함께 회복세를 보인 것은 아니다. 현대차(13.7만 원→14.8만 원)와 POSCO(15.8만 원→17.7만 원)는 확연한 회복세 속에 2월 저점이 1월 저점보다 높아지는 모습을 보였고 반대로 삼성에스디에스는 1월 20일 24.7만 원에서 2월 12일 19.9만 원으로 오히려 낙폭을 키우는 모습을 보였다. 삼성에스디에스뿐 아니라 현대모비스, SK텔레콤, 삼성화재, LG는 종합주가지수가 1817p에서 2000p까지 급등했지만 그 과정에서 소외되었다.

반면 SK이노베이션은 해당 기간 동안 24.7% 상승세를 기록하며 가장 높은 상승률을 보였다. 이어서 POSCO(18%), LG화학(14%), 삼성전자(13.9%), 한국전력(12.1%), 현대차(11.8%) 순서로 상승했다. 시가상위 1~23위 종목들의 흐름을 통해 석유화학과 정유업체, 삼성전자-포스코-현대차로 이어지는 경기민감주 중심의 상승세가 코스피 상승파동을 이끌었음을 알 수 있는 것이다. 범위를 넓혀 시가상위 24~46위 데이터를 보면 롯데케미칼(26%)과 S오일(23.2%)의 상승세가 두드러지는데,

여기서 정유·화학종목이 상승을 주도했다는 것 역시 확인할 수 있다.

　문제는 삼성전자가 고점을 형성하고 종합주가지수가 2000p를 기록한 날 이후 상승에너지가 둔화되었다는 점이다. 3월 17일 기준으로 상승한 종목보다 하락한 종목 수가 많으며 이날 한미약품은 5%대, 롯데케미칼과 현대차가 4%대 상승하는 모습을 보여주었다. 이는 단순히 개별종목의 상승 혹은 하락이 아니다. 추세적 에너지의 변화가 있었는지 확인하라는 신호인 것이다.

　1월과 2월 쌍바닥을 다진 주가를 2000p까지 끌어올린 것은 경기민감주와 수출주 중심의 상승세였다. 그러나 이 에너지의 중심이 성장주로 이동하는지 혹은 삼성전자와 SK하이닉스 대신 현대차와 정유주가 새로운 주도주로 부상하는지 투자자는 그 변화를 확인해야 한다. 시장의 에너지는 결코 한 방향으로 움직이지 않는다. 하나의 파동을 겪고

시총	종목명	개장	1월저점	2월저점	2월말	동시만기	삼성전자고점	현재	아래 기준일가종가 대비 3월25일종가 등락률					
		1월 4일	1월20일	2월 12일	2월29일	3월 10일	3월17일	3월25일	1월 4일	1월20일	2월 12일	2월29일	3월 10일	3월17일
24	롯데케미칼	245,000	242,000	269,000	319,500	321,000	325,500	339,000	38.37%	40.08%	26.02%	6.10%	5.61%	4.15%
25	S-Oil	78,000	76,600	74,100	79,000	86,300	89,500	91,300	17.05%	19.19%	23.21%	15.57%	5.79%	2.01%
26	LG전자	52,500	52,800	55,800	64,900	62,400	62,800	61,500	17.14%	16.48%	10.22%	-5.24%	-1.44%	-2.07%
27	LG디스플레이	23,900	21,200	21,250	24,500	24,500	24,700	25,550	6.90%	20.52%	20.24%	4.29%	4.29%	3.44%
28	고려아연	457,000	416,500	448,000	446,500	484,000	486,500	482,000	5.47%	15.73%	7.59%	7.95%	-0.41%	-0.92%
29	강원랜드	38,300	38,300	40,600	41,250	41,550	42,100	42,000	9.66%	9.66%	3.45%	1.82%	1.08%	-0.24%
30	롯데쇼핑	230,000	217,500	233,000	250,000	274,500	274,500	256,500	11.52%	17.93%	10.09%	2.60%	-6.56%	-6.56%
31	현대중공업	85,500	81,200	94,700	103,000	119,000	108,500	103,000	20.47%	26.85%	8.76%	0.00%	-13.45%	-5.07%
32	KT	28,000	26,350	27,850	28,900	28,500	28,950	29,450	5.18%	11.76%	5.75%	1.90%	3.33%	1.73%
33	한미약품	723,000	728,000	631,000	653,000	676,000	674,000	714,000	-1.24%	-1.92%	13.15%	9.34%	5.62%	5.93%
34	코웨이	84,100	94,300	94,600	97,500	93,700	96,700	95,800	13.91%	1.59%	1.27%	-1.74%	2.24%	-0.93%
35	현대제철	48,850	44,500	50,000	55,600	56,900	55,800	55,200	13.00%	24.04%	10.40%	-0.72%	-2.99%	-1.08%
36	현대글로비스	188,500	185,000	195,500	192,500	190,500	187,000	192,000	1.86%	3.78%	-1.79%	-0.26%	0.79%	2.67%
37	삼성SDI	112,500	100,500	92,200	99,900	101,000	99,500	100,500	-10.67%	0.00%	9.00%	0.60%	-0.50%	1.01%
38	하나금융지주	22,900	19,650	20,550	20,850	21,950	23,800	23,150	1.09%	17.81%	12.65%	11.03%	5.47%	-2.73%
39	한국타이어	46,000	43,650	49,750	53,400	53,400	54,200	53,300	15.87%	22.11%	7.14%	-0.19%	-0.19%	-1.66%
40	기업은행	12,050	10,700	11,100	11,650	12,200	12,550	11,750	-2.49%	9.81%	5.86%	0.86%	-3.69%	-6.37%
41	한국항공우주	76,900	64,300	68,000	70,800	73,700	71,400	66,900	-13.00%	4.04%	-1.62%	-5.51%	-9.23%	-6.30%
42	CJ	244,000	264,500	240,000	238,000	232,500	236,000	219,500	-10.04%	-17.01%	-8.54%	-7.77%	-5.59%	-6.99%
43	우리은행	8,600	8,230	8,530	8,710	9,360	9,480	9,100	5.81%	10.57%	6.68%	4.48%	-2.78%	-4.01%
44	한화생명	7,220	6,770	6,810	6,120	6,410	6,630	6,650	-7.89%	-1.77%	-2.35%	8.66%	3.74%	0.30%
45	한샘	228,000	254,000	266,500	255,000	244,000	229,500	232,000	1.75%	-8.66%	-12.95%	-9.02%	-4.92%	1.09%
46	오리온	1,139,000	1,051,000	946,000	917,000	974,000	918,000	907,000	-20.37%	-13.70%	-4.12%	-1.09%	-6.88%	-1.20%

▲ 시가상위 24~46위 종목의 중요 이벤트별 주가 위치

나면 변화의 변곡점에서 그 방향을 지속해나갈지, 혹은 다른 방향으로 전개될지 결정을 내리게 된다. 전체적인 상승에너지가 어디로 이동하는지 파악하는 것은 올바른 투자 판단을 위해 반드시 필요하며 그러한 판단의 근거가 읽혀야 한다. 그것이 바로 빅데이터다. 데이터를 시가상위 1~50위 종목과 100위대 종목, 170~200위 종목의 흐름을 같이 비교하여 검토해보면 시장의 흐름을 더욱 자세히 알 수 있다.

시총	종목명	개장 1월 4일	1월저점 1월20일	2월저점 2월 12일	2월말 2월29일	동시만기 3월 10일	삼성전자고점 3월17일	현재 3월25일	아래 기준일가종가 대비 3월25일종가 등락률					
									1월 4일	1월20일	2월 12일	2월29일	3월 10일	3월17일
107	대한유화	177,500	155,000	193,000	240,000	231,500	242,500	257,000	44.79%	65.81%	33.16%	7.08%	11.02%	5.98%
108	SK네트웍스	5,380	4,820	5,540	5,960	6,350	6,670	6,490	20.63%	34.65%	17.15%	8.89%	2.20%	-2.70%
109	현대증권	6,250	5,030	5,290	6,450	6,660	6,740	6,700	7.20%	33.20%	26.65%	3.88%	0.60%	-0.59%
110	현대홈쇼핑	113,000	109,500	118,000	127,000	126,500	126,000	131,000	15.93%	19.63%	11.02%	3.15%	3.56%	3.97%
111	GKL	23,400	20,700	22,050	26,150	24,950	24,200	23,550	0.64%	13.77%	6.80%	-9.94%	-5.61%	-2.69%
112	쌍용양회	15,900	15,500	16,700	19,350	18,600	19,250	19,300	21.38%	24.52%	15.57%	-0.26%	3.76%	0.26%
113	LS	39,300	33,650	39,350	41,900	44,550	45,450	44,600	13.49%	32.54%	13.34%	6.44%	0.11%	-1.87%
114	대우조선해양	4,995	4,530	4,180	4,255	6,180	5,620	5,180	3.70%	14.35%	23.92%	21.74%	-16.18%	-7.83%
115	LS산전	44,850	37,350	37,150	39,100	42,700	45,500	46,750	4.24%	25.17%	25.84%	19.57%	9.48%	2.75%
116	넥센타이어	12,050	10,850	12,600	13,750	14,000	14,250	14,450	19.92%	33.18%	14.68%	5.09%	3.21%	1.40%
117	금호타이어	6,540	6,400	6,930	7,810	8,900	9,000	8,800	34.56%	37.50%	26.98%	12.68%	-1.12%	-2.22%
118	삼양홀딩스	151,500	163,000	147,500	177,000	187,000	184,000	161,500	6.60%	-0.92%	9.49%	-8.76%	-13.64%	-12.23%
119	현대로템	14,050	10,900	12,800	14,750	16,000	16,550	16,200	15.30%	48.62%	26.56%	9.83%	1.25%	-2.11%
120	LG상사	33,750	27,350	31,800	33,200	35,800	35,550	34,650	2.67%	26.69%	8.96%	4.37%	-3.21%	-2.53%
121	종근당	98,700	158,500	120,500	128,000	135,500	131,000	142,500	44.38%	-10.09%	18.26%	11.33%	5.17%	8.78%
122	동원F&B	388,000	365,000	299,000	294,000	292,500	340,000	345,500	-10.95%	-5.34%	15.55%	17.52%	18.12%	1.62%
123	현대미포조선	50,200	60,600	65,800	63,700	68,400	67,100	66,000	31.47%	8.91%	0.30%	3.61%	-3.51%	-1.64%
124	현대엘리베이	54,300	46,600	39,150	46,300	50,700	50,900	51,300	-5.52%	10.09%	31.03%	10.80%	1.18%	0.79%
125	동아에스티	145,000	161,000	133,000	158,000	158,500	154,000	149,500	3.10%	-7.14%	12.41%	-5.38%	-5.68%	-2.92%
126	두산인프라코어	4,400	3,410	3,830	4,090	6,460	5,990	5,930	34.77%	73.90%	54.83%	44.99%	-8.20%	-1.00%
127	LG하우시스	141,500	131,000	120,000	121,500	130,000	131,500	133,500	-5.65%	1.91%	11.25%	9.88%	2.69%	1.52%
128	롯데푸드	924,000	962,000	859,000	900,000	927,000	924,000	873,000	-5.52%	-9.25%	1.63%	-3.00%	-5.83%	-5.52%
129	아이에스동서	41,700	36,900	39,250	39,600	42,750	42,550	42,700	2.40%	15.72%	8.79%	7.83%	-0.12%	0.35%

▲ 시가상위 107~129위 종목의 중요 이벤트별 주가 위치

상승률을 비교하면 대한유화는 1월 20일 저점 기준 65.8%, 2월 12일 기준 33.1%가 상승했고 두산인프라코어는 1월 20일 저점 기준 73%, 2월 12일 기준 54.8%가 상승했다. 상승률 자체로 본다면 대한유화나 두산인프라코어와 같은 종목들이 오히려 시장의 평균 상승률보다 크게 오른 것을 확인할 수 있다. 이는 낙폭과대종목 중 더 이상 악화될 것이

없다는 시각이 시장에 대두되면서 조선과 건설, 중공업 등 낙폭과대종목에 외국인과 기관의 매수에너지가 유입된 것으로 풀이된다. 이 종목뿐 아니라 넥센타이어, 금호타이어, 현대로템, LS산전 등도 큰 상승률을 보였다.

이렇게 데이터를 하나하나 비교해나가면서 시장 대비 크게 상승한 종목은 무엇이고 시간 마디별로 추세상승에너지가 이어지는지, 혹은 상승탄력성이 둔화되거나 하락으로 전환되는지를 동태적으로 추적하고 점검해나가는 것이다.

2015년 12월 이전, 시장은 제약주 중심의 성장주가 시장을 주도하는 형세였다. 그러나 2016년에 진입하면 성장주는 조정 양상을 보이고 실적악화 등 다양한 악재 속에 가려졌던 건설과 중공업, 화학 등의 업종에서 시장상승률을 초과하는 상승세를 보인 종목들이 부지기수로 등장하고 있다. 또한 시가상위 1~50위 안에 드는 종목보다 낙폭과대 중저가대형주 중심의 상승세가 더욱 크다는 것을 데이터를 통해 직접 확인할 수 있다.

같은 기간 시가상위 178~200위의 흐름을 체크해보면 에이블씨엔씨가 1월 20일 기준 37.9%, 2월 12일 기준 36% 상승했고 세아제강(1월 20일 40%, 2월 12일 30%)과, 두산엔진(1월 20일 33.4%, 2월 12일 31%)이 각각 저점 대비 30% 이상 오른 것을 알 수 있다. 특히 이를 통해 낙폭과다 중저가 옐로칩(중저가 우량주) 중 철강 소재 업종과 재무구조가 취약한 두산그룹주가 상승률 상위 종목에 포함된 것을 확인할 수 있다.

이는 2016년 3월 미국의 연방준비제도이사회에서 금리 인상 결정이 늦춰지자 달러가 약세를 보이고 이에 따라 엔화강세-원화강세 구도가 펼쳐진 상황에서 외국인의 현물시장 매수에너지가 강화되었기 때문으로 풀이된다. 다시 말해 외국인들이 현물시장에서 낙폭과다 경기민감주 매수에 나섰고 해당 종목 중심의 상승세가 나타난 것이다.

시총	종목명	개장	1월저점	2월저점	2월말	동시만기	삼성전자고점	현재	아래 기준일가종가 대비 3월25일종가 등락률					
		1월 4일	1월20일	2월 12일	2월29일	3월 10일	3월17일	3월25일	1월 4일	1월20일	2월 12일	2월29일	3월 10일	3월17일
178	S&T중공업	13,650	12,600	13,500	14,350	14,850	14,550	13,750	0.73%	9.13%	1.85%	-4.18%	-7.41%	-5.50%
179	삼광글라스	94,700	88,000	84,600	84,800	85,900	83,600	88,100	-6.97%	0.11%	4.14%	3.89%	2.56%	5.38%
180	에이블씨엔씨	22,700	21,200	21,500	26,450	26,100	28,200	29,250	28.85%	37.97%	36.05%	10.59%	12.07%	3.72%
181	후성	5,500	4,705	3,985	4,410	4,405	4,440	4,430	-19.45%	-5.84%	11.17%	0.45%	0.57%	-0.23%
182	대덕전자	7,530	7,500	7,480	8,190	8,320	8,380	8,370	11.16%	11.60%	11.90%	2.20%	0.60%	-0.12%
183	세아제강	52,500	48,000	51,400	57,800	66,100	67,000	67,200	28.00%	40.00%	30.74%	16.26%	1.66%	0.30%
184	하이트진로홀딩스	12,900	15,350	15,300	17,100	16,250	16,150	16,050	24.42%	4.56%	4.90%	-6.14%	-1.23%	-0.62%
185	한진중공업	3,845	2,995	3,140	3,215	3,980	3,930	3,625	-5.72%	21.04%	15.45%	12.75%	-8.92%	-7.76%
186	한미반도체	12,400	12,600	11,800	13,200	12,800	13,200	14,500	16.94%	15.08%	22.88%	9.85%	13.28%	9.85%
187	국도화학	56,800	54,900	51,400	59,900	63,300	63,600	63,300	11.44%	15.30%	23.15%	5.68%	0.00%	-0.47%
188	한국철강	40,000	37,000	35,500	37,500	42,450	41,000	39,800	-0.50%	7.57%	12.11%	6.13%	-6.24%	-2.93%
189	조선내화	83,400	83,100	82,100	83,400	91,900	92,500	91,600	9.83%	10.23%	11.57%	9.83%	-0.33%	-0.97%
190	한솔홀딩스	6,820	6,780	7,210	8,530	8,100	8,060	7,810	14.52%	15.19%	8.32%	-8.44%	-3.58%	-3.10%
191	일신방직	151,500	137,000	147,500	152,500	152,500	149,500	145,000	-4.29%	5.84%	-1.69%	-4.92%	-4.92%	-3.01%
192	모토닉	10,600	9,790	10,050	10,100	11,050	11,000	10,500	-0.94%	7.25%	4.48%	3.96%	-4.98%	-4.55%
193	휴비스	7,600	7,120	7,260	7,860	8,760	8,860	9,010	18.55%	26.54%	24.10%	14.63%	2.85%	1.69%
194	무림P&P	4,775	4,245	4,020	4,220	4,535	4,550	4,870	1.99%	14.72%	21.14%	15.40%	7.39%	7.03%
195	서연	12,400	11,450	11,350	11,750	12,600	11,900	12,400	0.00%	8.30%	9.25%	5.53%	-1.59%	4.20%
196	조광피혁	39,700	31,150	30,400	32,600	37,600	42,400	37,700	-5.04%	21.03%	24.01%	15.64%	0.27%	-11.08%
197	두산엔진	3,120	2,525	2,570	3,205	3,620	3,480	3,370	8.01%	33.47%	31.13%	5.15%	-6.91%	-3.16%
198	화신	6,190	5,450	5,340	5,650	6,330	6,600	6,670	7.75%	22.39%	24.91%	18.05%	5.37%	1.06%
199	베이직하우스	10,800	8,590	7,520	10,550	10,150	10,050	9,950	-7.87%	15.83%	32.31%	-5.69%	-1.97%	-1.00%
200	세종공업	9,900	9,640	8,770	9,310	9,670	9,550	9,400	-5.05%	-2.49%	7.18%	0.97%	-2.79%	-1.57%

▲ 시가상위 178~200위 종목의 중요 이벤트별 주가 위치

앞으로 이러한 매수세와 그로 인한 상승 흐름이 지속되는지는 미국의 금리 인상 결정에 달려 있다. 따라서 2016년 4월에서 6월까지 미국 금리 인상이 단행되면서 시장의 상황이 바뀌는지 체크해야 한다. 이때 종합주가지수와 시가상위 200개 종목의 흐름을 비교 검토하면서 상승하는 종목과 하락하는 섹터를 파악한다면 시장의 물줄기를 확실하게 파악할 수 있다. 특히 금융·통화정책과 관련된 이벤트는 환율의 상대

속도를 지속적으로 추적하는 것이 무엇보다 필요하다.

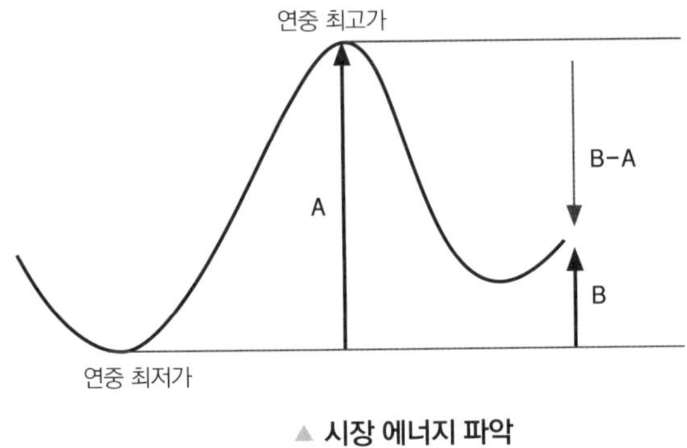

▲ **시장 에너지 파악**

시차를 두면서 데이터를 계속 추적하고 동태적으로 비교해가면서 시장의 물줄기 흐름을 읽어가는 것이 빅데이터를 통한 투자 전략이다. 매일 변하는 시가상위종목의 가격과 상승·하락 에너지를 측정하는 기준을 만들어보자. 자신만의 기준 혹은 편견이나 욕심, 기대와 바람에 따라 시장의 일부분만 보고 판단하는 것보다 시장이 보여주는 데이터의 흐름을 통해 시장의 전체적인 흐름과 물줄기를 파악하는 것이 더 중요하다. 상승할지 혹은 하락할지 정확한 답은 아무도 모른다. 따라서 시장의 흐름은, 시장에게 물어보자.

원/달러와 엔/달러의 상대속도를 지속적으로 추적하면 환율변동성에 따른 외국인의 투자 패턴과 그에 따른 주가 변동성을 예측할 수 있다. 2015년 5월부터 2016년 3월까지 코스피 변동성과 환율 변동성을 비교해보면 종합주가지수와 환율은 정반대 움직임을 보인다. 원/달러 환율이 1245원에서 1150원으로 급격하게 떨어지면서 원화가 강세로 전환될 때 현물시장에서 외국인들의 주식 매수에너지는 강화되었음을 알 수 있다.

따라서 주식시장이 추가적으로 상승하기 위해서는 원화 강세 구도 속에 외국인의 현물 매수에너지가 지속적으로 증가하는 모습을 보여야 한다. 그런데 3월 23일 원/달러 환율이 1153원을 바닥으로 형성한 후 3월 25일 1169원대로 상승하면서 외국인의 현물 매수세가 주춤해진다. 엔화도 3월 17일 110엔을 저점으로 113엔까지 오르며 엔화약세로 추세가 전환되고 있다. 만약 원/달러 환율이 1200원과 엔/달러 환율이 115엔을 돌파하는 '원/달러-엔/달러약세 구도'가 전개되면 달러강세 구도가 더욱 강화되었다는 의미로 해석할 수 있다. 이는 미국이 금리 인상을 실시할 가능성이 높아졌고 그것을 시장이 선반영해 환율시장이 움직이는 것으로 판단할 수 있다.

이러한 상황에서 시장은 상승보다는 조정 혹은 관망세가 펼쳐지고 시가 상위종목 중심의 상승보다는 해당 종목들의 하락 또는 조정 가능

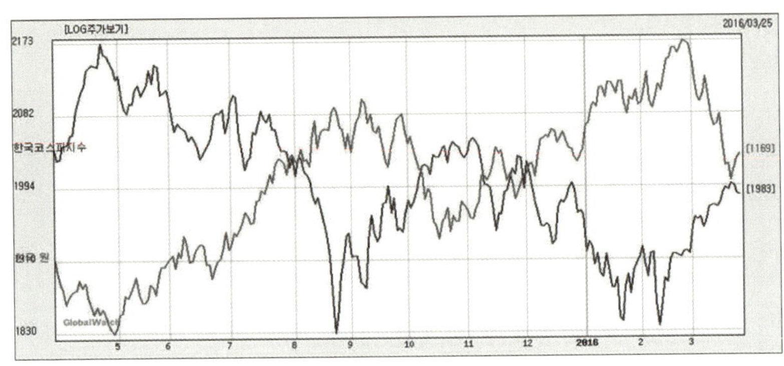

▲ 코스피 흐름과 환율 변동성

일 자	(콜)외+기	(풋)외+기	외국인계	외국인	기타외국	개인	기관계	금융투자	보험	투신	사모펀드	은행	기타금융	연기금	국가지자체	기타법인
03/25	0	0	-42,417	-40,174	-2,243	-70,656	40,937	108,831	-22,106	-24,231	-23,769	-4,478	-4,812	16,028	-4,526	72,136
03/24	0	0	45,515	48,025	-2,510	59,170	-173,235	75,577	-19,367	-65,634	-173,843	-6,485	229	18,136	-1,848	68,550
03/23	0	0	11,474	11,752	-278	-43,619	-45,109	-8,519	-18,067	-24,055	-31,069	-4,411	1,723	38,798	490	77,255
03/22	0	0	135,961	135,543	417	-115,097	-88,358	-26,061	-18,321	-64,106	4,387	415	3,322	15,226	-3,221	67,495
03/21	0	0	135,316	134,458	858	103,476	-313,008	-160,954	-13,177	-121,844	-36,221	47	-7,583	19,826	6,897	74,216
03/18	0	0	278,255	277,350	904	29,702	-342,917	-193,300	-84,527	-66,603	-29,298	-84	-2,546	37,206	-3,766	34,960
03/17	0	0	736,403	734,649	1,754	-268,476	-145,451	39,407	-123,434	-65,956	-900	-357	-4,954	18,567	-7,823	-322,476
03/16	0	0	97,600	98,355	-755	-45,873	-90,766	130,647	-30,642	-104,536	-52,515	-8,739	-11,817	-3,341	-9,824	39,038
03/15	0	0	63,056	62,496	560	9,490	-131,399	47,481	-31,260	-65,350	-59,727	-3,953	-4,030	-8,302	-6,258	58,853
03/14	0	0	81.950	82.924	-975	135.153	-244.957	-30.579	8.330	-161.002	-19.610	4,481	-5,854	-31.177	-9.546	27.854
03/11	0	0	147,514	147,681	-167	-56,798	-150,104	3,008	-134	-149,935	-76,907	-9,488	609	75,735	7,008	59,388
03/10	0	0	650,325	650,971	-646	-121,946	-581,963	-445,955	30,564	-128,794	-32,400	-2,109	-4,388	4,868	-3,749	53,584
03/09	0	0	-20,653	-18,291	-2,362	-4,612	-26,000	-14,966	22,521	7,246	-24,076	2,375	-1,992	-22,447	5,340	51,265
03/08	0	0	-96,054	-95,691	-363	105,973	-61,306	38,346	-13,509	-21,913	-38,136	-2,626	-869	-47,498	24,899	51,387
03/07	0	0	201,059	201,608	-549	-53,559	-198,816	-26,547	27,372	-105,539	-51,112	-788	-6,391	-42,270	6,458	51,316
03/04	0	0	159,781	161,979	-2,198	-45,541	-132,142	26,679	20,397	-106,370	-84,853	1,629	1,146	4,547	4,684	17,903
03/03	0	0	495,973	496,512	-539	-314,848	-235,450	2,892	22,811	-241,178	-751	-3,345	-1,385	-7,561	-6,932	54,325
03/02	0	0	375,964	377,803	-1,839	-410,955	-15,437	44,406	57,210	-184,647	22,273	2,842	5,912	25,849	10,718	50,428
02/29	0	0	171,916	173,164	-1,248	-53,780	-189,286	12,596	25,118	-164,680	-176,653	-64	-3,290	118,559	-872	71,151
02/26	0	0	242.419	243.084	-665	-42.701	163.435	99.927	11.139	-73.287	-76.202	-2,846	-15.912	57.613	163.003	-363.152
02/24	0	0	-19,970	-16,648	-3,322	-32,670	-16,585	-14,589	24,946	-4,753	-18,049	-1,763	1,932	-4,344	36	69,225
02/23	0	0	-6,654	-4,845	-1,809	-15,605	-52,402	21,052	15,347	-6,235	-48,945	-3,069	962	-30,409	-1,104	74,661
02/22	0	0	33,527	35,496	-1,969	-53,748	-47,274	9,540	7,145	-4,518	236	958	-2,286	-54,533	-3,816	67,494
02/19	0	0	166,868	171,569	-4,701	-178,439	-68,363	-48,274	-2,934	-26,840	4,038	-510	-944	54,765	-47,665	79,935
02/18	0	0	85,765	86,363	-598	-302,041	136,765	64,561	36,526	530	45,123	-2,305	-2,501	-10,049	4,878	79,511
02/17	0	0	-22,051	-19,611	-2,440	-158,797	69,414	-57,132	27,872	95,078	87,361	-14,070	-7,368	-64,130	1,804	111,433
02/16	0	0	81,300	85,818	-4,517	-230,740	83,663	8,183	59,392	54,509	21,919	-5,734	791	-53,708	-1,688	65,777
02/15	0	0	-125,742	-124,014	-1,728	-124,070	220,659	195,425	42,512	48,623	-12,673	-293	734	-44,357	-9,312	29,153
02/12	0	0	-301,703	-297,848	-3,855	-190,258	428,672	250,234	12,723	88,715	17,785	-4,745	-393	70,662	-6,308	63,289
02/11	0	0	-166,154	-167,663	1,510	43,006	61,532	50,839	1,343	21,965	-27,890	-3,672	-1,162	20,981	-872	61,615

▲ 2016년 2월 11일~2016년 3월 25일 코스피 투자자별 매매 동향

성이 높다. 따라서 코스피가 2000p를 돌파하는 에너지가 나오기 위해서는 '원/달러-엔/달러'의 상대속도를 체크하고 '달러약세-원화강세' 구도가 지속되는지 확인하는 것이 필요하다.

또한 외국인이 동원한 자금이 엔화인지, 유로인지 혹은 달러인지 그 성격에 따라 환율 변동성의 롱숏 전략이 설정되는 만큼 '엔/달러-원/달러-유로화'의 상대속도도 함께 확인한다.

원/달러와 엔/달러의 상대속도가 중요한 이유는 외국인 시각에서 볼 때 한국과 일본 수출주가 대체재 관계에 놓여 있기 때문이다. 원/달러약세보다 엔/달러약세 속도가 더 강하게 움직이면 그동안 환율 효과로 강세를 보인 한국의 현대차를 매도하고 일본의 도요타를 매수하는 전략을 수립할 수 있다. 때문에 원화와 엔화의 상대속도를 추적해야 한다.

유로화는 종합주가지수 상승에 영향을 미치는 한 축이다. 유럽계 외국인은 유로화강세 구간에서 한국시장에 투자하는 확률이 높기 때문에 유로화가 강세를 보이는 것이 일반적으로 종합주가지수 상승에 유리하다. 만약 유럽시장이 하락하고 달러강세로 유로화가 약세로 돌아

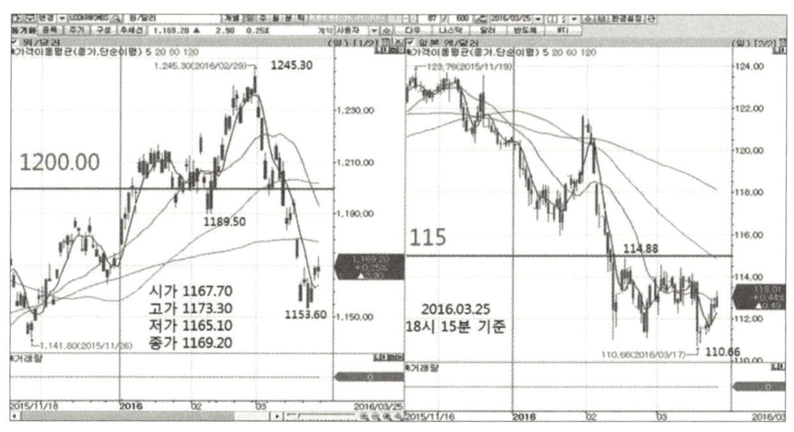

▲ 2016년 3월 25일 기준 원/달러-엔/달러 흐름

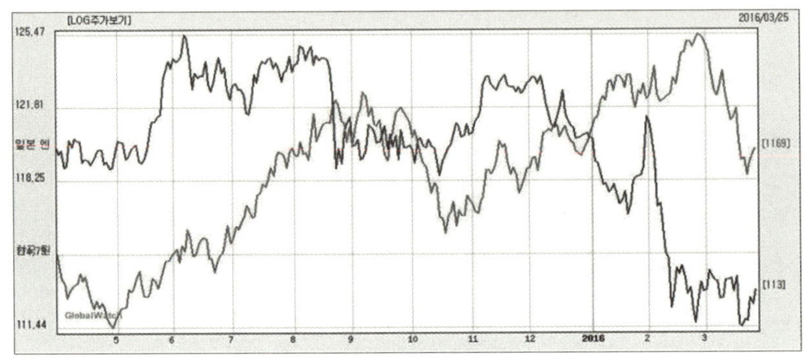

▲ 원화와 엔화 상대속도

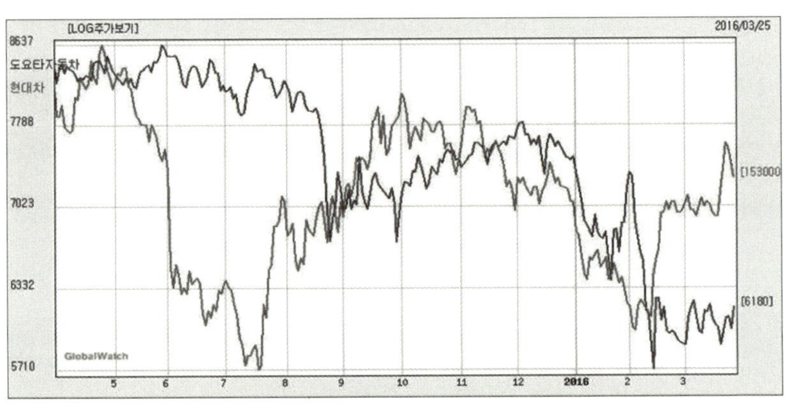

▲ 도요타자동차와 현대차 주가 흐름

서면 유로캐리(낮은 금리로 유로화를 차입해서 높은 수익률이 기대되는 자산에 투자하는 것)자금이 청산될 가능성이 높아진다. 때문에 원/달러와 엔/달러의 상대속도와 함께 유로화의 흐름도 살펴야 하는 것이다.

2016년 3월 25일 기준 데이터와 2016년 5월 27일 기준 데이터가 시

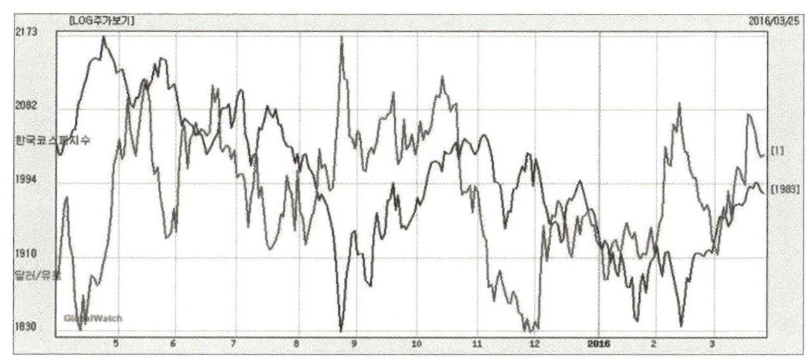

▲ 코스피 움직임과 달러/유로화 흐름

차를 두고 어떻게 변화되었는지 점검해보자. 환율시장의 가장 큰 변수는 미국의 금리 인상 시점이다. 금리 인상이 결정될 경우 달러강세로 원/달러 환율의 변동성이 결정되기 때문이다. 환율 변동은 그대로 한국 시장에 대한 외국인의 투자 포지션(매수·매도)에 영향을 미친다.

실제 환율 변동성에 따라 주가 움직임도 변화했음을 확인할 수 있다. 3월 25일 이후 원/달러 환율이 추가 강세국면을 보이는 구간에서 종합지수는 상승했다. 해당 기간 동안 원/달러 환율은 달러강세로 인한 원화 가치 절하로 환율이 1132원 수준까지 올랐고 종합주가지수는 2020p대까지 상승했다. 이때 주가를 끌어올린 매수 주체가 바로 외국인이었다.

그러나 4월 28일부터 현물시장에서 외국인의 매도세가 강화되기 시작했다. 4월 29일~5월 25일까지 단발적으로 매수에너지가 발생하기도 했지만 5월 17일 1700억 원대의 매수가 나타난 것을 제외하고는 해당

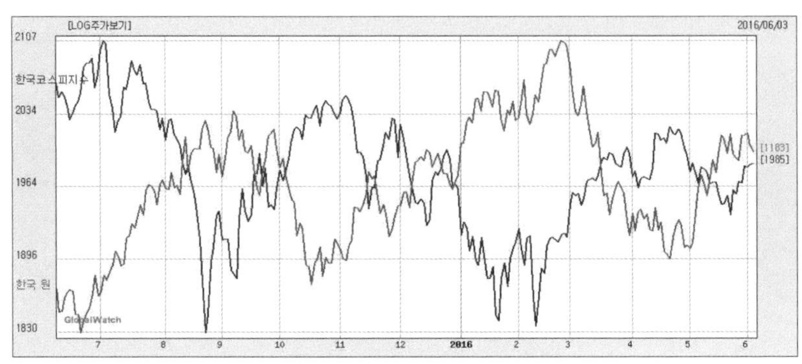

▲ 원/달러 흐름과 주가 흐름

기간 동안의 매수에너지는 몇 백억대 수준에 불과하다. 외국인들의 매수 강도가 약해지면서 시장은 상승 동력을 잃어버리는 듯했다.

분위기 반전이 일어난 것은 외국인들의 매수세가 다시 유입되면서부터였다. 5월 25일부터 월/달러 환율은 1190원대에서 1200원 돌파를 시도했다. 그러나 실패로 끝나면서 환율은 1170원대, 달러강세로 전환되는 과정에 진입한다. 외국인들의 매수세가 3일 연속 현물시장에 들어오면서 종합주가지수는 2016년 5월 24일 1937p를 저점으로 상승을 향해 고개를 돌리고 있다.

2016년 6월 14일~15일 연준(미국 연방준비제도)의 금리 결정이 있다. 금리 인상 시기가 늦춰질 것이라는 기대감 혹은 금리 인상을 결정하더라도 이미 시장에 악재는 반영되었으며, 첫 번째 금리 인상 결정 이후 두 번째 금리 인상 결정까지는 상당한 시간이 남아 있을 것이라는 기대감이 시장에 반영되고 있는 것이다. 그러나 실제 금리 인상이 결정된

일 자	(콜)외+기	(풋)외+기	외국인계	외국인	기타외국	개인	기관계	금융투자	보험	투신	사모펀드	은행	기타금융	연기금	국가지자체	기타법인
06/03	0	0	-129,593	-127,253	-2,339	-114,094	343,620	246,264	117,297	-11,997	-26,234	7,458	-696	11,807	-278	-99,933
06/02	0	0	387,555	386,760	795	-61,830	-197,707	-215,863	-3,891	-6,909	22,211	1,779	-6,531	2,704	8,792	-128,018
06/01	0	0	240,142	242,857	-2,715	-88,529	-189,489	-276,912	28,881	-12,014	26,605	2,538	-4,254	41,423	4,243	37,876
05/31	0	0	-129,639	-131,204	1,565	-160,660	210,425	-106,454	9,226	99,311	126,852	1,759	3,245	77,239	-753	79,874
05/30	0	0	121,023	121,697	-674	-34,955	-124,609	-39,715	-11,423	-20,270	-14,100	-4,565	-1,399	-28,955	-4,181	38,540
05/27	0	0	151,364	149,358	2,007	-175,972	-10,695	-25,456	3,206	-25,716	25,763	-7,936	-3,801	19,690	3,554	35,303
05/26	0	0	5,905	6,753	-848	-95,537	64,365	48,114	1,032	-26,426	37,232	-147	1,755	-8,028	10,834	25,266
05/25	0	0	124,931	124,922	8	-336,335	207,569	134,600	-2,969	27,058	70,048	-4,252	-1,329	-10,384	-5,202	3,836
05/24	0	0	-59,787	-58,597	-1,190	78,874	-61,394	-30,457	-18,407	10,180	-5,568	-5,978	-14,560	7,433	-4,037	42,307
05/23	0	0	2.576	4.188	-1.612	-67.518	33.377	-49.758	2.710	52.407	36.463	-4,669	-24,449	10.800	9,874	31.566
05/20	0	0	-127,661	-127,600	-61	-61,667	150,827	149,749	-9,859	10,389	29,977	-6,416	-17,009	917	-6,920	38,500
05/19	0	0	-20,540	-21,274	734	30,987	-42,256	-9,683	-12,035	-26,048	-16,415	-11,584	-9,099	48,330	-5,723	31,810
05/18	0	0	35,610	36,491	-881	121,414	-197,426	-113,921	-16,076	-24,030	-12,963	-691	-10,944	-20,031	1,229	40,403
05/17	0	0	-53,532	-53,377	-155	83,188	-52,139	-79,665	-9,639	-36,169	34,358	-18,191	-2,856	40,515	19,507	22,482
05/16	0	0	15,126	17,040	-1,914	-5,079	-39,682	130,150	-27,235	-35,133	-25,054	-40,039	-12,870	-23,609	-5,892	29,635
05/13	0	0	-143,725	-142,759	-965	218,360	-115,563	-12,461	-27,059	-22,487	-9,800	-16,111	1,268	-24,831	-4,083	40,928
05/12	0	0	24,267	24,512	-245	110,485	-128,255	-79,314	-15,187	-2,308	-15,864	-4,203	6,945	-17,395	-929	-6,497
05/11	0	0	70,414	69,878	536	130,793	-241,437	-182,763	4,829	-45,231	-25,386	-7,542	-2,180	13,096	3,741	40,230
05/10	0	0	35,484	36,722	-1,239	-124,816	41,031	-42,229	11,232	192	51,126	-9,941	-658	30,576	733	48,301
05/09	0	0	-99.088	-97.899	-1.189	119.219	-52.738	32.212	-20.104	-35.930	-10.310	-8.246	-4.911	-6.949	1.499	32.606
05/03	0	0	86,789	87,013	-224	68,523	-176,971	-265,022	14,422	-1,012	22,932	-3,892	-15,203	15,189	55,615	21,659
05/02	0	0	-31,719	-32,896	1,177	180,348	-177,776	-144,881	-3,496	-10,271	-1,751	-1,914	268	-12,110	-3,621	29,146
04/29	0	0	63,853	63,838	16	109,494	-203,105	-133,583	-12,122	-49,709	18,942	-1,246	-1,325	-28,516	4,455	29,757
04/28	0	0	-203,260	-202,488	-772	88,278	116,527	207,452	-40,692	-40,049	-730	-15,169	-5,316	18,185	-7,154	-1,545
04/27	0	0	181,814	182,397	-583	77,605	-257,884	-77,113	-27,275	-78,975	-62,299	-10,403	-1,322	6,853	-7,351	-1,535
04/26	0	0	135,752	128,924	6,828	-88,644	-44,301	-25,238	-4,692	-45,926	-3,312	-1,592	-3,265	35,199	4,524	-2,807
04/25	0	0	208,060	207,701	359	-41,446	-159,800	-121,405	2,959	-17,440	-16,114	-4,189	-7,174	3,947	-383	-6,814
04/22	0	0	155,055	154,850	205	38,538	-184,652	-17,443	-7,824	-81,590	-22,381	-10,102	-424	-40,397	-4,491	-8,941
04/21	0	0	159,795	160,913	-1,118	-301,975	147,866	82,796	-9,495	-25,578	58,531	-6,614	891	51,533	-4,198	-5,686
04/20	0	0	111.680	111.758	-77	-45.004	-58.628	-5.502	7.129	-19.272	-24.104	-11.213	-3.417	-1.478	-773	-8.049

▲ 2016년 4월 20일~2016년 6월 3일 코스피 투자자별 매매 동향

후 시장의 흐름은 예상과 다르게 진행될 수도 있다. 따라서 금리 결정 이후 원/달러 환율의 흐름과 해당 시점에서의 현·선물 외국인 매매 동향을 확인하며 시장의 흐름을 읽는 것이 무엇보다 중요하다.

종합지수와 커플링되는 지표

빅데이터를 통해 시장을 읽다 보면 종합지수와 동행해 움직이는 종목과 업종을 찾게 된다. 그리고 더 나아가 해당 종목과 업종에 영향을 미치는 원자재 시장과의 연관성을 발견하게 된다. 빅데이터를 통해 살펴보면 시장의 평균 수익률을 상회하는 종목들 중 정유주가 많다는 것

을 알 수 있다.

　2015년 10월부터 유가와 종합주가지수는 함께 움직이는 커플링(동조화) 현상이 나타나고 있다. 따라서 유가가 하락하는 것보다 상승할 때 종합지수가 추가로 상승할 수도 있다고 예측할 수 있다. 유가와 주가의 커플링 현상이 강화되면서 유가가 배럴당 45달러를 넘어서면 종합주가지수는 2050p까지 상승, 50달러 돌파 시 2100p 돌파 시나리오가 시장에 나온 것도 이 때문이다. 물론 반대 경우도 있다. 유가가 배럴당 35달러까지 하락하면 종합주가지수는 1950p 붕괴, 배럴당 30달러선 붕괴 시 코스피는 1900p를 하회할 것이라는 전망이다. 이 전망은 종합지수와 유가가 상관계수 1에 가까운 커플링 상황이 지속될 경우만 가능한 것이다. 또한 그 주도주에는 유가 상승과 수익구조의 상관관계가 높은 정유주가 시장을 주도하는 경우만 가능하다.

　유가 하락 속에 정제마진이 개선되며 주가가 상승한 정유주들이 유

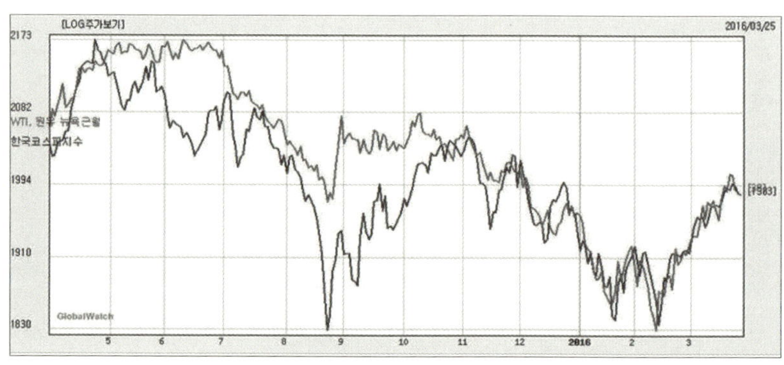

▲ 유가 흐름과 코스피 움직임 비교

가가 상승할 때도 여전히 주가 상승으로 이어지는지 확인하고 유가와 주가의 상관관계에 따른 투자 전략을 세우는 것이 바람직하다.

종합주가지수에 커플링되며 주가 흐름에 영향을 주는 지표와 디커플링되는 지표를 체크하는 것은 상당히 중요하다. 코스피와 동조화를 이루는 지표는 국내외적인 경제 상황에 따라 그때그때 다르기 때문이다. 따라서 실전투자에서 가장 필요한 것은 동조화를 이루는 지표의 움직임을 동태적으로 추적하고 변동성을 점검해 대응 전략을 수립하는 것이다. 무작정 투자에 나서는 것보다 빅데이터를 활용해 시장이 말해주는 것을 제대로 파악하는 훈련을 할 때, 투자 성공률은 더욱 높아질 수 있다.

세계증시 기상도 체크

투자의 세계에서 활용하는 빅데이터는 국내 시장에 국한되지 않는다. 금융시장은 단독으로 존재하지 않고 밀접하게 연결되어 있는 만큼 국내 주식시장에 투자한다고 해도 해외 금융시장의 흐름을 읽고 그 변화를 체크하는 것이 필요하다. 이때 매일의 변화뿐 아니라 한 달간 어떠한 흐름을 보였는지 이전 상황과 비교해보자. 해외 주식시장에 대한 데이터는 각 증권사 HTS에서 확인할 수 있으며 홈페이지(globalwatch. co.kr)에서 찾을 수도 있다.

2016년 3월 한 달 동안 전 세계 증시에서 가장 많이 상승한 나라는 브라질과 러시아였다. 브라질 주가는 무려 16%, 러시아는 10.7%의 상승률을 보였다. 이 국가들은 모두 자원수출국가로 유가 상승 시 수혜를 보는 나라로 알려져 있다. 따라서 주가가 유가와 함께 커플링되어 움직일 것이며, 향후 유가의 방향성에 따라 주가의 향방도 달라질 것이라는 사실을 짐작할 수 있다. 특히 유가와 밀접한 관련이 있는 종목들의 움직임과 흐름을 예상할 수 있다.

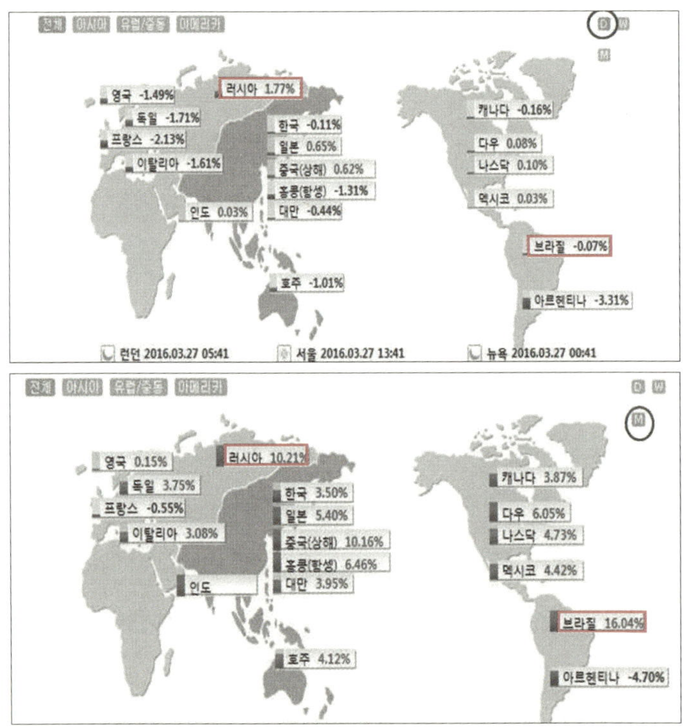

▲ 2016년 3월 한달간 세계 증시 변화

상품시장의 대표주자인 유가가 상승한다는 것은 국제적 유동성이 이머징마켓(자본시장에서 급성장하는 국가의 신흥시장)으로 흘러가는 구조가 한동안 이어진다는 의미로 해석할 수 있다. 그 배경에는 미국 금리 인상이 늦춰지거나 혹은 한 번의 인상 후 상당 기간 동안 금리 인상이 없을 것이라는 예상이 자리하고 있다. 금리 인상이 급진적으로 이뤄지

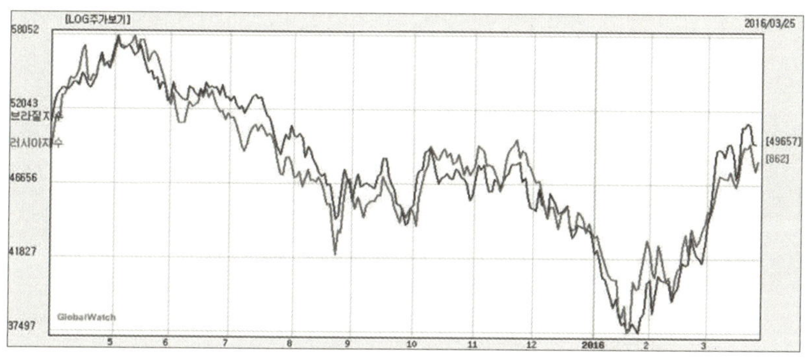

▲ 브라질과 러시아 주가 흐름 비교

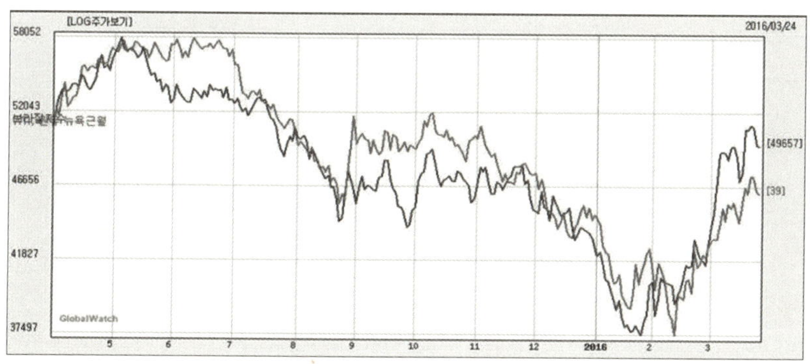

▲ 브라질 주식시장과 원유 흐름 비교

지 않을 것이라는 의견이 시장을 지배하면서 '달러약세-이머징통화강세' 구조로 만들어진 국제적 유동성이 이머징마켓으로 이동하여 유가는 상승하게 된다.

그러나 2016년 5월, 유가의 추가적인 상승에도 불구하고 국제적 유동성이 이머징마켓에서 미국본토시장으로 유입되는 상황이 전개되고 있다. 안전자산 선호 현상이 나타나면서 그동안 상승했던 브라질과 러시아가 조정받는 모습이다. 신흥국 증시는 큰 틀에서 안전자산과 위험자산에 대한 투자자의 심리에 따라 움직인다. 그리고 그 방향성은 국제적인 이슈, 환율, 상품가격 등에 따라 변화하기 때문에 각국의 세계증시 기상도는 대표적인 안전자산인 미국국채, 유가 등의 움직임과 함께 고려해야 한다.

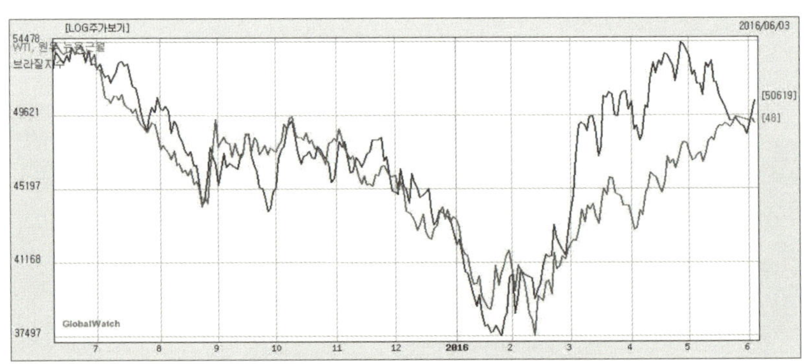

▲ 뉴욕근월물국채와 브라질지수 흐름 비교

안전자산 선호현상과 금, 그리고 국채

주식투자는 위험자산이다. 세계 금융시장이 흔들릴 때 가장 먼저 충격을 받는 곳 중 하나가 바로 주식시장이기 때문이다. 그러나 상대적으로 안전한 투자처가 있다. 바로 금과 국채다. 세상이 흔들려도 금의 가치는 떨어지지 않는다는 신뢰에 기반하고 있는 금은 대표적인 안전자산으로 꼽힌다. 수요와 공급에 따라 가격 변동이 생기지만 금융시장이 타격을 받아 휘청거릴 때면 어김없이 금 가격이 오르는 것을 볼 수 있다.

또 다른 안전자산으로 국채가 있다. 국채는 국가가 발행한 채권인 만큼 국가가 부도나지 않는 한 원금이 보장되고 만기가 도래했을 때 원금과 이자를 함께 챙길 수 있다. 국채는 세계 각국에서 발행하고 있지만 그중 미국국채 10년물이 대표적인 안전자산으로 꼽힌다. 달러강세 구도 속에 안전자산 선호 현상이 나타나면 투자자들은 금이나 미국국채를 매수하고 주식이나 상품은 매도하게 된다. 따라서 금과 미국국채의 흐름을 보면 시장의 흐름이 어떠한 방향으로 흘러가는지 확인할 수 있다.

다음 그래프는 금과 미국국채 수익률을 보여준다. 금 가격이 급등하는 구간에 미국국채를 나타내는 그래프는 하락한다. 미국국채 수익률이 하락했다는 것은 국채 가격이 상승했다는 것을 의미한다. 채권 가격과 채권 수익률은 역의 관계를 가지고 있다. 채권 수익률이 올라가면

채권 가격이 내려가고, 채권 수익률이 내려가면 채권 가격이 올라가는 것이다. 다시 말해 미국국채를 사려는 사람들이 많아지면서 수요와 공급의 법칙에 따라 미국국채 가격이 급등했다는 것은 그만큼 국채 수익률은 하락했다는 의미가 된다.

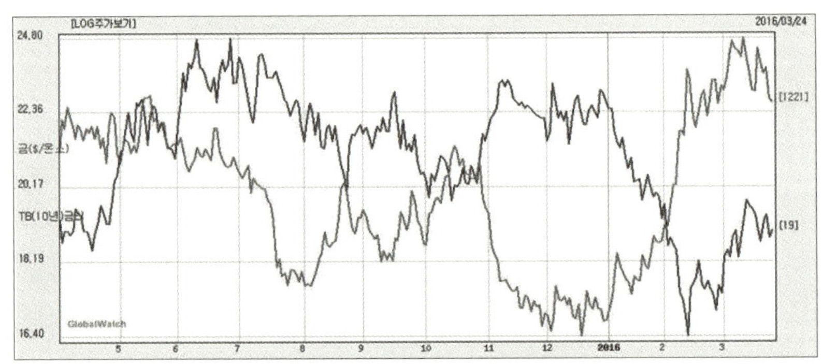

▲ 금과 미국국채 10년물 수익률 비교

　안전자산과 위험자산은 반대 속성을 가지고 있고 유가 흐름에 따라 위험자산인 주식시장의 등락이 엇갈리기 때문에 유가와 국채는 통상적으로 반대로 움직인다. 따라서 유가가 급락할 때 미국국채 가격은 급등하고(국채 수익률 하락), 유가 급등 시에는 미국국채 가격이 하락(국채 수익률 상승)한다.

　따라서 시장에 퍼져 있는 투자심리를 파악할 때는 안전자산과 위험자산 중 어디에 매수세가 유입되는지 확인해야 하고, 그때 중요하게 파악해야 하는 것이 금과 국채, 국채와 유가의 흐름이다. 실제 해당 지표들이

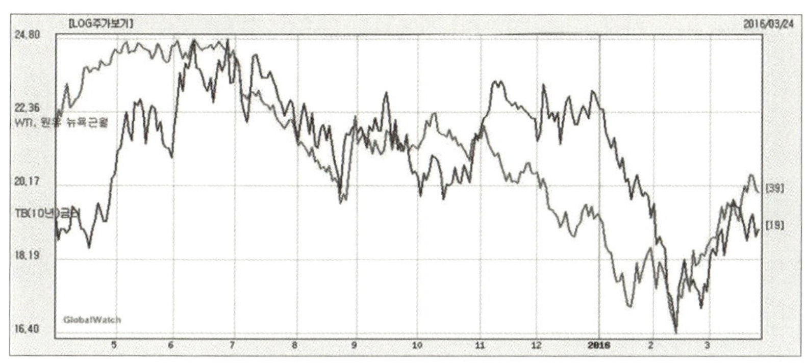

▲ WTI(달러/베럴)와 미국국채 10년물 수익률 비교

어떻게 움직이는지 알고 대응하는 것과 모른 채 대응하는 것에는 상당한 차이가 있으며 그에 따라 감당해야 하는 리스크의 크기도 달라진다.

시장의 변화를 읽는 매트릭스 분석

보이는 것이 전부가 아니라는 말이 있다. 이 말은 일상뿐 아니라 돈이 오가는 주식시장에도 적용된다. 실제 어떠한 이벤트가 가시화되고 뉴스로 나올 때는 이미 주가가 최상단에 올라 있는 경우가 많다. 모든 것이 보일 때 주식을 매수한 사람은 손실을 보는 경우가 대다수이다 보니 주식 명언 중에는 "소문에 사고 뉴스에 팔라"는 말까지 있을 정도다. 그렇다면 어떻게 주식을 소문에 사고 뉴스에 팔아 시장 수익률을 상회하는 수익을 달성할 수 있을까?

　정보의 비대칭성으로 인하여 개인투자자가 접근할 수 있는 정보는 한정적이다. 그리고 그 정보가 누구나 접근 가능할 때는 이미 투자 적기는 지난 뒤다. 개인투자자 입장에서는 투자가 어려울 수밖에 없는 것이다. 그러나 보이지 않는 움직임을 포착하고 시장에서 그 움직임이 어떻게 확산되는지 체크한다면 개인투자자도 큰 수익을 달성할 수 있다. 이 방법을 매트릭스 분석이라고 한다.

　매트릭스 분석은 빅데이터를 활용해 실제 시장의 움직임과 시장의 대표 종목이 커플링·디커플링되어 움직이는지 체크하고, 그 움직임의 상대속도를 추적하며 미세한 초기 조건의 변화를 읽는다. 매트릭스 기법을 활용하기 위해서는 주가의 움직임과 선물시장 동향, 시가상위 종목들의 최고가와 최저가, 최근 저점 대비 구간별 상승률, 현재 위치 등에 대한 분석이 먼저 이루어져야 한다.

　2016년 3월 25일자 기준 해당 데이터는 다음과 같다. 종합주가지수는 최근 저점 대비 10.2% 상승했고 선물 6월물은 11.2% 올랐다. 52주 최고가 기준 종합주가지수는 −9.4% 하락 중이며 선물은 −11.3% 하락한 상황이다. 시가상위 1위 종목인 삼성전자는 최근 저점 대비 24.7% 상승했으며 현대차도 이와 비슷한 24.4% 오르며 종합주가지수 상승률 대비 2배 이상의 상승에너지를 보이고 있다. 즉, 시장의 상승에너지는 삼성전자와 현대차가 이끌고 있으며, 시장의 쌍두마차인 삼성전자와 현대차의 에너지가 꺾일 때, 시장의 상승에너지도 마감될 것이라고 예측할 수 있다.

　매트릭스 분석을 통해 종합주가지수가 10% 상승할 동안 그보다 상승률이 저조하거나 오히려 하락세를 보인 종목들도 찾을 수 있다. 시가 상위종목들 중 최근 저점 대비 가장 많이 상승한 LG화학은 무려 98.2%나 급등하는 움직임을 보였지만 52주 최고가 기준으로는 -6.2% 하락했고 LG화학 다음으로 강한 상승세를 보인 대림산업도 최근 저점 대비 77% 올랐지만 52주 최고가 기준으로는 -9% 하락했음을 알 수 있다.

　또 저점 대비 상대적으로 적게 오른 LG이노텍(최근 저점 대비 0.5% 상승)과 삼성에스디에스(최근 저점 대비 1.5% 상승)는 낙폭을 많이 만회하지 못하고 52주 최고가 대비 LG이노텍은 -33.3%, 삼성에스디에스는 -49.4% 하락했음을 확인할 수 있다. 매트릭스 기법을 통해 표로 만든 결과 LG화학, 대림산업, 현대건설, OCI, LG전자 등이 같은 기간 동안 많

NO	구분	최고가 일시 확인요망 52주최고가		최저가 일시 확인요망 최근저점		최근 저점 대비 구간별 상승률 가격						2016년 03월 25일			비고
						3%	5%	7%	14%	17%	21%	증가	최근저점대비 상승률	52주최고가 대비 하락율	
1	KOSPI	2015년 4월	2,189.54	2015년 8월	1,800.75	1,854.77	1,890.79	1,926.80	2,052.86	2,106.88	2,178.91	1,983.81	10.2%	-9.4%	
2	신문6월물	2015년 4월	276.25	2015년 8월	220.35	226.96	231.37	235.77	251.20	257.81	266.62	245.05	11.2%	-11.3%	
3	삼성전사	2015년 3월	1,494,000	2015년 8월	1,033,000	1,063,990	1,084,650	1,105,310	1,177,620	1,208,610	1,249,930	1,288,000	24.7%	-13.8%	
4	현대차	2015년 3월	181,000	2015년 7월	123,000	126,690	129,150	131,610	140,220	143,910	148,830	153,000	24.4%	-15.5%	

NO	구분	최고가 일시 확인요망! 52주최고가		최저가 일시 확인요망 최근저점		최근 저점 대비 구간별 상승률 가격						2016년 03월 25일			전일 대비(%)
						7%	14%	21%	25%	38.2%	50%	증가	최근저점대비 상승률	52주최고가 대비 하락율	
1	삼성전사	2015년 3월	1,494,000	2015년 8월	1,033,000	1,105,310	1,177,620	1,249,930	1,291,250	1,427,606	1,549,500	1,288,000	24.7%	-13.8%	0.47
2	현대차	2015년 3월	181,000	2015년 7월	123,000	131,610	140,220	148,830	153,750	169,986	184,500	153,000	24.4%	-15.5%	-1.61
3	SK하이닉스	2015년 6월	51,700	2016년 1월	25,800	27,606	29,412	31,218	32,250	35,656	38,700	29,150	13.0%	-43.6%	-1.02
4	LG전자	2016년 3월	66,100	2015년 8월	39,300	42,051	44,802	47,553	49,125	54,313	58,950	61,500	56.5%	-7.0%	-1.60
5	LG디스플레이	2015년 3월	32,750	2015년 8월	20,500	21,935	23,370	24,805	25,625	28,331	30,750	25,550	24.6%	-22.0%	-3.58
6	LG이노텍	2015년 3월	118,500	2015년 7월	78,600	84,102	89,604	95,106	98,250	108,625	117,900	79,000	0.5%	-33.3%	-2.83
7	삼성SDI	2015년 3월	144,000	2015년 8월	75,600	80,892	86,184	91,476	94,500	104,479	113,400	100,500	32.9%	-30.2%	-1.47
8	삼성전기	2015년 3월	81,400	2015년 7월	48,800	52,216	55,632	59,048	61,000	67,442	73,200	56,000	14.8%	-31.2%	-2.61
9	삼성에스디에스	2015년 5월	341,000	2016년 3월	170,000	181,900	193,800	205,700	212,500	234,940	255,000	172,500	1.5%	-49.4%	-7.26
10	대우증권	2015년 4월	18,550	2016년 2월	7,150	7,651	8,151	8,652	8,938	9,881	10,725	8,190	14.5%	-55.8%	-0.97
11	삼성증권	2015년 4월	67,800	2016년 1월	34,250	36,648	39,045	41,443	42,813	47,334	51,375	40,100	17.1%	-40.9%	-1.23
12	LG화학	2016년 1월	344,500	2015년 1월	163,000	174,410	185,820	197,230	203,750	225,266	244,500	323,000	98.2%	-6.2%	1.41
13	OCI	2015년 3월	129,000	2016년 1월	60,300	64,521	68,742	72,963	75,375	83,335	90,450	91,700	52.1%	-28.9%	0.55
14	현대건설	2015년 4월	59,400	2016년 1월	27,000	28,890	30,780	32,670	33,750	37,314	40,500	40,300	49.3%	-32.2%	0.75
15	대림산업	2015년 7월	98,000	2015년 1월	50,400	53,928	57,456	60,984	63,000	69,653	75,600	89,200	77.0%	-9.0%	1.83
16	대우조선해양	2015년 3월	21,100	2016년 1월	3,830	4,098	4,366	4,634	4,788	5,293	5,745	5,180	35.2%	-75.5%	-3.36
17	현대중공업	2015년 4월	154,000	2016년 1월	79,400	84,958	90,516	96,074	99,250	109,731	119,100	103,000	29.7%	-33.1%	-1.90
18	삼성중공업	2015년 3월	20,700	2016년 1월	9,100	9,737	10,374	11,011	11,375	12,576	13,650	11,200	23.1%	-45.9%	-3.45
19	신한지주	2015년 4월	47,050	2016년 1월	36,000	38,520	41,040	43,560	45,000	49,752	54,000	41,300	14.7%	-12.2%	-0.60
20	KB금융	2015년 4월	42,800	2016년 2월	27,600	29,532	31,464	33,396	34,500	38,143	41,400	31,750	15.0%	-25.8%	-1.09
21	재열기획	2015년 4월	25,400	2015년 8월	16,300	17,441	18,582	19,723	20,375	22,527	24,450	17,500	7.4%	-31.1%	-2.23
22	삼성물산	2015년 5월	215,500	2015년 8월	122,500	131,075	139,650	148,225	153,125	169,295	183,750	143,000	16.7%	-33.6%	-0.69

▲ 2016년 3월 25일자 매트릭스 분석

이 상승했음을 한눈에 볼 수 있다. 해당 자료를 기준으로 앞으로의 시장에너지의 방향성을 예측하기 위해서는 다음 작업이 필요하다.

연중 최저가 기준 연중 최고가까지 오른 상승률을 A잣대, 연중 최저가 기준 현재가까지의 상승률을 B잣대로 놓고 상승률 A잣대와 B잣대를 비교하며 시장에너지를 측정한다. A와 B의 차이를 통해 시장에너지가 상승세를 유지하고 있는지, 고점 기준으로 볼 때 추세가 하락세로 전환된 것인지 확인할 수 있다. 이때 A와 B 두 잣대 사이의 오차가 7% 이상 차이나는 종목은 고점을 시현한 후 하락세로 전환되었다고 판단한다.

다음 데이터를 보면 B잣대(연중 최저가 대비 현재가)에서 A잣대(연중 최고가 대비 연중 최저가)를 뺀 결과 두산인프라코어(–23.4%)와 대우인터내셔널(–20.7%) 등 오차가 7% 이상 벌어진 종목이 보인다. 두산인프라코어는 연중 최고가인 6720원을 기록했지만 2016년 3월 25일 종가 기준으로 5930원을 기록하며 고점대비 –11.7% 하락했다. 연중 최저가 대비 현재가(B)와 연중 최저가 대비 연중 최고가(A)의 차가 –23.41%로 벌어져 상승탄력성이 둔화된 것이 눈에 보일 정도다. 이는 다시 말해 단기에 대응하기에는 이미 시점을 놓쳤다는 의미다. 이러한 데이터를 매일 쌓아나가며 주가의 미세한 변화를 추적해나갔다면 미리 알아차리고 선제 대응을 할 수 있었을 것이다.

두산인프라코어나 대우인터네셔널 외 A와 B 잣대의 오차가 10%대인 종목으로는 삼성에스디에스(-13.24%), SK하이닉스(-12.02%), 아시

NO	종목명	연중최저-연중최고 4등분					연중최고가 대비 하락률			2016년 03월 25일		상승률		
		연중최저가	25%	50%	75%	연중최고가	-7%	-14%	-21%	현재가	등락률(%)	연중최고/연중최저(A)	현재가/연중최저(B)	차이=B-A
	KOSPI	1817.97	1,864.26	1,910.55	1,956.83	2,003.12				1,983.81	-0.11	10.18%	9.12%	-1.06%
1	삼성전자	1,088,000	1,140,000	1,192,000	1,244,000	1,296,000	1,205,280	1,114,560	1,023,840	1,288,000	0.47	19.12%	18.38%	-0.74%
2	삼성생명	96,700	101,900	107,100	112,300	117,500	109,275	101,050	92,825	116,000	2.20	21.51%	19.96%	-1.55%
3	삼성에스디에스	170,000	176,250	182,500	188,750	195,000	181,350	167,700	154,050	172,500	-7.26	14.71%	1.47%	-13.24%
4	SK하이닉스	25,800	27,413	29,025	30,638	32,250	29,993	27,735	25,478	29,150	-1.02	25.00%	12.98%	-12.02%
5	LG전자	51,900	55,450	59,000	62,550	66,100	61,473	56,846	52,219	61,500	-1.60	27.36%	18.50%	-8.86%
6	두산인프라코어	3,375	4,211	5,048	5,884	6,720	6,250	5,779	5,309	5,930	3.67	99.11%	75.70%	-23.41%
7	현대로템	10,800	12,350	13,900	15,450	17,000	15,810	14,620	13,430	16,200	-0.92	57.41%	50.00%	-7.41%
8	대우인터내셔널	11,800	14,738	17,675	20,613	23,550	21,902	20,253	18,605	21,100	-2.31	99.58%	78.81%	-20.76%
9	SK네트웍스	4,780	5,275	5,770	6,265	6,760	6,287	5,814	5,340	6,490	0.15	41.42%	35.77%	-5.65%
10	POSCO	155,500	172,750	190,000	207,250	224,500	208,785	193,070	177,355	209,500	0.24	44.37%	34.73%	-9.65%
11	세아제강	47,600	53,050	58,500	63,950	69,400	64,542	59,684	54,826	67,200	0.75	45.80%	41.18%	-4.62%
12	금호타이어	6,010	6,783	7,555	8,328	9,100	8,463	7,826	7,189	8,800	0.11	51.41%	46.42%	-4.99%
13	넥센타이어	10,700	11,750	12,800	13,850	14,900	13,857	12,814	11,771	14,450	-1.03	39.25%	35.05%	-4.21%
14	대한항공	22,850	24,963	27,075	29,188	31,300	29,109	26,918	24,727	29,400	-1.67	36.98%	28.67%	-8.32%
15	아시아나항공	4,050	4,368	4,685	5,003	5,320	4,948	4,575	4,203	4,770	-1.85	31.36%	17.78%	-13.58%
16	두산중공업	14,000	16,138	18,275	20,413	22,550	20,972	19,393	17,815	20,350	0.25	61.07%	45.36%	-15.71%
17	현대중공업	79,400	89,425	99,450	109,475	119,500	111,135	102,770	94,405	103,000	-1.90	50.50%	29.72%	-20.78%
18	GS건설	18,650	21,288	23,925	26,563	29,200	27,156	25,112	23,068	27,600	2.03	56.57%	47.99%	-8.58%
19	현대건설	27,000	30,688	34,375	38,063	41,750	38,828	35,905	32,983	40,300	0.75	54.63%	49.26%	-5.37%
20	대림산업	62,200	69,325	76,450	83,575	90,700	84,351	78,002	71,653	89,200	1.83	45.82%	43.41%	-2.41%

※ 삼성에스디에스는 연중최고가가 아니라 최근(3월) 최고가 기준임

▲ 2016년 1월 또는 2월 저점 형성 후 급등한 종목 매트릭스 분석

아나항공(-13.58%), 두산중공업(-15.71%), 현대중공업(-20.78%)이 있다. 앞으로 이 종목들이 실제 고점 기준 어디까지 하락하는지 주가 흐름을 추적해나가면서 주가가 바닥을 다지는 시점이나 횡보하는 시점을 찾아내면 재진입 시점을 확인할 수 있다.

특히 일시적인 재료로 인하여 주가의 하방에너지가 강화된 경우는 그 재료가 주가에 어떠한 영향을 미치는지 동태적으로 추적해야 한다. 삼성에스디에스는 이재용 부회장이 상속세 자금으로 삼성에스디에스 지분을 이용할 수 있다는 보도로 급락했다. 이 경우 실적이나 수급 외에 개별 악재가 작용한 경우이므로 매트릭스 분석표에 하락하는 대상의 속성을 적어놓고 지속적으로 하방에너지가 강화되는지 혹은 어느 수준에서 하락세를 멈추는지 점검해야 한다. 이때 수급과 재료를 동시에 확인하는 것이 무엇보다 중요하다.

외국인과 기관 매매 주체의 포지션

주식시장의 주요 수급 주체는 외국인과 기관, 개인이다. 실제 시장의 자금이 어떻게 움직이는지는 매매 주체의 포지션을 통해 확인할 수 있다. 매수 주체들의 움직임을 파악할 때는 코스피, 코스닥과 같은 현물시장뿐 아니라 선물·옵션시장에서의 매수 주체들의 움직임을 함께 확인해야 한다.

선물·옵션과 같은 파생시장은 '그림자 시장'이라고도 한다. 주요 매매 주체들의 선물·옵션시장에서의 매매 포지션이 상방에너지인지 하방에너지인지에 따라 현물시장의 움직임이 영향을 받기 때문이다. 따라서 파생시장에 투자하지 않더라도 선물·옵션시장의 매수·매도에너지를 파악하고 그 흐름을 읽는 것은 상당히 중요하다. 선물·옵션의 수급에너지와 함께 현물시장인 코스피, 코스닥에서 나타나는 전체적인 수급 상황, 매매 주체가 매수·매도한 개별 종목, 추세적인 매수 혹은 매도가 이뤄지고 있는 종목 등을 매일 확인하고 점검해야 한다.

2016년 3월 25일 기준으로 해당 내용을 살펴보자. 이날 외국인은 현물시장 중 코스피에서 424억 원, 코스닥에서 37억 원, 선물에서 1309억 원, 비차익에서 385억 원까지 모두 총 1770억 원에 달하는 금액을 매도했음을 알 수 있다. 투자자별 매매 동향은 각 증권사 HTS나 경제 기사를 통해 쉽게 확인할 수 있다.

차익 거래는 선물과 현물의 가격 차이가 발생할 때 선물과 현물 중

저평가되어 있는 것을 사고 고평가되어 있는 것을 파는 매매다. 현물과 선물이 연결되어 프로그램 매수-프로그램 매도가 이루어지는 것이기 때문에 차익 거래는 그 규모와 에너지의 방향을 판단하는 지표로 쓴다. 비차익 매매는 차익이 발생하지 않았지만 다량의 항목들을 동시에 주문할 때 사용하는 방식으로, 코스피200 지수 바스켓의 15개 종목을 동시에 매수하거나 매도하는 매매를 말한다. 비차익 매매는 차익 매매와 달리 파생시장과 연결되지 않고 순수하게 고유 계정으로 매수·매도하기 때문에 시장의 흐름을 파악할 때는 주로 비차익 매매 동향을 본다.

개인, 외국인, 기관의 세 수급 주체 중 국내 시장에 가장 큰 영향을 주는 것은 외국인과 기관이다. 개인의 매수자금 역시 큰 규모로 시장에 유입되지만 개인투자자들의 투자금과 투자 성향은 하나의 지휘체제 아래에서 움직이지 않고 분산되는 경향이 있다. 그리고 그 움직임의 방향이 일정한 체계를 갖추고 있지 않기 때문에 시장에 유입된 자금을 볼

투자별 매매 동향	코스피	코스닥	선물	콜옵션	풋옵션	주식 선물	코스피		프로그램 순매수	
	순매수 (억 원)	순매수 (억 원)	순매수 (억 원)	순매수 (억 원)	순매수 (억 원)	순매수 (억 원)			수량 (천)	금액 (백만 원)
개인	−707	142	1727	8	−12	−600	차익	합계	570	31281
외국인	−424	−37	−1309	15	10	−8	비차익	합계	−1990	−38521
기관계	409	−45	−450	−12	2	67	전체	합계	−1420	−7240
증권	1088	−7	123	−12	1	80	미체결 잔량		매도	매수
투신	−242	51	−261	0	0	−13	차익		0	0
기금	160	−43	−33	0	0	2	비차익		4885	17137

▲ 2016년 3월 25일 거래주체별 매매 동향

때는 주로 외국인과 기관 수급을 참고한다.

　기관투자자는 크게 금융투자, 보험, 투신, 사모펀드, 은행, 기타 금융과 연기금, 국가지자체, 기타 법인으로 나뉜다. 금융투자는 증권회사나 투자자문회사와 같은 금융투자업자가 운영하는 자산, 보험은 보험사에서 운영하는 자금 중 주식에 투자하는 자금, 투신은 투자자문사를 제외한 투자신탁 등의 자산운용사가 운영하는 자금을 말한다. 사모펀드는 소수 투자자로부터 모은 자금을 주식, 채권, 파생상품 등에 투자하는 펀드를 가리키며 기타 금융은 저축은행이나 종합금융회사와 같은 법적 전문투자자인 금융기관을 말한다. 새마을금고, 신협중앙회, 저축은행이 이에 속한다. 연기금은 연금과 기금을 함께 부르는 말로 국민연금, 공무원연금, 사학연금 등이 속한다. 그 외 국가지자체는 국가나 지자체, 국제기구, 비금융 공공기관인 한국은행, 예금보험공사, 한국자산관리공사, 우정사업본부(우체국) 등을 말하며 기타법인은 금융기관과 공공기관을 제외한 기관을 가리킨다.

　다양한 기관투자자들 중 연기금과 금융투자, 투신의 움직임은 시장에 들어온 자금 성격이 단기적인지, 중·장기적인지 판단하는 기준이 된다. 연기금은 자금 성격상 장기간에 걸쳐 안정적으로 자금을 늘리는 것을 투자 목표로 삼는다. 투자에 신중하지만 한번 투자를 결정하면 장기간 보유하기 때문에 주가 결정력에 큰 힘을 발휘한다. 금융투자는 증권사, 자산운영사, 투자자문사 등에 위탁한 자금을 운영한다. 계좌의 실소유주가 개인이라면 '개인투자자'이지만 투자자문사 고유자산으로 매매하면 '금융투자'로 집계되는 셈이다. 이중 투신은 투자신탁의 줄임말로 우리가 일반적으로 알고 있는 펀드 자금을 말한다. 따라서 펀드 해약이 늘어나면 이는 투신의 매도로 이어지게 되고, 전체 시장에서 기관의 매도세로 집계된다. 시장에 유입된 외국인과 기관의 매수세가 어느 업종과 종목에 집중되었는지 세부적인 업황을 비교하며 매수·매도에너지를 점검할 수 있다.

2016년 3월 25일, 기관은 화학과 의약 업종을 주로 매수했다. 이날 외국인도 화학과 의약 업종을 매수했으며 기관은 전기전자를 매도했지만 외국인은 전기전자와 운수장비 업종을 매도했다. 단 하루의 매매 동향으로는 전체적인 포트폴리오 구성이나 투자 주체의 추세적인 매매 흐름을 파악할 수 없다. 그러나 매일 동향을 파악하고 이를 데이터로 만들어 변화를 비교 및 대조해본다면 지속적으로 매수 혹은 매도하는 섹터를 확인할 수 있다.

일정 기간 동안의 매매 동향은 HTS를 통해 쉽게 확인할 수 있다. 2016년 2월 12일 코스피가 1817p 저점을 기록한 이후 분석 기준일인 2016년 3월 26일까지 외국인이 코스피에서 집중 매수·매도한 종목을 체크해보면 삼성엔지니어링, SK하이닉스, LG전자, 한화케미칼, 현대차 등 경기 민감주가 중심을 이루고 있다. 특정 기간과 현재 시점의 매수·매도 동향을 비교해보면 어느 시점에 미세한 변화가 눈에 띄게 된다.

매수 누적 수치가 더 이상 증가하지 않거나 혹은 급격히 감소하는 시점이 발견된 경우 해당 종목의 상승탄력이 둔화되었다고 판단할 수 있다. 이러한 종목들은 조만간 하락세를 보이며 조정 국면에 들어설 것이라고 예측할 수 있다. 혹은 매수 상위종목에는 보이지 않던 종목이 어느 날 갑자기 진입하는 경우도 있다. 이때 해당 종목의 매수에너지가 지속되는지 추적하다 보면, 추세적으로 우상향하는 종목을 초기에 발견하는 행운을 만날 수도 있다.

매도 데이터도 마찬가지다. 외국인이 지속적으로 매도하는 종목 중에서 특정 시점에 갑자기 외국인의 매도에너지가 확대되거나 축소되

시장 KOSPI ▼ 기간 2016-02-12 ~ 2016-03-26 ● 외국인 ● 기관 ● 순매수 ● 순매도							
종목명	현재가	대비	외국인				기관
			순매수	보유	취득가능	한도소진	순매수
삼성엔지니어	11,150	0	15,328,247	17,448,734	178,551,266	8.90	-922,137
우리은행	9,100 ▼	160	11,049,112	154,513,231	521,486,769	22.86	-5,161,810
동양	3,385 ▲	20	8,366,403	13,426,629	225,257,434	5.63	3,095,571
KODEX 200	24,780 ▼	45	7,093,316	12,671,304	210,628,696	5.67	-2,723,810
SK하이닉스	29,150 ▼	300	6,995,551	347,263,436	380,738,929	47.70	-2,863,269
SK네트웍스	6,490 ▲	10	4,529,403	33,574,471	214,613,176	13.53	69,362
LG전자	61,500 ▼	1,000	4,157,411	35,988,792	127,659,022	21.99	-1,396,886
SK증권	1,125 ▼	25	4,137,044	13,351,475	306,765,696	4.17	709,246
한화케미칼	24,050 ▲	600	4,020,155	34,561,962	130,247,397	20.97	-5,377,277
BNK금융지주	8,930 ▼	250	3,802,554	151,184,247	174,750,999	46.38	-589,461
우리종금	550 ▲	1	3,582,115	7,894,565	466,308,841	1.66	-564,959
한국항공우주	66,900 ▼	700	3,051,437	21,690,158	75,784,949	22.25	228,662
LG유플러스	10,650 ▼	50	2,852,786	148,870,081	65,069,485	34.10	2,224,931
한국전력	59,300	0	2,412,481	208,856,448	47,929,182	32.53	-1,618,503
현대제철	55,200	0	2,408,003	30,109,889	103,335,896	22.56	-564,059
현대차	153,000 ▼	2,500	2,330,480	96,913,864	123,362,615	44.00	370,497
POSCO	209,500 ▲	500	2,169,644	42,610,375	44,576,460	48.87	-370,649
대한해운	16,350 ▼	350	2,064,719	2,064,719	22,361,785	8.45	-344,477
한솔홀딩스	7,810	0	2,047,787	5,357,468	40,355,122	11.72	-657,567
한솔홈데코	1,660 ▲	10	1,971,591	2,803,834	73,306,727	3.68	-43,194
대영포장	1,045 ▼	15	1,822,393	3,940,115	99,481,246	3.81	-189
기업은행	11,750 ▼	150	1,684,475	104,838,750	451,563,208	18.84	169,403
KB손해보험	33,000 ▼	700	1,514,612	11,489,955	48,510,045	19.15	-1,144,522
금호타이어	8,800 ▲	10	1,499,552	4,921,814	153,071,344	3.12	852,226
한진중공업	3,625 ▼	60	1,492,840	5,542,862	96,745,603	5.42	411,249
현대해상	33,400 ▼	750	1,432,871	44,367,604	45,032,396	49.63	-1,417,124
풍산	29,150 ▼	100	1,429,794	3,394,279	24,629,999	12.11	29,194
JB금융지주	5,640 ▲	50	1,403,191	46,833,642	108,605,781	30.13	5,355
대우인터내셔	21,100 ▼	500	1,398,789	14,982,190	98,894,101	13.16	-36,136
한화테크윈	36,550	0	1,356,900	5,172,603	47,957,397	9.74	-198,098
페이퍼코리아	682 ▼	5	1,279,357	2,094,651	158,067,706	1.31	6,607
남선알미늄	1,210 ▼	15	1,205,034	3,096,006	107,083,084	2.81	30,463
# 현대상선	2,240 ▲	90	1,198,774	13,765,803	215,726,462	6.00	-2,805,365
메리츠화재	15,750 ▼	300	1,196,938	16,085,234	89,877,766	15.18	60,578
동국제강	6,470 ▼	60	1,177,545	22,363,496	72,995,046	23.45	-578,554

▲ 2016년 2월 12일~ 3월 26일 코스피 외국인 매수 상위종목 1위~35위

는 종목을 확인하고, 어느 날 매도 데이터에 진입한 종목이나 매수에서 매도로 전환한 종목을 추적한다.

코스피와 함께 코스닥도 같은 방법으로 매수·매도 종목을 조사한다. 이때 매매 동향은 하루하루의 흐름뿐 아니라 특정 기간 동안의 누계가 지속적으로 증가 추세에 있는지 혹은 감소 추세에 있는지 확인하며 대상의 흐름을 추적해야 한다.

시장 KOSPI	기간 2016-02-12 ~ 2016-03-26	◉외국인 ○기관		○순매수 ◉순매도			
종목명	현재가	대비	외국인				기관
			순매도	보유	취득가능	한도소진	순매수
중국원양자원	2,555	▲ 75	-8,968,158	3,986,884	93,872,485	4.07	1,281
메리츠종금증	3,570	▼ 60	-8,418,109	39,342,394	457,296,140	7.92	-2,307,071
DGB금융지주	8,980	▼ 90	-6,172,336	105,465,536	63,587,618	62.39	5,407,506
맥쿼리인프라	8,340	▼ 10	-3,030,915	79,948,842	251,510,499	24.12	-92,047
LG디스플레이	25,550	▼ 950	-2,937,696	112,890,217	244,925,483	31.55	10,038,875
KB금융	31,750	▼ 350	-2,753,550	264,277,405	122,074,288	68.40	6,011,652
하나금융지주	23,150	▼ 550	-2,482,019	192,198,479	103,804,583	64.93	3,635,253
삼성생명	116,000	▲ 2,500	-2,479,136	32,146,586	167,853,414	16.07	3,405,433
삼성물산	143,000	▼ 1,000	-2,116,120	15,694,945	173,995,098	8.27	780,010
한진해운	3,015	▼ 95	-1,986,636	17,342,313	227,927,634	7.07	465,927
현대증권	6,700	▲ 50	-1,473,577	23,935,711	212,676,819	10.12	1,767,952
미래산업	463	▲ 21	-1,328,882	5,102,495	495,913,542	1.02	24,816
GS리테일	48,200	▲ 2,250	-1,325,348	10,935,574	66,064,426	14.20	-207,683
한국카본	6,790	▲ 10	-1,173,606	2,840,877	38,156,010	6.93	-179,989
SG세계물산	1,270	▲ 15	-1,023,153	3,455,061	198,969,899	1.71	-11,502
호텔신라	67,100	▲ 1,000	-963,524	6,931,611	32,316,510	17.66	-1,757,009
웅진에너지	1,635	▼ 35	-868,759	1,935,507	78,265,402	2.41	-68,920
한전KPS	67,500	▲ 100	-838,483	11,286,454	33,713,546	25.08	-537,990
이스타코	1,610	▼ 80	-802,627	307,041	42,544,559	0.72	-492
한솔테크닉스	20,400	▼ 450	-737,272	2,407,105	19,702,773	10.89	-362,176
효성	144,000	▲ 1,000	-720,668	8,681,366	26,436,089	24.72	756,239
KODEX 인버스	8,115	▲ 10	-713,851	555,357	116,944,643	0.47	-54,664,840
TIGER 유동자	100,380	▲ 5	-677,000	1,633,548	5,774,452	22.05	-5,331
디아이씨	7,610	▲ 30	-626,099	509,329	21,190,671	2.35	434,672
대림산업	89,200	▲ 1,600	-616,896	11,743,263	23,056,737	33.75	-65,902
금호석유	59,100	▼ 700	-608,329	3,670,312	26,797,379	12.05	704,164
GKL	23,550	▼ 200	-592,944	5,109,563	56,746,107	8.26	290,691
쌍방울	2,255	▲ 15	-530,125	443,842	128,680,371	0.34	-3,206
광동제약	11,450	▲ 100	-524,993	11,471,105	40,949,746	21.88	67,855
아이에스동서	42,700	▲ 50	-484,687	684,519	26,585,628	2.51	48,550
신성이엔지	2,820	▲ 230	-470,560	800,014	18,554,130	4.13	-56,009
쌍용양회	19,300	▲ 100	-455,379	25,207,938	49,452,498	33.76	267,436
LG생명과학	66,500	▲ 5,000	-446,356	828,109	15,748,881	5.00	61,329
팬오션	3,780	▼ 155	-432,394	8,716,646	522,042,109	1.64	2,920,309
엔케이	6,300	▼ 110	-419,011	470,265	48,513,087	0.96	-77,581

▲ 2016년 2월 12일~ 3월 26일 코스피 외국인 매도 상위종목 1위~35위

코스닥시장 외국인 매수 상위종목에는 서희건설을 필두로 초록뱀,
LCD와 반도체 제조장비업체 오성엘에스티와 지문인식모듈업체인 크
루셜텍, 카메라모듈을 포함한 반도체와 무선통신 사업을 영위하는 파

시장 KOSDAQ ▼ 기간 2016-02-12 ~ 2016-03-26 ○외국인 ●기관 ○순매수 ●순매도								
종목명	현재가	대비		외국인				기관
				순매수	보유	취득가능	한도소진	순매수
서희건설	1,085	▲	5	3,620,698	15,302,337	144,634,863	9.57	-1,068,386
초록뱀	3,110		0	2,850,640	20,355,594	28,907,528	41.32	-30,000
에이치엘비	16,650	▲	700	2,739,158	3,064,506	32,509,704	8.61	-7,400
동원개발	4,735	▲	30	1,678,182	11,664,194	79,143,906	12.84	-1,078,322
넥스트아이	13,350	▼	100	1,623,584	1,828,197	8,135,477	18.35	-129,430
오성엘에스티	1,145	▼	5	1,533,858	1,553,395	122,402,185	1.25	-701
인테그레이티	404	▲	7	1,409,279	39,319,032	99,937,415	28.23	-1
크루셜텍	14,000	▼	100	1,391,591	2,972,564	25,554,876	10.42	-915,355
파트론	11,850	▲	50	1,390,067	12,668,549	41,487,861	23.39	295,002
# 씨엘인터내셔	1,645	▼	50	1,373,375	1,470,806	50,434,630	2.83	-287
에프티이앤이	7,980	▼	390	1,277,141	3,720,001	49,450,138	7.00	553,256
성우하이텍	9,340	▼	50	926,543	10,867,104	49,132,896	18.11	391,351
덱스터	22,700	▲	200	910,316	1,997,103	8,710,541	18.65	-952,220
디오	45,500	▼	1,350	887,591	3,509,590	11,661,813	23.13	-172,106
티케이케미칼	2,150	▼	20	870,108	2,851,145	88,044,289	3.14	-312,148
와이솔	16,050	▲	100	831,529	2,682,328	16,642,939	13.88	-300,654
대아티아이	1,350	▼	5	806,693	2,171,516	68,980,006	3.05	-45,000
큐캐피탈	553	▼	6	744,076	2,658,943	88,137,110	2.93	0

▲ 2016년 2월 12일~ 3월 26일 코스닥 외국인 매수 상위종목 1위~18위

시장 KOSDAQ ▼ 기간 2016-02-12 ~ 2016-03-26 ○외국인 ●기관 ●순매수 ○순매도								
종목명	현재가	대비		외국인				기관
				순매도	보유	취득가능	한도소진	순매수
로엔	80,600	▼	1,300	-15,293,530	2,713,209	22,578,496	10.73	-157,019
씨케이에이치	2,895	▲	30	-3,533,652	37,245,013	63,332,401	37.03	-16,401
케이비제9호스	1,975	▲	20	-2,332,266	0	13,815,700	0	-81,417
하이에이아이1	1,990	▲	5	-2,293,079	37,625	4,912,375	0.76	7,484
세종텔레콤	918	▼	2	-2,095,349	3,434,355	94,725,446	1.71	-73,941
안트로젠	34,100	▲	1,050	-1,981,146	267,585	7,195,850	3.59	-339,651
지엠피	6,780	▼	30	-1,886,165	518,471	7,710,431	6.30	-2
제이콘텐트리	4,740	▼	65	-1,646,528	3,707,348	30,513,346	3.25	-1,526,380
서한	1,900	▼	30	-1,334,416	2,631,801	98,263,064	2.61	-1,328,040
파라다이스	14,400	▼	450	-1,216,255	7,211,929	83,730,743	7.93	-919,474
완리	2,175	▼	15	-1,181,174	54,100,641	35,987,608	60.05	0
/ 동부제4호스팩	2,440		0	-1,150,044	373,280	4,926,720	7.04	-289,094
아트라스BX	49,200	▼	650	-1,149,124	1,327,700	7,822,300	14.51	914,976
디에스티로봇	5,060	▲	85	-1,135,119	3,219,248	6,273,918	33.91	-3,584
신후	2,940	▲	120	-978,185	4,059,197	22,079,409	15.53	-2,000
차이나하오란	1,685	▼	20	-886,281	22,853,297	31,146,703	42.32	-185,106
코다코	3,605	▼	20	-844,159	573,846	28,555,813	1.97	-374,893
엑세스바이오	8,010	▼	140	-821,934	1,930,405	25,134,525	7.13	611,810

▲ 2016년 2월 12일~ 3월 26일 코스닥 외국인 매도 상위종목 1위~18위

트론이 있으며 자동차부품제조사인 성우하이텍, 오스템임플란트에 이은 임플란트주 디오와 철도주 대아티아이가 있다. 반면 로엔은 같은 기간 외국인이 지속적으로 매도한 것으로 보이며 순매도가 다른 종목 대비 월등히 높다는 사실을 한눈에 확인할 수 있다.

코스닥 종목은 코스피보다 상대적으로 취약하고 자금의 이동에 따라 크게 출렁일 수 있다. 해당 기간 동안 외국인은 지속적으로 로엔을 매도했다. 이때 기관도 매도에 동참했는지 반드시 확인해야 한다. 외국인과 기관이 추세적으로 동시에 매도하는 종목은 매매 종목에서 제외시키는 것이 좋기 때문이다. 물론 개인투자자가 외국인과 기관의 물량을 받아낼 수도 있다. 그러나 소화할 수 있는 물량에 한계가 있으며 추세를 전환시키기에도 역부족이기 때문에 굳이 당장 매수에 나서 리스크를 떠안을 필요 없이 상황을 동태적으로 추적한다.

2월 12일부터 3월 26일까지 코스피에서의 기관의 매수·매도에너지와 방향성은 다음과 같다. 기관은 해당 기간 동안 코스피에서 코덱스레버리지를 가장 많이 샀으며 경기민감주 중에서는 엘지디스플레이, 은행주로는 KB금융, 하나금융지주를 포트폴리오에 담았다. 현대건설, 기아차, 아시아나항공 등도 눈에 띈다.

같은 기간 동안 기관의 매도 상위종목을 보면 코덱스인버스를 가장 많이 팔았고 그 뒤로 한화케미칼, 우리은행, KR모터스, SK하이닉스, 현대상선 등을 매도했다. 특히 기관 매도 상위종목에는 같은 기간 동안 외국인이 주로 매수했던 우리은행, SK하이닉스, 현대상선 등이 포함되

시장 KOSPI ▼	기간 2016-02-12 ~ 2016-03-2€		● 외국인 ○ 기관		○ 순매수 ● 순매도		
종목명	현재가	대비	외국인				기관
			순매수	보유	취득가능	한도소진	순매수
KODEX 레버리	10,075	▼ 15	-295,512	408,961	176,991,039	0.23	125,695,697
LG디스플레이	25,550	▼ 950	-2,937,696	112,890,217	244,925,483	31.55	10,038,875
KB금융	31,750	▼ 350	-2,753,550	264,277,405	122,074,288	68.40	6,011,652
DGB금융지주	8,980	▼ 90	-6,172,336	105,465,536	63,587,618	62.39	5,407,506
하나금융지주	23,150	▼ 550	-2,482,019	192,198,479	103,804,583	64.93	3,635,253
삼성생명	116,000	▲ 2,500	-2,479,136	32,146,586	167,853,414	16.07	3,405,433
동양	3,385	▲ 20	8,366,403	13,426,629	225,257,434	5.63	3,095,571
팬오션	3,780	▼ 155	-432,394	8,716,646	522,042,109	1.64	2,920,309
KT	29,450	▲ 250	0	127,944,785	0	49.00	2,537,334
기아차	49,300	▼ 250	53,187	157,116,908	248,246,439	38.76	2,390,782
현대건설	40,300	▲ 300	400,772	26,596,232	84,759,533	23.88	2,243,968
TIGER 레버리	9,110	▼ 15	23,660	31,069	8,468,931	0.37	2,231,481
LG유플러스	10,650	▼ 50	2,852,786	148,870,081	65,069,485	34.10	2,224,931
아시아나항공	4,770	▼ 90	928,816	11,118,475	86,412,697	5.70	1,849,696
현대증권	6,700	▲ 50	-1,473,577	23,935,711	212,676,819	10.12	1,767,952
두산인프라코	5,930	▲ 210	-284,135	29,313,373	178,141,941	14.13	1,745,228
KODEX 코스닥	10,700	▼ 20	1	1	4,399,999	0	1,573,313
이수페타시스	5,370	▼ 120	193,462	2,868,458	38,399,940	6.95	1,564,915

▲ 2016년 2월 12일~ 3월 26일 코스피 기관 매수 상위종목 1위~18위

어 있는 것을 확인할 수 있다. 같은 기간 동안 외국인과 기관은 서로 엇갈린 행보를 보였던 것이다. 이러한 흐름이 지속적인지 단발적인지 확인하기 위해서는 누계의 변화량을 추적하는 것이 중요하다.

코스피에서 기관의 매수·매도 상위종목에는 코덱스레버리지와 코덱스인버스가 자리를 차지하고 있다. 코덱스는 삼성자산운용의 ETFExchange Traded Fund 이름으로 코덱스레버리지는 코스피와 같은 방향으로 두 배, 코덱스인버스는 반대 방향으로 두 배 정도의 비율로 움직인다. 다시 말해 기관이 코덱스레버리지를 사고 코덱스인버스를 지속적으로 매도하는 상황은 기관이 시장의 상승세에 투자하고 있다는 의미로 풀이할 수 있다.

주가가 상승에서 하락으로 전환될 시기 역시 기관의 매수·매도 동향 체크를 통해 예측할 수 있다. 레버리지와 인버스의 52주 최고가와

시장 KOSPI	기간 2016-02-12 ~ 2016-03-26		●외국인 ○기관		●순매수 ●순매도		
			외국인				**기관**
종목명	현재가	대비	순매수	보유	취득가능	한도소진	순매도
KODEX 인버스	8,115	▲ 10	-713,851	555,357	116,944,643	0.47	-54,664,840
한화케미칼	24,050	▲ 600	4,020,155	34,561,962	130,247,397	20.97	-5,377,277
우리은행	9,100	▼ 160	11,049,112	154,513,231	521,486,769	22.86	-5,161,810
KR모터스	1,120	▼ 15	251,588	20,151,244	155,156,520	11.49	-4,651,723
제일기획	17,500	▼ 400	592,469	29,192,851	85,848,374	25.38	-3,068,213
미래에셋생명	4,640	▼ 5	331,873	3,720,040	141,459,960	2.56	-2,939,983
SK하이닉스	29,150	▼ 300	6,995,551	347,263,436	380,738,929	47.70	-2,863,269
# 현대상선	2,240	▲ 90	1,198,774	13,765,803	215,726,462	6.00	-2,805,365
KODEX 200	24,780	▼ 45	7,093,316	12,671,304	210,628,696	5.67	-2,723,810
메리츠종금증	3,570	▼ 60	-8,418,109	39,342,394	457,296,140	7.92	-2,307,071
한온시스템	9,400	▼ 20	88,963,870	109,712,876	424,087,124	20.55	-2,013,723
코라오홀딩스	9,610	▼ 80	-66,897	5,223,913	42,645,595	10.91	-1,906,048
호텔신라	67,100	▲ 1,000	-963,524	6,931,611	32,316,510	17.66	-1,757,009
케이탑리츠	1,995	▲ 425	-24,379	1,440,792	26,164,208	5.22	-1,697,619
한국전력	59,300	0	2,412,481	208,856,448	47,929,182	32.53	-1,618,503
삼성중공업	11,200	▼ 400	884,031	35,854,709	195,020,677	15.53	-1,607,205
삼익악기	3,020	▼ 15	231,593	2,906,225	80,958,024	3.47	-1,515,656
대유에이텍	2,345	▲ 25	328,053	1,967,498	89,479,663	2.15	-1,508,084

▲ 2016년 2월 12일~ 3월 26일 코스피 기관 매도 상위종목 1위~18위

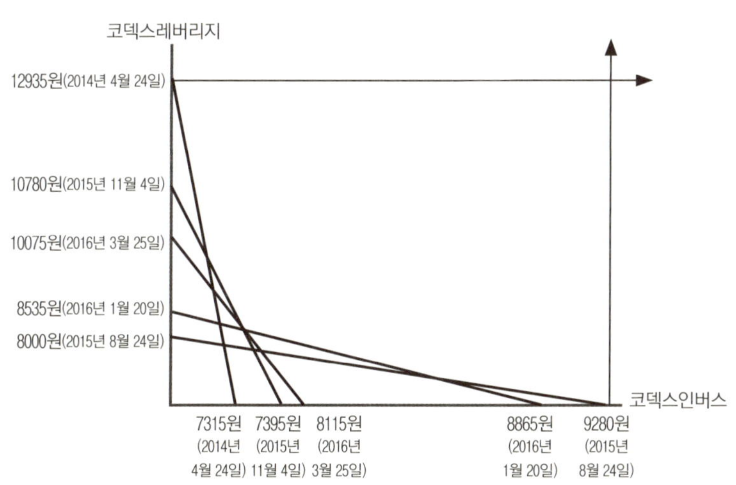

▲ 코덱스레버리지와 코덱스인버스 그래프

최저가를 각각 상단과 하단에 그려놓고 매일 현재 위치를 그어보면서 미세한 변화와 중요한 변곡점 마디를 읽어내는 것이다. X축과 Y축 기법을 통해 매일 코덱스레버리지와 코덱스인버스를 잘 체크하면 시장의 미세한 초기 변화를 남보다 먼저 발견하고 대응할 수 있다.

파생시장의 에너지 변화 체크

앞서 파생시장은 '그림자 시장'이라고 말한 바 있다. 눈에 보이는 것보다 눈에 보이지 않는 그림자 매매의 흐름을 읽어낼 수 있는 곳이 바로 파생시장이기 때문에 파생시장의 매매 동향을 확인하며 현물시장 대응 능력을 키워야 한다. 파생시장에서의 매매 주체별 수급 동향과 에너지 변화를 점검할 때 이동평균선을 함께 본다.

5~10~20일 이동평균선의 위치와 60~120일 이동평균선의 위치를 점검하며 밀집되는 에너지를 찾는다. 2016년 3월 25일 기준 이동평균선을 확인하면 5일선 245.02p, 10일선 245.18p, 20일선 245.48p, 60일선 245.2p로 모두 245p에 밀집되어 있다. 이는 상승세력과 하락세력이 245p를 중심으로 충돌하고 있다는 것을 의미한다. 따라서 앞으로 지수의 방향성은 245p가 지지선으로 작용하는지 혹은 저항선이 되는지에 따라 달라지며 생명선이 245p를 지지하면 상승, 245p가 저항이 되면 하락으로 방향을 잡게 된다.

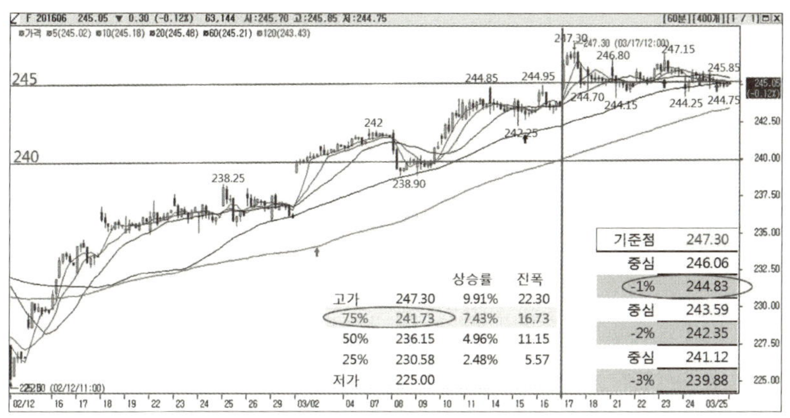

▲ 2016년 3월 25일 선물 6월물 위치

여기에 선물시장의 흐름과 시가 상위 종목의 프로그램 매매 동향이 보이지 않게 연결되면서 현물시장의 흐름도 결정된다. 이때 선물시장과 현물시장, 시가총액 상위 대표주인 삼성전자 주가의 움직임을 연결해 투자 판단 기준을 세운다. 그때그때 시장 상황과 수치가 다르지만 2016년 3월 시점을 기준으로 예를 들면, 2월 12일 선물시장이 기록한 저점 225p와 최근 고점 247.30p를 4등분한다. 그리고 이를 삼성전자와 코스피지수를 비교해 기준을 잡는다. 종합지수의 고점과 저점을 연결시켜 4등분하면 선물은 245p, 종합지수는 1975p, 삼성전자 주가는 127.5만 원임을 알 수 있다. 삼성전자는 단일 시가총액 1위 종목으로 상징성이 있다. 그러나 시장 전체에 미치는 영향이 선물이나 현물시장보다는 적기 때문에 75%를 기준으로 하는 선물과 종합주가지수와 달리 삼성전자는 50%선인 125만 원을 기준선으로 잡아 변동성을 준다.

이렇게 삼성전자 주가 125만 원과 선물 6월물 245p, 종합주가지수 1975p를 중요한 변곡마디로 설정한다. 이를 지지하면 상방에너지가 이어지지만 이 생명선이 붕괴되면 1월과 2월 저점 대비 상승했던 시장 에너지는 반대 방향으로 바뀌게 된다.

매일 대표 종목을 6개 정도 설정해 3분봉으로 주가 흐름을 추적하면 미세한 바람의 방향을 확인할 수 있다. HTS에 대표 종목 6개를 올려놓고 3분봉 흐름을 추적하여 판단하는 것은 전업투자가에게 상당히 중요한 활동이다. 3분봉의 흐름을 보며 그때 옵션행사가격 프리미엄의 변화와 미결제약정의 변화를 동태적으로 추적하여 어느 행사가격을 청산하고 어떤 가격대의 미결제약정이 증가되는지 확인하다 보면 변곡마디를 찾아낼 수 있다. 다만 파생시장을 매매하지 않는 일반투자자는 주식시장 마감 후 하루 동안 어떻게 흐름이 변화되었는지 점검하는 정

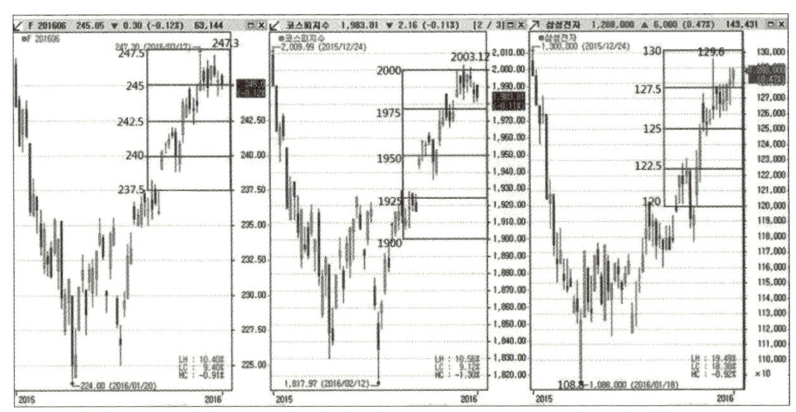

▲ 2016년 3월 25일 선물, 코스피, 삼성전자 일봉 위치 비교:
선물 245p, 코스피 1980p, 섬성전자 127.5만 원 부근은 지속 지지하지만 크게 변동은 없다.

도로도 충분하다.

　지금까지 빅데이터를 어떻게 활용하는지 확인해보았다. 시장 읽기에 필요한 그림 이미지는 매일 작업하고 그를 분석해 시장의 물줄기를 읽는 데 활용하기 바란다. 빅데이터는 방대한 자료를 분석해 활용할 때 진정한 가치가 있다. 따라서 이러한 작업은 오랜 기간 동안 지속적으로 이루어져야 한다. 처음에는 아무 의미 없는 정보에 불과하지만 데이터를 누적시키며 분석하다 보면 초기의 미세한 변화를 감지하고 변화의 시발점을 찾아낼 수 있다. 빅데이터를 통한 시장 통찰력을 얻기 위해서는 무엇보다 성실함과 지속 가능성이 가장 중요하다는 사실을 잊지 말자.

수학적·과학적 사고로
투자 철학 얻기

왜, 수학적·과학적 사고인가?

팟캐스트 〈주너벗〉은 시간여행이라는 투자 철학을 바탕으로 하고 있다. 이때 수학적 사고와 과학적 사고를 통하여 투자 호흡을 구조화시켜야 한다고 강조한다. 물론 주식을 사고파는데 무슨 수학적 사고와 과학적 사고가 필요한지 어리둥절하게 생각하는 독자도 있을 것이다.

학계에서는 전통적인 경제학적 사고틀에서 벗어나 자연 현상을 설명하는 움직임이 일고 있다. 이미 다양한 과학적 사고와 수학적 사고를 접목시켜 경제 현상을 읽고 예측하는 시도가 여기저기에서 포착되고 있다. 물리학적 사고와 수학적 사고를 융합시켜 사회 현상이나 경제 현상을 설명하는 것을 복잡계 이론이라고 하며 주식시장에도 이러한 사고의 융합을 실제 시장 예측과 판단에 사용할 수 있다. 수학적·과학적 사고로 투자 철학을 얻는 시도는 주식고수만이 할 수 있는 영역이 아니다. 초보투자자도 차근차근 이 책을 읽다 보면 직관을 얻을 수 있다.

물리학에 진자운동이란 것이 있다. 줄에 추를 매달고 한쪽 끝을 손으로 잡아 고정한 후 추를 잡았다가 놓으면 추는 일정한 진폭을 그리며 움직인다. 추의 움직임은 중심으로 갈수록 점점 빨라지며 양 끝으로 갈수록 속도가 느려진다. 이때 추를 진자라고 하며 진동하는 추가 일정한 속력과 방향으로 움직이는 것을 진자운동이라고 한다. 바로 이러한 물리학적 사고를 실전투자에 접목하여 응용해보는 것이다.

추를 종목으로, 종목의 크기는 시가총액, 운동속도는 변동성으로 치환한다. 그리고 고정된 줄의 길이를 중심거리-변동성 진폭으로 가정하여 실전에 접목해본다. 줄의 한쪽 끝을 잡아 고정한 것을 중심가격으로 삼는데, 이때 중심가격은 대상 종목의 고가와 저가 사이의 50% 가격이

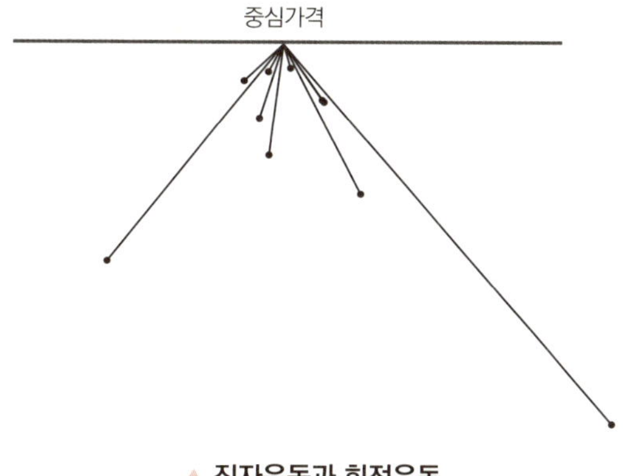

▲ 진자운동과 회전운동

나 120일 이동평균선을 기준으로 설정한다. 줄이 운동하는 과정을 원운동으로 전환시켜 중심값의 고가와 저가의 진폭을 체크하고 고가와 저가를 4등분으로 나눈 뒤 이를 통해 실제 파동의 에너지를 측정한다.

파동에너지를 측정할 때, 분기별로 발표되는 매출액과 영업이익의 추이, 월 단위별로 주가의 고가-저가 위치 변화, 그때의 중심가격의 변화를 추적하며 전체적인 흐름이 우상향으로 전개되는지, 우하향으로 전개되는지 추적한다.

진동운동을 주가 움직임에 접목시킨 것이 물리학적 사고라면 이번엔 수학적 사고인 삼각함수(사인, 코사인, 탄젠트)를 연결시켜본다. 주가와 삼각함수 파동은 완전히 일치되어 움직이지는 않는다. 다만 저항·지지의 개념을 사인·코사인의 고점·저점과 연결시키고 사인·코사인 곡선의 중심을 수평이 아닌 상승·하락각도로 구조화시켜서 그려보면 실제 주가 움직임과 근사치로 움직이는 구간을 발견할 수 있다.

그 구간을 실전 매매에 응용해보고 그 구간에서 주가가 이탈하면 사인·코사인곡선을 변화시켜서 각도와 곡선의 변화를 접목시키는 작업을 지속적으로 해본다.

삼각함수의 주기운동을 주가 흐름과 연결시켜 추세선의 중심이 어떻게 이동하고 어떠한 각도를 형성하는지 추적한다. 또한 추세선의 저항과 지지선을 찾아 실제 실적과 같은 재료가 노출되는 시점에 주가가 어떻게 움직이는지 주가 움직임을 동태적으로 체크하면 해당 종목의 추세적 흐름을 읽어낼 수 있다.

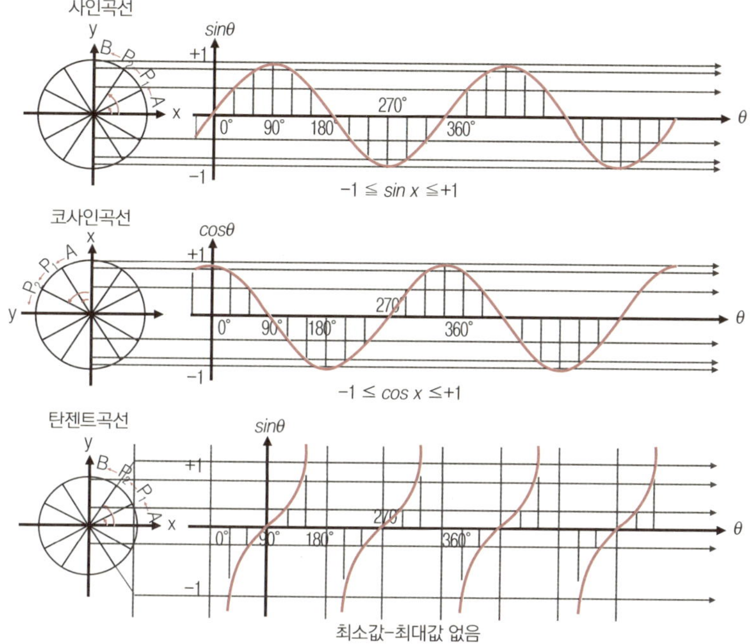

▲ 삼각함수(사인, 코사인, 탄젠트곡선)의 주기운동

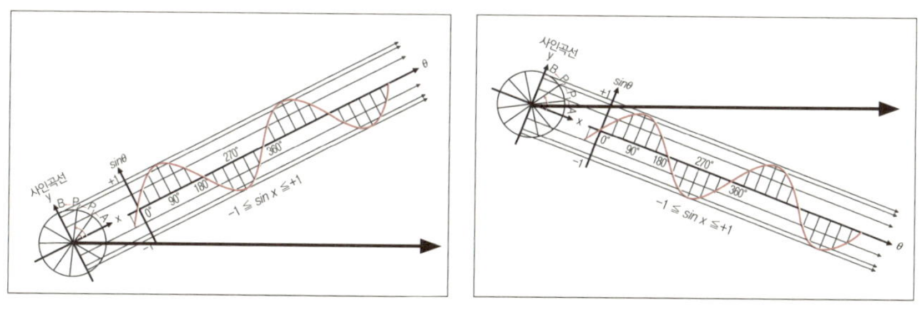

▲ 중심값 기준 우상향하는 주가와 우하향하는 주가 움직임

우상향 패턴을 보이는 종목은 120일 이동평균선의 각도와 이격도를 체크하며 매출과 영업이익이 상승에너지에 어느 정도 부합되는지 확인한다. 월 단위, 분기 단위로 움직임을 추적하며 상승 추세를 훼손할 만한 변수가 노출되는지 등을 체크한다. 우하향 패턴도 이와 마찬가지로 주가의 추세를 파악하고 실적이 어느 수준에서 발표되고 그때의 에너지는 어떤지 파악하면서 주가의 추세를 전환할 만한 변수가 노출되는지, 악재에도 주가하락이 더 이상 이어지지 않고 진바닥을 확인하는 시점이 나타나는지 살펴본다.

주가 움직임에 과학적 사고와 수학적 사고를 결합해 추세를 파악하고 이를 통해 주가의 향후 움직임을 예측하려는 시도는 결과적으로 피보나치비율을 이용한 시스템구조와 봄, 여름, 가을, 겨울 사계절의 흐름을 활용한 투자 전략, 종목별로 차별화된 투자 호흡 등을 만들어낸다.

주가를 봄, 여름, 가을, 겨울의 사계절에 따라 분석하는 방법이 있다. 주가가 최고가를 실현할 때를 '종목의 가을'이라 한다. 가을은 사계절 중에서 세상이 가장 아름답게 물드는 계절이기 때문이다. 형형색색의 단풍을 볼 때는 그 아름다움이 계속 이어질 것이라 생각하지만 갑자기 매서운 바람에 낙엽은 떨어지고 겨울이 찾아오게 된다. 주식시장도 마찬가지다. 연일 좋은 뉴스가 나오면서 주가가 최고점을 경신하는 흐름이 이어질 때, 그 종목은 가을에 속해 있다. 탐스럽게 익은 열매가 갑자기 땅에 떨어지면서 겨울이 찾아온다.

이때 단기 이동평균선이 모두 역배열 상태로 전환되면서 하락하다가 120일 이동평균선도 우하향으로 접어든다. '종목의 겨울'이 찾아오는 것이다. 그렇게 종목은 긴 겨울잠이 들어가고 단기적인 상승과 조정이 일어날 뿐 특정한 흐름이 눈에 띄지 않는 날들이 이어진다.

어느 날, 특정 구간에서 5일과 10일, 20일과 60일 이동평균선이 모두 수렴되는 시점이 발생한다. 중장기 이동평균선인 60일과 120일선은 아직 역배열 상태지만 5~10~20일 이동평균선이 정배열 상태로 전환되면서 주가가 120일 이동평균선을 돌파하여 '종목의 봄'이 찾아온다. 이때 단기 이동평균선인 5일과 10일, 20일선이 장기 이동평균선인 120일선 위에 배열되면 이제 상승준비단계에 진입한 것으로 판단해도 좋다.

이제 본격적인 성장기인 여름이 찾아온다. '종목의 여름'은 3단계로 나누어 상승 각도를 구분한다. 0~25도로 상승하는 구간의 저점에서 38.2~50% 정도 상승하는 구간을 여름의 1단계로 설정한다. 저점에

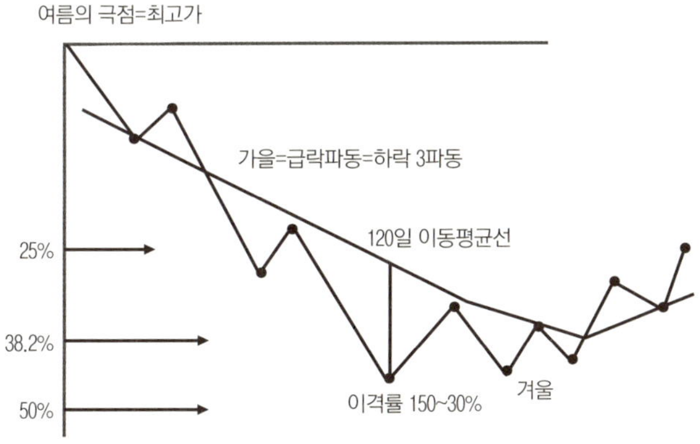

▲ 봄, 여름, 가을, 겨울 그래프

서 50~100% 상승 영역을 여름의 2단계, 100% 이상 상승하는 구간을 여름의 3단계로 설정한다. 개별 종목의 시가총액규모에 따라 여름의 1·2·3단계를 구분하고 이를 시간 기준으로 구분해보며 실제 주가 파동과 접목시켜 대응한다.

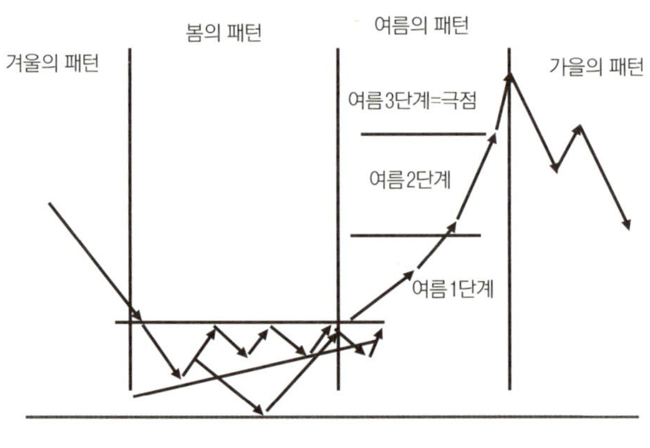

▲ 봄, 여름, 가을, 겨울 순환 패턴

여름 3단계 상승 각도의 기준은 종목의 시가총액 규모에 따라 달라진다. 따라서 획일적인 잣대로 대응할 수 없다. 시가총액 상위종목은 적은 수익이 나도 수익을 챙기고 손실로 전환할 경우 손절하거나 하락 영역에서 추가 매수하여 단가를 낮추는 전략을 구사할 수도 있다. 이와 반대로 동전주나 세력주는 변동성이 크기 때문에 일반 대형주와 달리 -20~-50%가 되어도 손절하지 않고, 20~50%의 수익이 발생한다 해도 더 큰 이익이 발생할 때까지 매매하지 않는 기준을 설정할 수 있는 것이다. 이렇게 종목별로 상승 잣대 기준을 다르게 세우고 이를 실제 시장에서 대응하는 사이 자신만의 투자 호흡이 길러지기도 한다.

여름 3단계의 각도는 앞에서 설명했던 진자운동을 접목시켜 이야기 할 수 있다. 좌우로 움직이는 진자운동에 강한 힘을 주어 360도 회전운 동으로 만들어 중심가격 대비 상승과 하락폭인 원의 크기를 체크한다. 중심가격은 고가와 저가의 중심가격으로 설정하거나 120일 이동평균 선을 기준으로 설정한다. 물론 여기서 제시한 기준값이 시장을 분석하 는 절대적인 기준은 아니다. 그러나 일반적으로 종목들이 최고점에 이 르기까지 상승각도가 3번 바뀐다는 사실은 이미 다양한 실전사례와 이 론(엘리어트 파동)을 통해 입증되었다. 120일 이격률과 상승속도를 비교 하며 이에 따른 실전경험을 누적해나가다 보면 종목별 변동성의 특징 을 발견하게 된다. 이를 비슷한 종목들에 적용하며 대응하다 보면 수치 적인 기준 잣대가 나온다.

시가상위 1~20위 종목의 상승 기준 잣대는 7~14~21%다. 저점에서 21% 상승한 구간을 여름 1단계, 38.2~61.8% 오른 구간은 여름 2단계, 마지막으로 61.8~100% 상승 구간을 여름 3단계로 하며 시간은 52주를 기본 구간으로 설정한다.

반면 중소형주 혹은 저가세력주는 변동성이 시가총액 상위종목보 다 크기 때문에 3번 꺾이는 각도를 다르게 설정한다. 61.8~100% 구간 을 여름 1단계, 100~161.8% 구간을 여름 2단계, 161.8% 이상을 여름 3 단계로 하고 대응한다. 주가가 500~1000원대인 동전주나 1000~5000

원대의 지폐주 중 세력주로 분류되는 종목도 동일한 감각으로 여름 1·2·3단계를 구분한다.

이러한 기준으로 상승파동이 전개될 때 다음 그림과 같이 시스템구조를 만들고 3개의 원을 만들어 매매 대상 종목의 변동성과 주기적 특징을 찾아본다. 또한 시가총액과 총발행주식 수, 유통주식 수를 체크하고 분기별 매출액과 영업이익을 점검하며 최대·최소 파동을 만들어본다. 이때 각도와 변화 추이를 지켜보면서 앞으로의 상황을 예측해 투자 기준을 만들고 실전에 접목해본다.

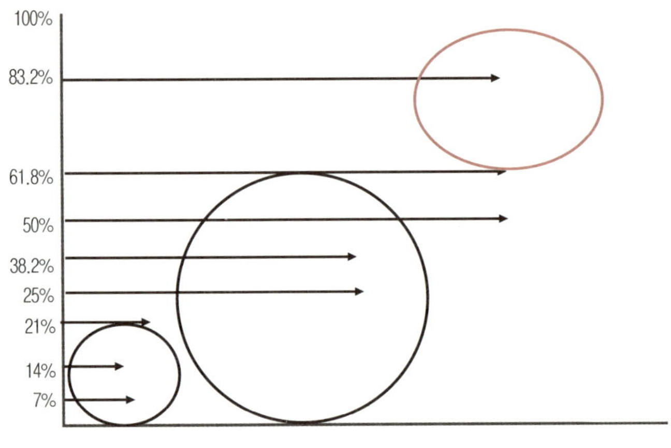

▲ 파동 비율

수학적 · 과학적 사고를 실제 투자에 적용해보자

이론으로 설명하다 보니 다소 복잡하게 느껴질 수도 있다. 아마 이게 무슨 소리인지 한숨이 나며 책을 놓고 싶은 독자가 있을 수도 있다. 그러나 이를 종목에 접목해 설명하면 의외로 간단하게 이해된다.

철강산업 전문업체 POSCO는 2015년 5월 6일 27만 500원을 고점으로 하락해 2016년 1월 21일 15만 5500원까지 하락했다. 그리고 2016년 3월 8일 22만 2000원을 기록한 후 약간의 횡보 조정 끝에 2016년 3월 31일 마감종가 기준 21만 9500원에 거래를 마쳤다.

현재 기준에서 살펴본 POSCO는 저점 대비 강한 상승세를 보였다. 이 사실을 미리 알고 매수한 투자자라면 40% 이상의 수익을 냈을 것이다. 실제 이만큼 수익을 낸 사람이 있을까라는 의문이 들 것이다. 하지만 이는 결과론적 이야기가 아니다. 실제 〈주너벗〉은 방송을 통해 불투명한 업황과 부정적인 시각 속에 15만~17만 원대 진입했던 POSCO에 집중 매수 전략을 세웠다. 그리고 예상은 적중했다.

매수 이유는 간단하다. 수학적 사고를 주가에 접목시킨 결과 15만~17만 원선에서 진바닥이 형성될 것이라 판단했기 때문이다. 제약주 혹은 생명공학 관련주 등 성장주의 인기가 하늘을 찌르는 상황에서 POSCO 주가가 더 이상 악화될 이유가 없다는 역발상적 시각도 시장에 제대로 먹혀들었다. 주가는 저점을 기록한 지(1월 21일 종가 15만 5000원) 29거래일 만인 3월 8일 22만 2000원까지 오르면서 40% 이상의 수익을 올렸다.

POSCO 월봉 차트에서 주가의 고점(2007년 10월 76.5만 원)과 저점(2008년 10월 23.4만 원)을 진자운동의 양 끝으로 잡고 고점과 저점으로 만든 원을 4등분한다. 이때 50% 중심가격 49.9만 원을 중심으로 원을 그리면 다음과 같다. POSCO는 1차 반등 때 하락진폭의 3/4 수준인 63만 원선까지 회복하지만 이후 주가는 끝없이 하락하는 것을 볼 수 있다.

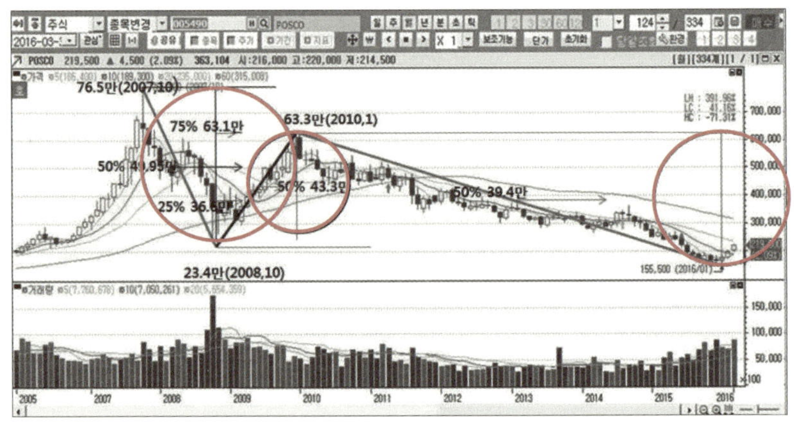

▲ POSCO 월봉 차트

2007년 POSCO는 한 주당 70만 원이 넘었다. 2007년 10월 7월 76.5만 원을 고점으로 시현한 뒤 1년 만에 23.4만 원(2008년 10월)까지 급락한다. 1차 급락 이후 중국 특수로 조선, 철강, 중공업 중심의 회복세가 나타나고 금융위기 이후 미국의 양적완화 정책과 그로 인한 유럽과 중국 경기 회복은 조선, 철강, 화학 소재 중심의 상승세를 이끌었다. 저점을 형성한 이후 중국과 미국의 힘으로 반등에 성공하며 63만 원까지 올랐던 POSCO는 그렇게 기사회생하는 듯했다. 그러나 이후 다시 하락세로 전환되면서 2008년 10월 금융위기 때 기록한 저점 23.4만 원도 붕괴시키고 2016년 1월 15.5만 원까지 하락하게 된다.

악재는 끝도 없이 쏟아졌다. 2015년 경영진 비리와 관련된 검찰수사가 전개되며 전·현직 경영진이 조사를 받아 경영 활동이 위축된 POSCO는 엎친 데 덮친 격으로 세계적인 경기 불황의 늪에 빠지게 된다. 철강, 플랜트, 조선업황이 불황에 휩쓸리게 되면서 불투명한 미래전망 속에 30만 원선도 붕괴된다.

주가가 25만~35만 원 수준일 때도 고점 대비 하락폭이 크다는 이유로 신규 매수에 나선 투자자가 상당했다. 그러나 주가가 하염없이 하락하며 15~17만 원 수준까지 내려오니 오히려 공포가 시장을 덮치며 신규매수는 엄두도 못 낼 상황이었다. 그랬던 POSCO가 1월 15.5만 원을 저점으로 3개월 동안 월봉상 양봉을 보이며 22만 원까지 올랐다. 시가총액 상위종목인 POSCO가 저점 대비 42%대의 상승률을 보였다는 것은 그야말로 놀라운 움직임이 아닐 수 없다.

다만 앞으로 이 종목이 더 상승할지 아니면 단기 상승에 따른 가격 및 기간 조정이 나타날지는 지켜보아야 한다. 주가 움직임에 영향을 줄 수 있는 것은 바로 실적이다. 2016년 1/4분기 실적과 2/4분기 실적이 발표되기까지 주가의 최대·최소파동(P-MAX, P-MIN)을 추적해보고 분기 매출액과 영업이익의 추세가 증가하는지 혹은 감소하는지 함께 확인해야 한다. 이를 월봉이 아닌 일봉으로 체크하면 다음과 같다.

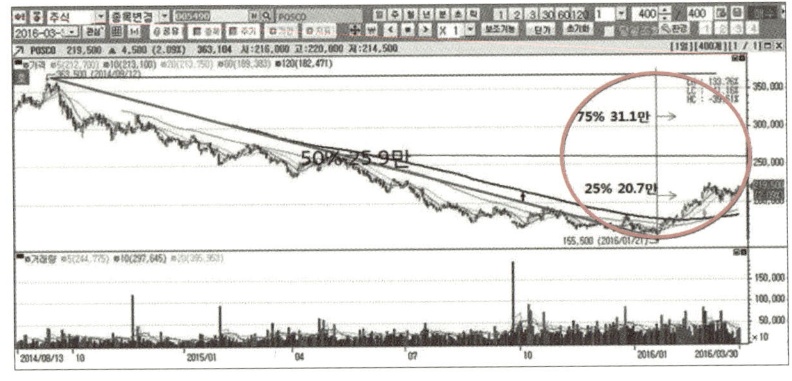

▲ POSCO 일봉 차트

일봉상으로 보면 2014년 9월 36.3만 원을 고점으로 2016년 1월 21일 15.5만 원을 기록할 때까지 지속적으로 하락했음을 알 수 있다. 일봉상의 POSCO 주가 하락 추세는 다음 그림을 연상시킨다.

하락파동을 보였던 주가는 2016년 1월에 들어서면서 저점을 형성하여 한곳을 향해 수렴하는 파동을 보인다. 하락세가 완만해지면서 저점을 형성할 때

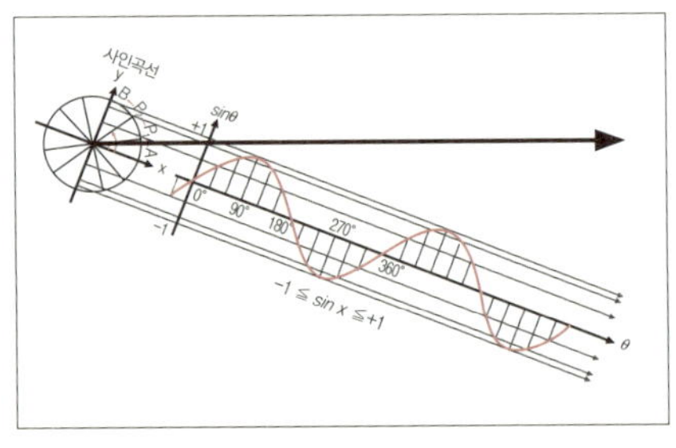

해당 종목에 대한 외국인과 기관의 수급을 확인할 필요가 있다. 전체적인 수급에너지에서도 매도보다 매수가 증가하는 것을 확인할 수 있다.

1월 21일 15.5만 원을 저점으로 형성한 시점부터 기관투자자 중심의

지속적인 매수세가 나타났다. 2월 11일 이후부터는 외국인도 매수에 가담하는 모습을 보였다. 수급 영향을 받아 실제 주가는 3월 8일 22.4만 원까지 상승했고 이후 19.9만 원까지 하락조정을 받고 2차 상승을 시도하고 있다.

005490 H Q M POSCO	2016-03-30 ● 금액 ○ 수량 ● 순매수 ● 매수 ● 매도 ▶ 조회 다								
일자	현재가		전일비	등락률	거래량	개인	외국인계	기관계	프로그램
16/03/30	219,500	▲	4,500	2.09	363,104	-85,310	17,799	66,341	87,945
16/03/29	215,000	▲	4,500	2.14	309,400	-77,558	-9,216	92,224	-37
16/03/28	210,500	▲	1,000	0.48	146,904	-29,833	20,965	10,264	21,101
16/03/25	209,500	▲	500	0.24	126,619	11,520	1,888	-15,616	8,390
16/03/24	209,000	▼	5,500	-2.56	277,846	81,588	12,582	-94,103	-25,203
16/03/23	214,500	▲	2,000	0.94	224,022	-45,911	13,978	35,370	24,676
16/03/22	212,500		0	0	246,028	-16,048	19,048	-2,743	13,974
16/03/21	212,500	▼	3,500	-1.62	327,180	12,297	13,825	-24,697	-46,889
16/03/18	216,000	▲	4,000	1.89	466,975	-69,591	56,918	12,427	24,873
16/03/17	212,000	▲	9,000	4.43	488,369	-150,774	181,262	-22,712	165,694
16/03/16	203,000	▼	7,000	-3.33	753,056	145,155	-110,907	-40,148	99,386
16/03/15	210,000	▲	1,000	0.48	336,236	-8,012	63,631	-45,841	106,170
16/03/14	209,000	▼	9,500	-4.35	529,329	120,538	17,652	-138,414	35,729
16/03/11	218,500		0	0	283,466	6,053	74,932	-80,541	44,951
16/03/10	218,500	▲	4,000	1.86	446,095	-75,883	128,915	-51,214	115,794
16/03/09	214,500	▼	7,500	-3.38	510,449	59,261	-1,392	-60,081	-21,462
16/03/08	222,000	▲	4,500	2.07	461,182	-73,654	52,287	34,726	24,526
16/03/07	217,500		0	0	442,387	-13,014	101,071	-71,852	105,781
16/03/04	217,500	▲	4,000	1.87	429,366	-114,625	160,069	-26,060	96,500
16/03/03	213,500	▲	2,000	0.95	751,055	-99,826	231,984	-116,704	-39,858
16/03/02	211,500	▲	13,000	6.55	850,745	-301,140	153,149	179,997	157,086
16/02/29	198,500	▲	3,000	1.53	360,523	-45,373	63,145	-16,407	35,415
16/02/26	195,500	▼	5,000	-2.49	416,103	53,671	44,822	-97,094	56,331
16/02/25	200,500	▼	1,500	-0.74	329,514	-28,945	9,392	18,749	77,018
16/02/24	202,000	▲	1,500	0.75	421,304	-96,895	158,952	-34,798	111,755
16/02/23	200,500	▲	4,000	2.04	428,388	-125,221	108,865	36,706	47,757
16/02/22	196,500	▲	500	0.26	175,517	-25,750	40,017	-18,037	54,296
16/02/19	196,000	▼	500	-0.25	282,965	-10,469	40,562	-30,243	-23,712
16/02/18	196,500	▲	5,000	2.61	408,034	-142,807	119,449	25,079	94,242
16/02/17	191,500	▼	1,000	-0.52	328,407	-31,803	20,219	10,377	61,602
16/02/16	192,500	▲	4,000	2.12	750,248	-238,803	206,268	37,563	45,080
16/02/15	188,500	▲	11,000	6.20	579,016	-188,316	30,228	163,212	116,081
16/02/12	177,500	▲	1,000	0.57	392,086	-47,882	-14,723	62,450	150,449
16/02/11	176,500	▼	4,500	-2.49	445,764	-21,156	57,267	-36,705	65,570
16/02/05	181,000	▲	2,000	1.12	421,692	-84,919	-11,684	94,110	42,977
16/02/04	179,000	▲	6,000	3.47	420,400	-86,779	-7,773	92,882	44,375
16/02/03	173,000	▼	3,500	-1.98	273,536	30,820	-8,379	-22,256	-33,920
16/02/02	176,500	▼	1,500	-0.84	362,377	-58,684	-36,221	98,490	-36,841
16/02/01	178,000	▼	500	-0.28	254,464	-37,790	-14,953	51,855	-10,965
16/01/29	178,500	▲	4,000	2.29	573,224	-82,553	-78,965	158,339	-32,668
16/01/28	174,500	▲	2,000	1.16	458,501	-98,055	-11,799	109,130	15,995
16/01/27	172,500	▲	2,000	1.17	445,748	-94,351	-49,383	141,041	44,874
16/01/26	170,500	▲	500	0.29	460,372	-129,500	11,830	119,653	-26,737
16/01/25	170,000	▲	9,000	5.59	670,311	-216,331	46,914	162,827	24,275
16/01/22	161,000	▲	5,000	3.21	313,883	-92,005	47,599	44,543	59,127
16/01/21	156,000	▼	2,500	-1.58	316,484	8,522	-30,577	22,564	-743

▲ 2016월 1월 21~3월 30일 POSCO 외국인, 기관 매수

앞으로 주가의 추가상승이 유지되기 위해서는 두 가지 조건이 필요하다. 2016년 4월 말 발표되는 1/4분기 실적과 외국인과 기관의 매수 에너지다. 두 수급 주체의 쌍끌이 매수세가 이어진다면 상단부를 돌파하고 2차 파동을 시현할 가능성이 높다. 다음 목표는 월봉 차트에서 확인한 하락 1차 파동 저점 23.4만 원(2008년 10월 저점)과 일봉 차트에서 확인한 하락 파동(월봉상 3차 하락 파동)의 중심가격 25.9만 원(2014년 9월 12일 고점 36.3만 원과 2016년 1월 21일 저점 15.5만 원의 50% 중심가격)까지 상승하는지 추적해보는 것이다. 만약 어닝쇼크가 나와 직전고점 돌파에 실패하고 직전저점인 19.9만 원이 붕괴된다면 상승진폭의 50%의 중심가격인 18.9만 원이 지지되는지 체크해본다.

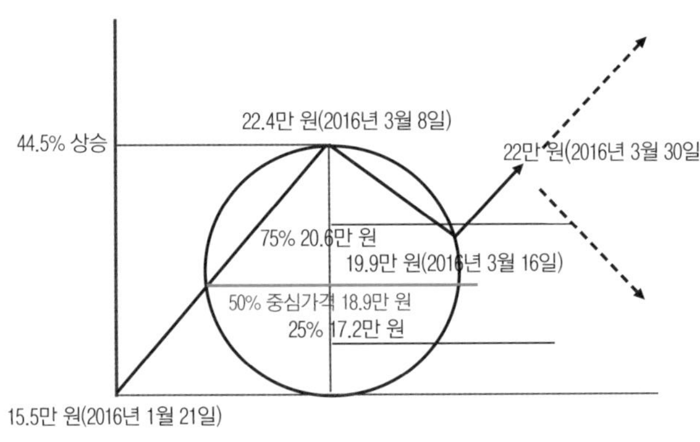

▲ POSCO 파동

POSCO의 2016년 1/4분기 저점 15.5만 원과 고점 22.4만 원을 4등분한 중심가격은 18.9만 원이다. 조정이 나오더라도 18.9만 원이 지켜지고, 1/4분기 실적이 노출되어 불확실성이 제거된 상태에서 주가의 우상향 파동이 전개된다면 POSCO의 상승추세는 지속된다고 판단하겠지만, 정반대 현상이 나타난다면 다시 15.5만~18.9만 원 영역에서 바닥을 확인하는 가격조정 및 기간조정을 거칠 것이다. 이때 2/4분기 실적을 다시 확인하고 주가 방향성을 다시 살펴보아야 한다.

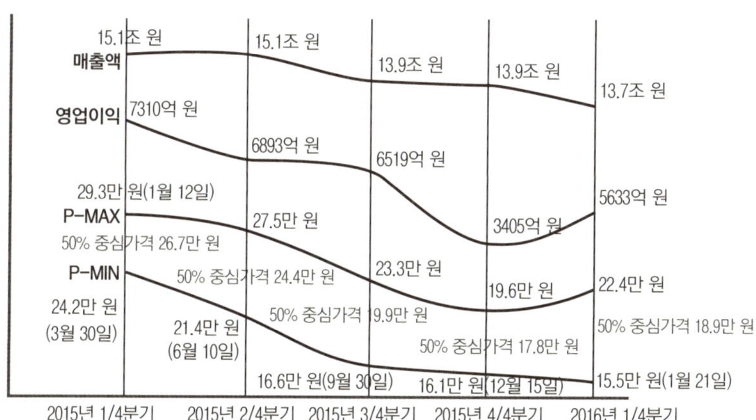

▲ POSCO P-MAX · P-MIN 파동

매매주체별 동향과 분기별 실적흐름을 동태적으로 추적해나가면서 실제 시장이 어떻게 움직였는지를 살펴보는 것이 실전 매매에서 가장 중요하다. 이러한 방법은 POSCO 개별 종목에만 해당되지 않는다. 중심가격이 어떻게 이동하는지, 그리고 반드시 지지되어야 할 생명선은 무엇인지 미리 파악하고 시나리오를 세워둔다면 시장의 변화와 종목의 변화를 포착하고 대응하는 감각을 기를 수 있다.

수학적 · 과학적 사고로 예측한 주식시장의 흐름

고가와 저가, 진폭의 4분할과 그때의 중심가격을 여름 1 · 2 · 3단계 각도와 비교하면 상승 · 하락에너지와 방향성을 효과적으로 예측할 수 있다. 시가총액 상위 1~20위 종목을 이같이 매일 분석하고 변화의 흐름을 추적하면서 어떤 종목의 중심가격이 우상향 추세에 있는지, 어느 종목의 중심가격이 붕괴하고 있는지 등을 분석하고 데이터를 쌓다 보면 개별종목뿐 아니라 우리나라 증권시장 전체의 물줄기도 읽을 수 있다.

다음은 시가총액상위 20위권 종목들의 52주 동안의 최고가와 최저가, 최근 저점기준 7~14~21~25~38.2~50% 상승한 위치를 2016년 3월 31일 종가 데이터 기준으로 나타낸 것이다.

		최고가 일시 확인요망		최저가 일시 확인요망		최근 저점 대비 구간별 상승률 가격						2016년 03월 31일			비고
NO	구분	52주최고가		최근저점		3%	5%	7%	14%	17%	21%	종가	최근저점대비 상승률	52주최고가 대비 허락율	
1	KOSPI	2015년 4월	2,189.54	2015년 8월	1,800.75	1,854.77	1,890.79	1,926.80	2,052.86	2,106.88	2,178.91	1,995.85	10.8%	-8.8%	
2	선물6번물	2015년 4월	276.25	2015년 8월	220.35	226.96	231.37	235.77	251.20	257.81	266.62	246.40	11.8%	-10.8%	
3	삼성전자	2015년 3월	1,494,000	2015년 8월	1,033,000	1,063,990	1,084,650	1,105,310	1,177,620	1,208,610	1,249,930	1,312,000	27.0%	-12.2%	
4	현대차	2015년 3월	181,000	2015년 7월	123,000	126,690	129,150	131,610	140,220	143,910	148,830	152,500	24.0%	-15.7%	

		최고가 일시 확인요망!		최저가 일시 확인요망		최근 저점 대비 구간별 상승률 가격						2016년 03월 31일			전일 대비(%)
NO	구분	52주최고가		최근저점		7%	14%	21%	25%	38.2%	50%	종가	최근저점대비 상승률	52주최고가 대비 허락율	
1	삼성전자	2015년 3월	1,494,000	2015년 8월	1,033,000	1,105,310	1,177,620	1,249,930	1,291,250	1,427,606	1,549,500	1,312,000	27.0%	-12.2%	0.31
2	현대차	2015년 3월	181,000	2015년 7월	123,000	131,610	140,220	148,830	153,750	169,986	184,500	152,500	24.0%	-15.7%	-1.93
3	SK하이닉스	2015년 6월	51,700	2016년 1월	25,800	27,606	29,412	31,218	32,250	35,656	38,700	28,150	9.1%	-45.6%	-1.75
4	LG전자	2016년 3월	66,100	2015년 8월	39,300	42,051	44,802	47,553	49,125	54,313	58,950	61,600	56.7%	-6.8%	-1.91
5	LG디스플레이	2015년 3월	32,450	2015년 8월	20,500	21,935	23,370	24,805	25,625	28,331	30,750	26,600	29.8%	-18.0%	0.19
6	LG이노텍	2015년 3월	115,500	2015년 7월	77,600	83,032	88,464	93,896	97,000	107,243	116,400	79,300	2.2%	-31.3%	0.00
7	삼성SDI	2015년 3월	142,500	2015년 8월	75,600	80,892	86,184	91,476	94,500	104,479	113,400	99,000	31.0%	-30.5%	-0.40
8	삼성전기	2015년 3월	77,100	2015년 7월	48,800	52,216	55,632	59,048	61,000	67,442	73,200	58,800	20.5%	-23.7%	-0.34
9	삼성에스디에스	2015년 5월	341,000	2016년 3월	170,000	181,900	193,800	205,700	212,500	234,940	255,000	175,000	2.9%	-48.7%	-1.96
10	대우증권	2015년 4월	18,550	2016년 2월	7,150	7,651	8,151	8,652	8,938	9,881	10,725	8,270	15.7%	-55.4%	-2.93
11	삼성증권	2015년 4월	67,800	2016년 1월	34,250	36,648	39,045	41,443	42,813	47,334	51,375	39,950	16.6%	-41.1%	-3.15
12	LG화학	2016년 1월	344,500	2015년 1월	163,000	174,410	185,820	197,230	203,750	225,266	244,500	327,500	100.9%	-4.9%	-1.06
13	OCI	2015년 3월	129,000	2016년 1월	60,300	64,521	68,742	72,963	75,375	83,335	90,450	106,000	75.8%	-17.8%	0.95
14	현대건설	2015년 4월	59,400	2016년 1월	27,000	28,890	30,780	32,670	33,750	37,314	40,500	42,150	56.1%	-29.0%	0.12
15	대림산업	2015년 7월	98,000	2015년 1월	50,400	53,928	57,456	60,984	63,000	69,653	75,600	90,900	80.4%	-7.2%	-0.76
16	대우조선해양	2015년 3월	21,100	2016년 1월	3,830	4,098	4,366	4,634	4,788	5,293	5,745	5,070	32.4%	-76.0%	-1.55
17	현대중공업	2015년 4월	154,000	2016년 1월	79,400	84,958	90,516	96,074	99,250	109,731	119,100	106,500	34.1%	-30.8%	-0.47
18	삼성중공업	2015년 3월	20,700	2016년 1월	9,100	9,737	10,374	11,011	11,375	12,576	13,650	11,050	21.4%	-46.6%	-1.78
19	신한지주	2015년 4월	47,050	2016년 1월	36,000	38,520	41,040	43,560	45,000	49,752	54,000	40,500	12.5%	-13.9%	0.00
20	KB금융	2015년 4월	42,800	2016년 2월	27,600	29,532	31,464	33,396	34,500	38,143	41,400	31,850	15.4%	-25.6%	0.00
21	제일기획	2015년 4월	25,400	2015년 8월	16,300	17,441	18,582	19,723	20,375	22,527	24,450	17,000	4.3%	-33.1%	0.00
22	삼성물산	2015년 5월	215,500	2015년 8월	122,500	131,075	139,650	148,225	153,125	169,295	183,750	143,000	16.7%	-33.6%	-0.69

▲ 매트릭스 분석표

그리고 다음 데이터는 2016년 연중 최고가와 최저가, 그 진폭을 4등분한 가격과 연중 최고가 대비 7~14~21% 하락한 가격을 2016년 3월 31일 종가 데이터 기준으로 나타냈으며 최저가 기준 연중 최고가(B)와 연중 최저가 대비 현재가(A)의 차이(B-A)를 나타내고 있다. 이러한 작업을 매일하면 시가상위 종목들의 현재 위치와 방향성을 체크할 수 있다.

NO	종목명	연중최저-연중최고 4등분					연중최고가 대비 하락률			2016년 03월 31일		상승률		
		연중최저가	25%	50%	75%	연중최고가	-7%	-14%	-21%	현재가	등락률(%)	연중최고/연중최저(A)	현재가/연중최저(B)	차이=B-A
	KOSPI	1817.97	1,865.75	1,913.54	1,961.32	2,009.10				1,995.85	-0.31	10.51%	9.78%	-0.73%
1	삼성전자	1,088,000	1,146,250	1,204,500	1,262,750	1,321,000	1,228,530	1,136,060	1,043,590	1,312,000	0.31	21.42%	20.59%	-0.83%
2	삼성생명	96,700	102,150	107,600	113,050	118,500	110,205	101,910	93,615	117,500	2.17	22.54%	21.51%	-1.03%
3	삼성에스디에스	170,000	176,250	182,500	188,750	195,000	181,350	167,700	154,050	175,000	-1.96	14.71%	2.94%	-11.76%
4	SK하이닉스	25,800	27,413	29,025	30,638	32,250	29,993	27,735	25,478	28,150	-1.75	25.00%	9.11%	-15.89%
5	LG전자	51,900	55,450	59,000	62,550	66,100	61,473	56,846	52,219	61,600	-1.91	27.36%	18.69%	-8.67%
6	두산인프라코어	3,375	4,219	5,063	5,906	6,750	6,278	5,805	5,333	6,510	2.84	100.00%	92.89%	-7.11%
7	현대로템	10,800	12,450	14,100	15,750	17,400	16,182	14,964	13,746	17,350	2.06	61.11%	60.65%	-0.46%
8	포스코대우	11,800	14,738	17,675	20,613	23,550	21,902	20,253	18,605	21,600	1.89	99.58%	83.05%	-16.53%
9	SK네트웍스	4,780	5,275	5,770	6,265	6,760	6,287	5,814	5,340	6,400	-0.31	41.42%	33.89%	-7.53%
10	POSCO	155,500	172,750	190,000	207,250	224,500	208,785	193,070	177,355	219,500	0.00	44.37%	41.16%	-3.22%
11	세아제강	47,600	53,300	59,000	64,700	70,400	65,472	60,544	55,616	69,100	-0.58	47.90%	45.17%	-2.73%
12	금호타이어	6,010	6,783	7,555	8,328	9,100	8,463	7,826	7,189	8,400	0.24	51.41%	39.77%	-11.65%
13	넥센타이어	10,700	11,750	12,800	13,850	14,900	13,857	12,814	11,771	14,550	-0.68	39.25%	35.98%	-3.27%
14	대한항공	22,850	24,963	27,075	29,188	31,300	29,109	26,918	24,727	31,000	0.98	36.98%	35.67%	-1.31%
15	아시아나항공	4,050	4,368	4,685	5,003	5,320	4,948	4,575	4,203	4,810	-1.13	31.36%	18.77%	-12.59%
16	두산중공업	14,000	16,138	18,275	20,413	22,550	20,972	19,393	17,815	21,600	0.93	61.07%	54.29%	-6.79%
17	현대중공업	79,400	89,425	99,450	109,475	119,500	111,135	102,770	94,405	106,500	-0.47	50.50%	34.13%	-16.37%
18	GS건설	18,650	21,288	23,925	26,563	29,200	27,156	25,112	23,068	27,300	-1.97	56.57%	46.38%	-10.19%
19	현대건설	27,000	30,813	34,625	38,438	42,250	39,293	36,335	33,378	42,150	0.12	56.48%	56.11%	-0.37%
20	대림산업	62,200	69,650	77,100	84,550	92,000	85,560	79,120	72,680	90,900	-0.76	47.91%	46.14%	-1.77%

※ 삼성에스디에스는 연중최고가가 아니라 최근(3월) 최고가 기준임

▲ 매트릭스 분석표

POSCO의 경우 연중 최저가(22.4만 원) 대비 연중 최고가(15.5만 원) 상승률은 44.3%에 달한다. 그런데 2016년 3월 31일 기준 현재가 21.9만 원을 기준으로 했을 때 연중 최저가 대비 현재 상승률은 41.1%이며 그 차이가 −3.2%라는 것을 데이터가 보여주고 있다.

오차가 10% 이상 벌어지는 종목 중 하나인 SK하이닉스를 예로 들어 시가상위 종목의 현재 위치와 방향성을 체크하는 방법을 연습해본

다. 데이터 자체만 해석한다면 SK하이닉스의 연중 최저가(1월 18일 2만 5800원) 대비 최고가(3월 7일 3만 2250원) 상승률은 25%다. 분석 기준일인 2016년 3월 31일 종가는 2만 8150원이므로 연중 최저가와 비교했을 때 현재가격은 9.11% 상승했으며 그 차이는 15.89%다.

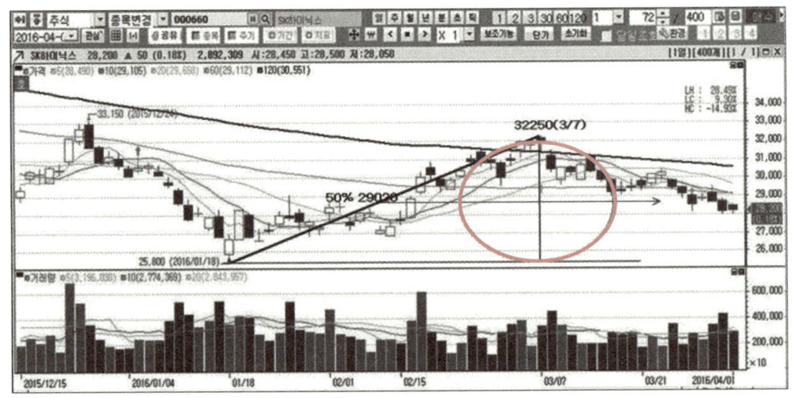

▲ SK하이닉스 일봉 차트

이 데이터의 주요 기준 잣대는 연중 최고가·연중 최저가(A) 상승률과 최저가 기준 현재 주가의 상승률(B)이다. 이 두 잣대의 오차(-)를 추적하는데, 오차가 클수록 하락에너지가 강화되는 종목으로 판단한다. 이러한 종목을 대상 종목으로 샘플링해 실제 하락률과 중심가격의 위치, 이동평균선의 위치 및 배열 상태를 체크한다. 1/4분기 실적노출 전, 미리 해당 정보를 알고 있는 투자세력의 흐름과 매매주체별 투자 동향을 추적하면서 종목의 방향성을 예측한다.

SK하이닉스는 하락세를 판단하는 두 잣대의 오차가 −15.89%로 상당히 크다. 이미 주가가 하락추세를 보이고 있다는 것을 데이터로 추적할 수 있다. 게다가 현재 주가는 2만 8150원으로 연간 상승폭의 50% 중심가격인 2만 9020원 마저 붕괴한 상황이다. 모든 신호들이 SK하이닉스의 하락을 가리키는 가운데 2016년 1/4분기 실적 발표 후 하락추세가 어느 시점에서 멈추는지, 그리고 상승추세로 전환되는 신호가 나오는 시점은 언제인지 확인한다.

| 000660 | SK하이닉스 | 2016-04-02 | ○금액 ●수량 ○순매수 ●매수 ●매도 | 조회 다 |
일자	현재가	전일비	등락률	거래량	개인	외국인계	기관계	프로그램
16/04/01	28,200	▲ 50	0.18	2,991,431	372,234	271,288	-665,787	443,672
16/03/31	28,150	▼ 500	-1.75	4,336,581	967,533	-449,021	-513,704	533,446
16/03/30	28,650	▼ 250	-0.87	3,512,889	445,395	360,099	-811,077	849,022
16/03/29	28,900	▲ 350	1.23	2,343,876	-124,432	602,305	-465,940	138,507
16/03/28	28,550	▼ 600	-2.06	2,795,412	398,621	290,955	-703,312	475,947
16/03/25	29,150	▼ 300	-1.02	1,978,956	419,679	77,564	-472,124	282,942
16/03/24	29,450	▼ 800	-2.64	3,587,082	735,006	-96,370	-643,294	248,240
16/03/23	30,250	▲ 50	0.17	1,868,041	-356,113	427,538	-62,946	301,565
16/03/22	30,200	▲ 650	2.20	2,546,366	-497,915	-7,808	517,019	-217,104
16/03/21	29,550	▲ 100	0.34	1,783,055	12,082	127,431	-139,543	-128,890
16/03/18	29,450	▲ 200	0.68	2,864,640	322,259	49,737	-370,441	451,881
16/03/17	29,250	▲ 50	0.17	2,768,278	753,324	-140,343	-593,426	329,252
16/03/16	29,200	▼ 700	-2.34	2,902,896	979,782	-441,161	-555,141	7,281
16/03/15	29,900	▼ 450	-1.48	2,078,857	771,767	-27,605	-758,386	-197,410
16/03/14	30,350	▼ 350	-1.14	2,062,549	423,586	453,546	-840,487	86,390
16/03/11	30,700	▲ 400	1.32	2,117,430	-341,744	782,398	-430,537	475,201
16/03/10	30,300	▼ 250	-0.82	2,734,070	533,825	188,176	-726,005	229,315
16/03/09	30,550	▲ 50	0.16	3,503,375	433,362	376,686	-804,959	812,405
16/03/08	30,500	▼ 1,400	-4.39	4,616,147	2,045,263	-273,215	-1,781,297	98,401
16/03/07	31,900	0	0	3,487,206	-103,232	1,501,783	-1,396,868	-324,876

▲ SK하이닉스 2016년 3월 7일~2016년 4월 1일 수급 동향

투자자별 매매 동향을 확인해보면 기관투자자의 매도공세가 SK하이닉스의 하락에 영향을 미치고 있다는 것을 알 수 있다. 외국인이 매수에 나서고 있고 프로그램쪽에서도 매수가 진행되고 있지만 기관의 매도에너지를 이기지 못하고 주가가 하락하고 있다. 45도 각도로 가파르게 하락하고 있는 SK하이닉스가 2만 5000~2만 8000원 구간에서 바닥

을 형성할 것인지 혹은 하락세를 키워갈지는 1/4분기 실적과 2/4분기 컨센서스에 의해 결정될 것이다. 그리고 무엇보다 IT 대장주인 삼성전자 흐름에 영향을 받을 것으로 판단된다.

그렇다면 대한민국 주식시장의 시가총액 1위인 삼성전자 흐름은 어떨까? 삼성전자의 연중 최저가(2016년 1월 18일 108.8만 원) 대비 최고가(2016년 3월 31일 132.1만 원) 상승률은 21.4%다. 3월 31일 131.2만 원으로 상승률은 20.59%이며 이 둘의 오차는 −0.83%다. 전체적인 시장에 가장 큰 영향을 미치는 공통 변수인 실적발표(2016년 4월 7일 1/4분기 실적발표)를 앞두고 시가총액 1위인 대한민국 대장주 삼성전자가 마이너스로 돌아선 것이다.

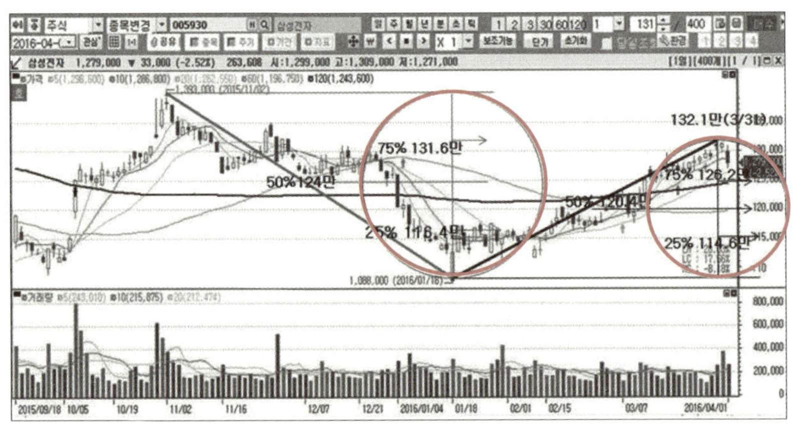

▲ 삼성전자 일봉 차트

삼성전자는 외국인과 기관의 지속적인 매도 속에서도 상승추세를 이어왔다. 1월 18일 108.8만 원을 저점으로 3월 31일 132.1만 원까지 9.7%의 상승률을 보여준 것이다. 불안 속에서도 오름세를 유지할 수 있었던 것은 바로 삼성전자의 자사주 매입 때문이었다.

삼성전자가 2016년 1월 28일 공시를 통해 발표한 자사주 소각 대상은 모두 210만 주로 3월 31일까지 총 166.9만 주를 매수하며 3월 31일 기준 79.5%의 진행률을 보이고 있다. 당장은 삼성전자 자사주 장내매입을 통한 소각이 주가에 긍정적인 영향을 주고 있기 때문에 이러한 착시효과가 사라진 삼성전자의 자사주 매입 종료 시점에서 삼성전자의 주가 흐름을 진단해보아야 한다. 이와 함께 1/4분기 실적발표 이후 실적 변수가 제거된 상황에서의 삼성전자 주가 방향성을 확인해야 한다. 삼성전자의 방향성이 전체 시장의 흐름을 결정하는 열쇠가 되기 때문이다.

수학적 사고의 중심이론으로 보면 2015년 11월 2일 기록한 139.3만 원에서 2016년 1월 18일 저점 108.8만 원의 중심가격 124만 원과, 1월 18일 저점 108.8만 원과 최근 고점인 2016년 3월 31일 132.1만 원의 중심가격인 120.4만 원 영역에서 강한 지지를 받는 패턴이 나타나야 한다.

재미있는 것은 지금으로부터 1년 전인 2015년 3월 말과 4월 초, 삼성전자 1/4분기 실적발표를 앞두고 시장에는 삼성전자가 추세상승을 지속할 것이라는 시각과 추세가 하락세로 전환되었다는 의견이 충돌했다. 그때도 상반된 두 시각이 충돌하면서 삼성전자의 실적발표가 시장의 물줄기를 결정하는 중요한 방아쇠가 되었다. 1년 전, 1/4분기 실적

발표를 앞둔 삼성전자의 주가 위치와 이후 움직임이 어떻게 전개되었을까?

2015년 1/4분기 실적발표를 앞두고 삼성전자 갤럭시S6에 대한 모멘텀이 시장을 강타했다. 갤럭시S6의 흥행 기대감과 그로 인한 삼성전자 1/4분기 실적개선에 대한 장밋빛 전망이 시장을 지배하면서 삼성전자는 2015년 3월 19일 151만 원까지 급등했다. 삼성전자에 대한 기대심리는 코스피 상승에 대한 기대감으로 이어졌고 종합지수가 2300~2500p까지 오를 것이라는 낙관론이 시장을 지배했다. 이런 세상이 온다면 삼성전자는 170만~180만 원까지 상승할 것이라는 이야기도 퍼져나갔다.

그러나 그때를 정점으로 실제 시장은 끔찍한 하락파동을 겪게 된다. 당시 이중 잣대 기준과 중심이론으로 142만 원을 설정해 이 가격대를 지지하면 상승추세가 유지되지만 지지선을 이탈할 경우 하락파동으로

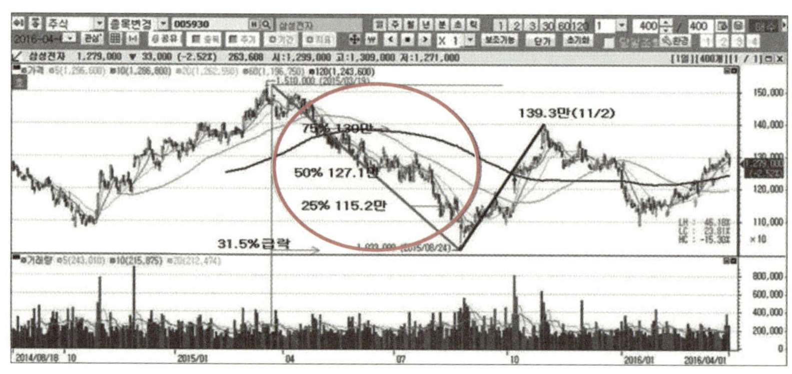

▲ 삼성전자 주가 흐름

전환될 것이므로 반드시 매도해야 한다는 전략을 세웠다.

실제 파동은 50% 중심가격을 붕괴했고 무려 31.5%나 급락한 뒤에야 103.3만 원(2015년 8월 24일)에서 하락세를 멈췄다. 삼성전자의 폭락으로 인하여 한때 2300~2500p를 외치던 종합주가지수도 1800p까지 하락했다. 이때 142만 원 붕괴를 확인하고 매도한 투자자와 삼성전자가 170만 원, 종합주가지수는 2300~2500p까지 오를 것이라는 낙관론에 취해 매수에 나선 투자자의 상황이 극단적으로 갈리게 된 것이다.

삼성전자 분기실적추세를 확인해보면 좀 더 상황을 객관적으로 볼 수 있었을 것이다. 2013년 3/4분기까지만 해도 삼성전자의 영업이익은 10조 원에 달했다. 그러나 영업이익 10조 원 시대가 7조 원 시대로 낮아지더니 2014년 3/4분기부터는 4조~5조 원대로 접어드는 것을 확인할 수 있다.

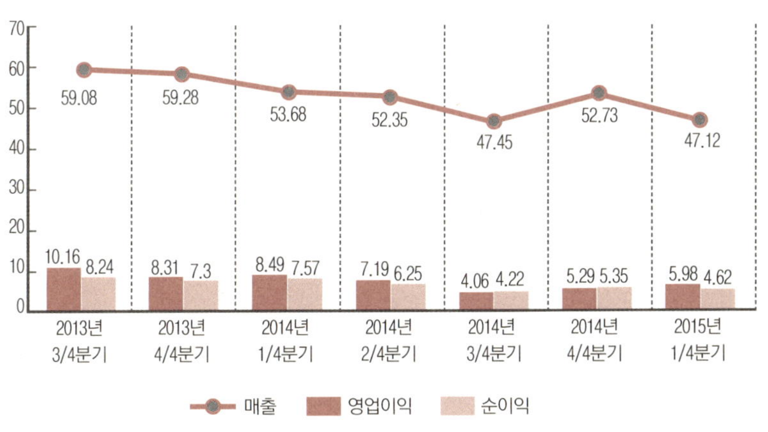

▲ 삼성전자 분기별 실적 변화(단위 1조 원)

이런 상황에서 갤럭시S6 모멘텀을 이유로 2015년 1/4분기 실적이 개선될 것이며 삼성전자 영업이익도 6조~7조 원대 시대로 돌아갈 것이라는 이야기는 쉽게 납득하기 어렵다. 실제 시장에서 갤럭시S6 판매가 생각보다 저조하면서 실적기대감에 높아진 주가 수준을 유지하기에는 역부족이었다. 그 후로도 스마트폰과 반도체 시장에서 성장을 이루지 못하면서 삼성전자 주가는 지속적으로 급락하는 상황을 맞게 된 것이다.

삼성전자 2016년 1/4분기 실적이 2015년 4/4분기에 기록한 영업이익 6.1조 원 대비 증가했는지 아니면 감소했는지 체크해보자. 갤럭시S7에 대한 시장의 불확실성이 제거되었는지, 혹은 갤럭시S7 판매량이 밀어내기로 인한 실적개선 착시효과인지는 1/4분기 실적 발표 이후 삼성전자 주가 움직임과 2/4분기 실적 발표로 확인할 수 있을 것이다.

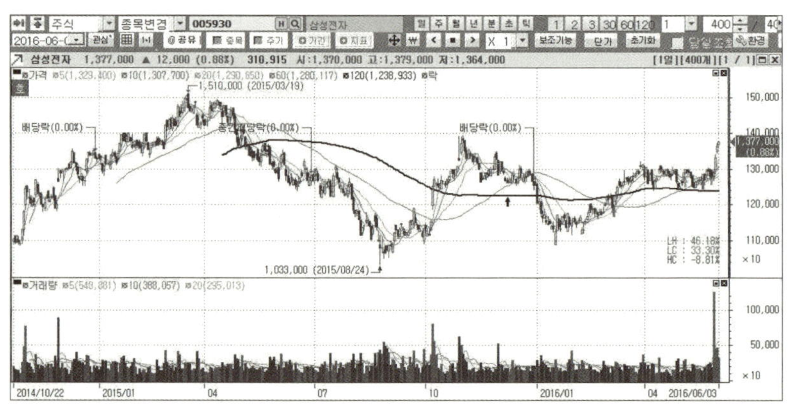

▲ 삼성전자 주가 흐름

이재용 부회장 시대의 삼성전자 위상과 2016년 1/4분기와 2/4분기 실적 추이는 삼성그룹의 미래지도를 결정하는 중요한 구간으로 판단되며 현재 삼성전자는 영업이익이 6조~7조 원대 시대로 회귀하는지 아니면 4~5조 원대 시대에 머무를지 기로에 서 있다고 본다. 삼성전자와 SK하이닉스 실적에 따라 주가 향방은 결정될 것이다.

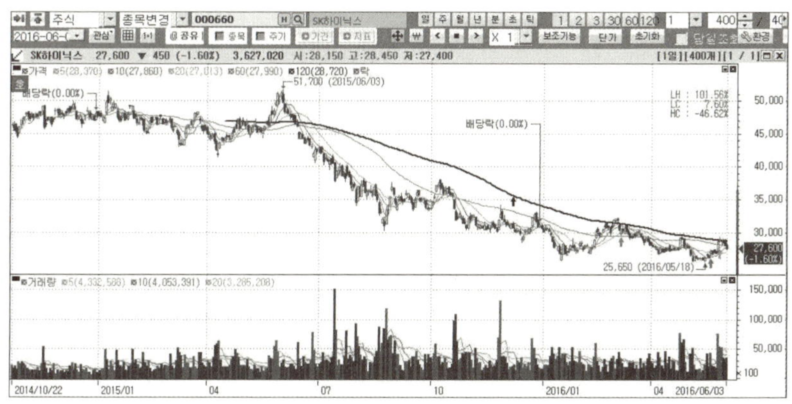

▲ SK하이닉스 주가 흐름

장기적인 관점으로 투자하기

과학적 사고와 수학적 사고를 주식시장에 접목시켜보면 기본적 분석과 기술적 분석으로 한정해 시장을 바라보는 한계를 넘어설 수 있다. 보이는 영역과 보이지 않는 영역을 생각하는 훈련을 하고 이러한 생각의 훈련을 통해 직관을 키우는 것은 투자 세상에서 상당히 중요하다.

추세가 유지되기 위해 필요한 조건은 무엇인지 파악하고 재료가 노출되었을 때 시장의 움직임은 어떻게 전개되는지를 동태적으로 추적하면서 주가의 흐름을 시장에 묻고 스스로 답을 찾는 자세가 필요하다.

과학적 사고와 수학적 사고를 통해 주가 방향성이 전개되는 상황을 직관적으로 이해하고 체득하는 방법을 설명하기 위해 대표성이 있는 종목을 중심으로 설명했다. 그런데 이 전략은 분기별 실적과 변수를 체크하며 대응하는 중·단기적 전략뿐 아니라 장기적인 투자에서도 상당히 유효하다.

분과 초를 다투는 초단타 매매가 이뤄지고 있는 오늘날, 종목의 가치에 투자하고 5년이든 10년이든 주가 상승 시점이 오길 기다리는 장기투자는 케케묵은 옛날 투자 방식처럼 치부되기도 한다. 그러나 환골탈태하며 주가가 급변한 종목들을 보면 한순간에 생각이 달라질 것이다. 오뚜기는 지난 2015년 1월 143만 원대까지 오르며 52주 신고가를 갱신했다. 그런데 2011년 9월 주가는 11.8만 원, 그보다 더 오래전인 2001년에는 1만 원대였다. 1만 원대에서 매수해서 140만 원에 매도했다면 무려 14000%라는 어마어마한 수익인 것이다. 그런데 실제 투자자들 중에 이 수익률을 오롯이 취한 사람은 과연 몇이나 될까?

손실이 큰 종목을 매도하지 않고 계좌에 그대로 묻어둬 본전 근처에 올 때까지 기다리는 투자자는 많다. 그러나 100~200% 수익이 발생했을 때 조정 구간에서 줄어드는 수익을 보고도 매도 유혹을 이겨내는 투자자는 많지 않다. 중간에 종목을 매도하고 다른 종목으로 이동했다고 해도 수익을 낼 확률은 여전히 반반이다. 혹은 반보다 적을 수도 있으며 행여나 운 좋게 옮겨간 종목에서 큰 수익을 얻었다고 해도 전체 수익률을 비교한다면 잦은 매매로 얻은 수익과 10여 년간 묵힌 수익은 천지차이다. 기술적 분석이니 기본적 분석이니 하는 매매기법과 전략으로만 접근한다면 이런 초장기 투자는 심리적으로 불가능하다. 그러나 투자 철학을 가지고 정해진 기간 동안 투자하는 훈련을 한다면 엄청난 고수익을 얻을 수 있다.

시간여행 종목은 지속가능성이 있는 종목을 대상으로 지정해 일정 기간 동안은 결코 매매하지 않는 것이 핵심이다. 지금 눈에 보이는 변수로 주가 흐름을 예측하고 방향성을 진단하는 것이 아니기 때문에 정해진 미래 시점이 지난 후에야 해당 시점에서 제반 상황을 고려하여 투자 판단을 내린다.

오뚜기는 강력한 대세상승기를 통과했다. 2008년 10월 미국금융위

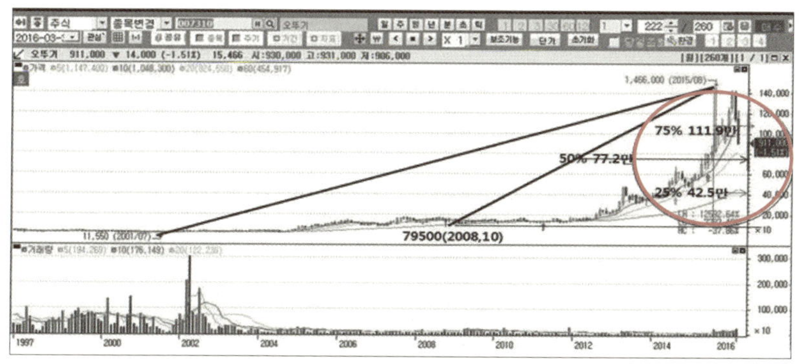

▲ 오뚜기 월봉 차트

기 당시 7만 9500원을 저점으로 형성한 오뚜기는 2015년 8월 146.6만 원까지 오른 것이다. 따라서 해당 종목은 매매 대상 종목에서 제외하고 시간여행을 마감한다.

2008년 금융위기 당시 저점을 시현하고 2015년 고점 달성 이후 조정 구간에 있는 오뚜기의 주가는 앞으로 어떻게 움직일까? 2008년 이후 2016년까지 8년이란 시간을 4등분한 중심값은 4년이다. 앞으로 4년 후인 2020년 오뚜기 투자 전략은 그때의 주가 위치와 추세적 방향성, 그간의 누적 실적과 이후 실적, 당시의 업계현황과 투자환경을 보고 판단해야 할 것이다.

그전까지는 한번 대세상승기를 마무리한 오뚜기가 어느 가격대에서 의미 있는 지지선을 형성하는지 확인해야 한다. 오뚜기 월봉상의 흐름에서 파동을 분석해보면 저점(7만 9500원)과 고점(146.6만 원)을 4등분한 중심가격은 77.2만 원, 75% 가격은 111.9만 원이며 25% 가격은 42.5만 원이다. 이중 어느 가격에서 지지를 받는지 체크하고 이때 분기실적의 변화를 주가 파동의 고점·저점(P-MAX·P-MIN 파동)의 변화와 함께 동태적으로 추적해나가야 한다. 이렇게 3개월 단위로 끊어서 수치의 변화와 주가의 변화를 동태적으로 추적해가는 것이 가장 중요하다.

빅테이터를 통해 흐름을 하나씩 분석하고 시장을 바라보는 기준을 세우면 앞으로 해당 종목의 추세 변화에 대한 직관을 얻을 수 있다. 그 직관을 발휘한다면 여러분도 아직 시작 단계에 있는 대세 상승주를 발굴할 수 있을 것이다.

04

국내 증시를 움직이는 대기업, 제대로 벗겨보자

주식투자자의 입장에서는 그룹을 대표하는 그룹총수의 건강 상태는 아주 중요하다. 그룹의 미래를 결정하는 의사결정에 있어 중요한 판단 기준이 될 수 있고 후계구도 진행 과정에서 누구에게 그룹의 대권이 넘어가는지에 따라 그룹의 시가총액이 크게 달라지는 경험을 하게 되기 때문이다. 세대교체와 후계구도가 물 흐르듯이 자연스럽게 진행되는 경우도 있지만 여러 가지 불확실성에 문제점이 도출되기도 한다. 후계구도 문제가 그룹의 리스크를 증가시키는 것뿐만 아니라 대한민국의 경제에도 지대한 영향을 미치는 것이다. 특히 한국을 대표하는 기업인 삼성그룹과 현대그룹, 그리고 SK그룹의 후계구도는 우리나라 증시에 미치는 영향이 아주 크다. 또한 그룹계열사들이 시가상위 종목에 대부분 편입되어 있는 만큼 외국인 투자와도 밀접한 연관이 있다. 따라서 세 그룹의 변화를 읽는 것은 앞으로의 증시 방향성을 읽는 핵심이 된다고 볼 수 있다. 삼성그룹과 현대그룹, 그리고 SK그룹의 과거와 현재를 짚어보고 미래를 예측해보자.

01

삼성그룹의 과거와 현재,
그리고 미래

급변하는 삼성그룹의 후계구도

2014년 5월 10일, '이건희 회장 심근경색 순천향병원으로 긴급후송'이라는 뉴스가 방송되었다. 다음 날인 5월 11일, 이건희 회장은 삼성서울병원으로 옮겨졌고 현재까지 계속 치료를 받고 있는 상태다. 이건희 회장의 건강 상태는 치료를 담당하고 있는 소수 관계자와 핵심 인물 외에는 철저하게 비밀에 붙여져 있다. 이건희 회장이 심근경색으로 서울삼성병원에 입원한 후 2년 동안의 삼성그룹은 이건희 회장이 당장에라도 벌떡 일어날 만큼의 큰 변화가 있었다.

2014년 5월 이건희 회장의 건강 악화 이후 삼성그룹은 이재용 부회장 체재로 급격하게 재편해가는 모습을 보이고 있다. 이 모습을 보면

2014년 7월 4일	삼성에버랜드, 제일모직으로 사명 변경 제일모직 소재부분 삼성SDI로 이관
2014년 9월 1일	삼성중공업과 삼성엔지니어링 합병 발표
2014년 11월	삼성토탈, 삼성종합화학, 삼성테크원 한화그룹에 매각, 삼성정밀화학과 삼성SDI케미칼 사업 롯데그룹에 매각 결의
2014년 11월 14일	삼성에스디에스 코스피에 상장
2014년 11월 19일	삼성중공업과 삼성엔지니어링의 합병 무산
2014년 12월 18일	제일모직으로 사명 변경한 삼성에버랜드 코스피에 상장
2014년 12월	삼성전자 광소재사업 미국 코닝에 매각 삼성전자 미디어솔루션센터(MSC) 축소
2015년 4월 30일	삼성종합화학, 삼성토탈, 한화종합화학이 한화토탈로 출범
2015년 5월 26일	제일모직과 삼성물산 합병 결의
2015년 7월	제일모직과 삼성물산 합병 주총 승인, 엘리어트와 표 대결 승리
2015년 8월	삼성종합화학 이차전지사업 삼성SDI에 매각
2015년 9월	통합삼성물산 출범
2015년 9월	에스원의 씨큐아이 삼성에스디에스로 이관, 삼성에스디에스의 삼성멀티캠퍼스는 크레듀로 이관
2015년 10월	삼성정밀화학, 삼성BP 롯데그룹매각 공식 출범 삼성전자 자사주 매입 또는 소각검토 공시
2015년 12월	삼성 스마트카 개발을 위한 전장사업팀 신설 삼성바이오로직스 제3공장 착공 삼성그룹 이재용부회장 삼성엔지니어링 1조 2000억 유상증자에서 실권주 발생시 최대 3000억 투입, 실권주 인수계획 발표
2016년 1월	삼성그룹 상징 건물인 삼성생명 태평로 사옥, 부영에 매각 삼성생명 삼성전자 보유 삼성카드 지분 37.45% 전량 인수
2016년 2월	이재용 부회장 삼성에스디에스 개인 보유 지분 11.25% 중 2.05% 매각하여 삼성엔지니어링 유상증자에 참여자금 확보, 삼성엔지니어링 유상증자 완판 성공, 이재용 부회장 삼성에스디에스 지분 매각 후 마련한 자금 3000억의 향방 미정 제일기획 지분 세계 3위 광고 기업인 퍼블리시에 매각 추진 중 삼성전자 서초동 사옥 C동에서 수원 디지털 본사로 이사

회사가 창출하는 이윤과 관계없이 미래 삼성그룹이 추구하는 방향과 다르면 매각한다는 방침을 고수하고 있음을 알 수 있다. 이재용 부회장은 대체 어떤 그림을 그리고 있는 것일까?

주식은 경제 상황의 반영이고 경제 상황은 돈의 흐름이다. 때문에 주식시장에서 발생하는 현상을 파악할 때 돈의 흐름을 따라^{follow the money} 상황을 추적하고 판단한다면 의외로 쉽게 결론에 도달할 수 있다. 이런 관점에서 삼성그룹의 미래지도 역시 돈의 흐름을 따라 하나씩 추적하고 그때마다 삼성그룹의 인적재산인 구성원들의 움직임을 확인하자.

삼성그룹의 중심이었던 삼성전자 서초사옥 본사 C동 직원들이 수원 디지털본사로 자리를 옮기고 그 자리를 삼성생명 태평로 사옥에 근무하던 삼성생명, 삼성카드, 삼성증권 직원들과 을지로에 근무하고 있는 삼성화재 직원들이 차지했다. 본사인 서초동 사옥으로 옮긴 직원들을 보면 이재용 부회장의 미래지도 한 축에는 삼성금융그룹 혹은 삼성금융지주가 그려져 있으며 그 축을 견고하게 하기 위해 인적자원을 모두 서초동 사옥으로 끌어모으는 것으로 추정된다.

인적자원의 재배치뿐이 아니다. 이재용 부회장이 꿈꾸는 미래 삼성의 모습은 지분구조 상의 변화에서도 짐작할 수 있다. 기존에 삼성전자가 보유하고 있던 삼성카드 지분 37.4%를 삼성생명이 전량 인수하게 한 것이다. 이미 삼성생명은 34.4%라는 상당량의 삼성카드 지분을 소유하고 있었다. 그런데 이번에 삼성전자가 보유하고 있던 지분을 새롭게 인수하면서 삼성생명은 삼성카드 지분 71.8%를 가진 최대 주주로 부상하게 되었다. 이는 '사람이 움직이고 돈이 움직이면 전체가 움직인다'는 말이 구체화되어가는 징후로도 판단할 수 있다.

이런 상황은 앞으로 미래에 핀테크 등을 활용하는 금융플랫폼이 완성된다면 그룹 입장에서는 언제든지 삼성카드를 매각할 수 있다는 이야기가 되기도 한다. 실제 주식시장에서도 삼성카드 주가가 지속적으로 하향 추세를 그리고 있다는 사실 역시 이와 무관하지 않아 보인다.

그런데 여기서 중요한 사실은 삼성전자가 보유하고 있던 삼성카드 37.4% 지분을 삼성생명이 전량 인수하면서 기존에 삼성전자가 보유하고 있던 금융 연결고리가 사라지게 되었다는 점이다. 제조의 대명사 삼성전자가 소유한 금융계열사 지분을 모두 처분한 사실은 앞으로 미래지도가 어떻게 그려지는가에 중요한 시사점을 제공한다.

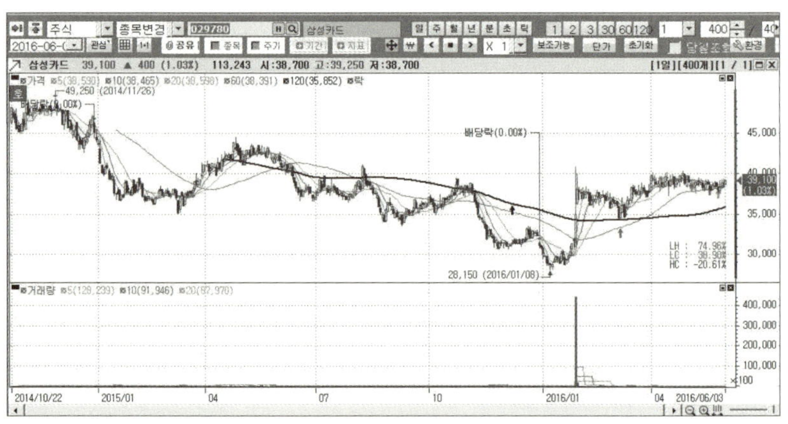

▲ 삼성카드 일봉 차트

여기에는 정부가 추진하는 원샷법과 서비스산업발전기본법의 연결 고리가 있다. 이건희 회장 체제의 삼성그룹 중심에 삼성전자가 있었다면 이재용 부회장이 그리는 미래 삼성그룹 중심에는 삼성금융지주가 있다. 핀테크와 인터넷, 모바일 시스템이 하나로 연결되는 금융플랫폼을 구축하고 그 과정에서 강남에 상징적인 의미를 부여했다. 삼성금융의 대명사였던 삼성생명 태평로 시대가 삼성금융지주 강남 시대로 중심축을 이동한 것으로 판단된다. 앞으로 이런 흐름이 현실화될 때 삼성생명이 보유하고 있는 삼성전자 지분 7.2%(특별계정 포함 7.54%)의 향방이 삼성그룹 변화의 요인이 될 것으로 보인다. 삼성생명의 삼성전자 7.2% 지분이 바로 이재용 부회장이 삼성물산을 지주사로 전환하는 데 있어 걸림돌이 되기 때문이다.

삼성물산을 지주사로 만들기 위해서는 금융계열사를 총괄할 중간금융지주사가 필요하다. 중간금융지주 허용 관련 공정거래법 개정안이 국회를 통과하는 것도 큰 난관이지만 법 개정이 이뤄지더라도 지분 처분 문제가 발생한다. 금융지주사는 비금융계열사 지분을 5% 이상 가질 수 없기 때문에 삼성생명을 중간금융회지주사로 세우기 위해서는 삼성생명이 보유하고 있는 삼성전자 지분 상당수를 처분해야 한다.

그러나 총선에 대한 기대에도 불구하고 새누리당의 대패로 2016년 4월, 20대 국회는 여소야대로 출범했다. 따라서 야당의 권력이 그 어느 때보다 강화될 것으로 보인다. 2017년 12월, 대통령선거가 있는 만큼 삼성그룹의 중간금융지주사를 통한 구조조정 작업은 현실적으로 실현되기 어려울 것으로 판단된다. 삼성그룹의 상속처리 문제가 우선과제로 부상하게 되고 삼성전자 분할 방안도 거론되기 시작하는 이유가 바로 여기에 있다.

이건희 회장에서 이재용 부회장으로 법적인 후계구도가 완성될 경우 상속세 문제가 발생한다. 중간 단계 금융지주 설립과 상속세 문제가 서로 얽혀 있다. 따라서 아직은 이건희 회장에게 법적으로 사망선고를 할 수 없는 것이다. 이건희 회장의 사망선고를 막는 삼성생명의 삼성전자 지분 7.2%와 상속세의 연결고리는 이건희 회장이 개인 지분으로 보유한 삼성그룹 계열사 지분 현황을 보면 어느 정도 짐작할 수 있다. 이건희 회장이 쓰려진 2014년 5월 기준 이건희 회장이 보유한 삼성그룹 계열사 개인 지분 현황은 다음과 같다.

	이건희	홍라희	이재용	이부진	이서현
심성에버랜드	3.72%		25.1%	8.37%	8.37%
삼성생명	20.76%				
삼성물산	1.37%				
삼성전자	3.38%	0.74%	0.57%		
삼성에스디에스 (삼성SNS 포함)	0.01%		11.26%	3.90%	3.90%
삼성종합화학 (삼성석유화학 포함)	0.96%			4.91%	

▲ 삼성그룹 최대 주주 및 특수 관계인 주식 소유 현황

삼성에버랜드는 제일모직으로 사명이 바뀌었고 2015년 9월 제일
모직(구 삼성에버랜드)과 삼성물산이 합병하면서 통합삼성물산이 되었
다. 이 과정에서 이건희 회장이 보유하고 있던 개인 지분 삼성에버랜드
3.72%와 삼성물산 1.37%는 현재 통합삼성물산 지분으로 바뀌었다.

이런 상황에서 이건희 회장에게 사망 진단이 내려진다면 개정된 상
속법에 따라 어마어마한 상속세를 내야 하는 것은 물론 배우자인 홍라
희 여사에게 50%의 막대한 지분이 상속된다. 생존 배우자에게 상속 재
산의 50%를 먼저 떼어주는 선취분 개념을 도입하는 것을 골자로 하는
개정 상속법은 2014년에 법무부에서 입법을 예고한 후 아직 확정되지
않았다. 그러나 확정될 경우 상속세는 삼성그룹 후계구도의 축을 흔들
수도 있는 변수가 된다.

그룹의 핵심인 삼성전자 지분 변동 역시 이와 비슷하다. 현재 이건희
회장은 삼성전자 주식 3.38%를 소유한 최대 개인 주주이고, 홍라희 여
사와 이재용 부회장이 각각 0.74%, 0.57%의 지분을 갖고 있다. 이건희
회장의 삼성전자 지분을 개정 상속법에 따라 나눌 경우 홍라희 여사는
2.25%를 물려받아 전체 지분이 2.99%로 높아져 상당한 지분을 갖게 되
지만 이재용 부회장이 보유하게 되는 지분은 상속 후에도 0.95%에 불
과하다.

홍라희 여사가 상속을 통해 최대 지분을 확보하게 될 경우, 힘의 균
형은 이재용 부회장이 아닌 홍라희 여사와 그녀의 친정인 보광그룹에
실리게 될 수도 있다. 이건희 회장의 개인 지분인 삼성생명 20.76%와

삼성전자 3.38%의 향방은 개정 상속법과 엮여 그룹의 후계구도를 흔들 수 있는 큰 힘을 가지고 있으며 이는 삼성그룹의 미래지도를 그리는 데 가장 중요한 핵심이 된다.

상속 문제와 삼성생명이 보유한 삼성전자 지분 7.2%를 해결하기 위한 방법으로 삼성전자를 기업분할하는 시나리오와 중간금융지주사를 만들어 이건희 회장의 보유 지분인 삼성생명과 삼성전자를 인수하는 방안 등 다양한 방법들이 모색되고 있다. 이 일을 하는 핵심이 바로 서초동 사옥인 것이다. 다른 곳으로 이사 간 부서들과 달리 서초동 사옥에 남게 된 삼성그룹 컨트롤타워 미래전략실과 금융계열사는 2016년부터 삼성의 신강남시대를 열게 된다. 신강남시대를 열면서 삼성그룹 금융계열사가 삼성생명을 중심으로 어떻게 중간금융지주사로 가닥을 잡아가는지 그 시기를 체크해봐야 하며 그 과정에서 이건희 회장의 개인 지분인 삼성생명과 삼성전자 지분을 어떻게 처리하는지를 추적해 보아야 한다.

삼성그룹 지배구조 개편 시나리오

삼성생명을 금융지주사로 만드는 작업은 차곡차곡 진행되고 있다. 금융지주사 전환을 위해서는 금융지주가 다른 금융계열사의 지분을 30% 이상 보유해야 하기 때문에 각 계열사들이 매입한 자사주를 사들이는 데만 최소 수조 원이 든다. 최근 삼성생명이 삼성카드 지분을 인수하고 삼성증권과 삼성생명이 자사주 170만 주와 300만 주를 각각 매수한 일이 있다. 이를 금융계열사가 먼저 자사주를 확보하고 이 지분을 삼성생명이 차후 일괄 인수하는 방식으로 진행할지 아니면 다른 방식으로 지분을 확보할지는 앞으로 전개되는 상황을 통해 확인해야 한다.

그런데 삼성그룹이 금융지주사로 나아가는 데에 가장 큰 걸림돌이 있으니, 바로 삼성전자 보유 지분이다. 금융산업구조개선법(금산법)에 따르면 금융지주사는 비금융계열사 지분을 5% 이상 가질 수 없도록 규정되어 있다. 때문에 삼성생명이 보유한 삼성전자 지분 7.2%(12조 원 규모) 중 2.2%(4조 원 규모)를 해소해야만 금융지주사로 전환을 추진할 수 있다. 산업자본과 금융자본의 분리를 강제한 금산법에 발목을 잡히자 재계 안팎에서는 삼성생명을 투자회사와 사업회사로 인적분할을 해 초과 지분을 해소하거나, 삼성전자 지분을 삼성물산 쪽으로 넘기는 방안 등 다양한 시나리오가 거론되고 있다. 특히 인적분할의 경우 이건희 회장의 삼성생명 지분(20.76%) 상속에 대한 부담도 덜 수 있기 때문에 가장 유력한 방안으로 떠오르고 있다. 앞으로 법이 어떻게 개정되어 가는지, 삼성그룹의 핵심적인 인적자원들이 어떻게 재배치되는지 추적해야 하는 이유가 여기에 있다. 과연 삼성그룹은 어떠한 선택과 결정을 할까? 예상 가능한 시나리오를 체크해보면 다음과 같다.

먼저, 현행법상 금융지주사의 자회사는 비금융사의 주식을 소유할 수 있지만 지배할 수는 없다. 따라서 금융지주사의 자회사인 삼성생명이 삼성전자의 주식을 소유할 수는 있지만 최대 주주가 되어 삼성전자를 지배할 수는 없다. 그러나 보유하고 있는 지분율을 낮춤으로써 이 문제는 손쉽게 해결할 수 있다. 현재 삼성생명은 7.54%의 삼성전자 지분을 가지고 있다. 이 지분을 현재 2대 주주인 삼성물산이 보유하고 있는 지분(4.06%)보다 낮추면 되는 것이다. 혹은 반대로 삼성물산이 보유하고 있는 지분을 더욱 늘려 삼성생명보다 많은 지분을 가지고 있으면 된다.

삼성전자는 해결책으로 11조에 달하는 자사주를 매수하고 이를 소각하는 방법을 택했다. 겉으로는 주주가치 제고를 표방하고 있지만, 자사주 매수와 소각을 통해 통합삼성물산이 보유하고 있는 삼성전자 지분 비율이 늘어나는 효과가 있다. 삼성전자 입장에서는 여론의 뭇매를 맞지 않고도 삼성물산의 삼성전자 보유 지분을 효과적으로 늘릴 수 있는 방법이다.

금산법에 따르면 금융지주사는 5% 이상의 비금융계열사 지분을 보유할 수 없도록 규정되어 있다. 따라서 앞으로 삼성전자가 지속적인 자사주 매입으로 기준선인 5%의 비중을 달성시키는지, 혹은 삼성물산이 삼성전자 지분을 추가적으로 인수하는 방식으로 삼성물산이 보유하고 있는 삼성전자 지분(4.06%)을 늘리는지 확인해보아야 한다.

두 번째 시나리오로는 삼성이 '기업활력제고특별법', 일명 '원샷법'을 활용할 것이라는 예상이다. 2016년 2월 4일 국회를 통과한 원샷법을 어떠한 방식으로 활용할 것인지에 따라서도 다양한 시나리오가 나온다.

그 첫 번째 시나리오로 삼성생명이 삼성카드를 간이합병 방식으로 인수하는 것을 예상할 수 있다. 이전에는 기존에 발행된 주식의 90%를 보유해야 주주총회 없이 간이합병을 할 수 있었다. 그러나 원샷법이 통과되면서 90%였던 기존의 조건이 3분의 2로 대폭 완화되었다. 이로써 삼성생명은 주주총회를 열지 않고도 삼성카드를 간이합병 하는 것이 가능해진 것이다. 이때 삼성카드를 투자회사와 순수영업자산을 영위하는 사업회사 두 개로 분할해 영업자산만 양도하는 것도 가능하기 때문에 삼성생명 입장에서는 인수로 인한 부담을 줄일 수 있다. 문제는 시기일 뿐, 그룹 차원에서 적정한 시기를 저울질한 후 실행할 가능성은 상당히 높다.

또 다른 활용 가능성은 삼성전자 이외의 제조업 계열사의 구조조정이다. 과거 삼성은 삼성중공업과 삼성엔지니어링의 합병을 추진한 바 있지만 국민연금 등 주주들의 반대매수청구권으로 인하여 합병이 무산된 바 있다. 그러나 원샷법 통과로 인하여 계열사 구조조정이 더욱 쉬워졌다. 주주의 반대매수청구권 요청기간은 20일에서 10일로 열흘 짧아졌고 회사의 주식매입 기간은 3개월로 두 달 늘어났다. 부족한 자금을 끌어올 시간을 충분히 벌 수 있는 점에서 주식매입 기간이 늘어난 것은 회사에 있어 실질적인 혜택으로 볼 수 있다.

특히 삼성중공업과 삼성엔지니어링은 원샷법의 본래 취지인 산업재편에 해당될 가능성이 높다. 이재용 부회장은 삼성엔지니어링 유상증자를 성공시키기 위해 개인이 보유하고 있던 삼성에스디에스 지분 2.05%를 매각했다. 실권주가 발생할 경우 일반 공모에 참여한다는 의사를 명확하게 밝힌 것이다. 결과적으로 유상증자가 성공적으로 마무리되면서 매각한 지분은 사용하지 않은 채 끝이 났다.

삼성에스디에스 지분을 매각하면서 기존에 이재용 부회장이 보유하던 삼성에스디에스 지분이 11.25%에서 9.2%로 줄어들게 되었지만 이재용 부회장이 삼성에스디에스의 개인 최대 주주라는 사실에는 변함이 없다. 앞으로 이재용 부회장의 삼성에스디에스 개인 지분 축소 추세가 계속 이어지는지를 추적해보고 삼성전자와 삼성에스디에스의 소규모 합병이 다시 시도되는지도 확인해보아야 한다. 또한 삼성엔지니어링과 삼성중공업 합병이 다시 진행되는지 여부도 체크해야 한다.

상일동 사옥 매각을 추진 중인 삼성엔지니어링은 매각 이후 판교 이전을 고려하고 있다. 판교는 현재 삼성중공업 사옥이 위치하고 있는 곳이다. 한때 합병을 추진했던 삼성중공업과 삼성엔지니어링이 판교에서 모이는 것도 의미 있는 사건인데, 여기에 더해 삼성물산이 건설 부문과 상사 부문을 나누어 건설 부문은 판교로, 상사 부문은 잠실에 위치한 삼성에스디에스 사옥으로 이동하기로 결정했다는 소식까지 전해지고 있다. 이로써 삼성중공업과 삼성물산 건설 부문, 삼성엔지니어링이 판교에서 어떠한 형태의 미래지도를 그리고 있다는 것을 어느 정도 예측할 수 있다.

삼성그룹의 미래지도

에스원 매각, 삼성카드를 비롯한 일부 금융계열사 매각, 삼성물산 건설 부문 매각, 삼성엔지니어링과 삼성물산의 합병 재추진…. 당사자들은 적극 부인하고 있지만 삼성전자 구조조정과 관련된 소문들은 계속 회자되고 있다. 시장에서는 거래당사자가 나오거나 적절한 시기가 되면 삼성그룹의 구조조정 계획에 어떠한 내용이 포함되고 어떠한 것들이 실행될 확률이 높은지 이미 알고 있는 것이다. 그런데 이처럼 구조조정을 둘러싼 각종 소문들보다 어느 시점에 이재용 부회장이 삼성그룹의 회장으로 직책을 변경하는지가 더욱 중요한 문제다.

이재용 부회장이 이재용 회장이 되는 과정에서 문제가 되는 것은 이건희 회장이 보유하고 있는 개인 지분이다. 이재용 부회장이 이건희 회장이 보유하고 있는 개인 지분에 대한 상속세를 지불하고 해당 지분을 인수하는 결정을 하는지, 혹은 삼성물산이나 그 외 사모펀드가 이건희 회장의 지분을 인수하는 방법을 택하는지에 따라 지배구조의 움직임이 조금씩 달라지고 그에 따른 삼성그룹의 미래지도 역시 다르게 그려지게 된다. 때문에 어떠한 방법으로 지분을 인수하게 될지 미리 생각해보는 것은 투자 방향을 설정하고 전략을 세우는 데 있어 상당히 중요하다.

여기서 가장 중요한 역할을 하는 것은 바로 통합삼성물산이다. 이재용 부회장은 삼성엔지니어링 유상증자에 참여하기 위해 삼성에스디에스 지분 2.03%를 매각하고 3000억 원대 자금을 조달했다. 그러나 유상증자 참여가 무산되면서 해당 자금으로 통합삼성물산의 지분을 취득했다. 공정거래위원회가 삼성SDI가 보유하고 있는 삼성물산 지분 2.6%를 처분하라는 명령을 내리자, 삼성에스디에스 지분을 매각한 자금을 삼성물산 지분을 인수하는 데 사용한 것이다.

당초 삼성엔지니어링 유상증자에 참여하기 위해 마련한 자금 일부를 삼성물산에 투자하기로 하면서 이재용 부회장의 삼성물산 지분은 16.4%에서 17.07%로 늘어났다. 삼성물산은 이재용 부회장 등 특수 관계인의 지분이 40.93%에 달한다. 재계에서는 삼성전자 4.06%와 삼성생명 19.34% 지분을 보유하고 있는 삼성물산이 조만간 삼성생명이 보유한 삼성전자 지분 7.2% 중 일부를 추가로 매입해 삼성전자 1대 주주가 될 것으로 관측하고 있다.

이번 지분 거래로 인하여 삼성은 삼성물산과 제일모직 합병 과정에서 강화된 삼성그룹의 순환출자고리를 해소하는 동시에 삼성그룹에 대한 이재용 부회장의 지배력을 강화시켰다. 삼성물산을 통해 삼성그룹을 지배하겠다는 이재용 부회장의 의지를 분명하게 확인할 수 있으며 앞으로도 이러한 흐름은 계속해서 이어질 것이라 짐작할 수 있다.

삼성물산과 제일모직이 통합삼성물산으로 합병되기 전, 제일모직의 지배구조를 살펴보면 이러한 예상에 더욱 힘이 실린다. 과거 제일모직(구 삼성에버랜드)이 삼성생명 지분 19.4%를 보유하면서 삼성생명을 지배하고, 삼성생명은 삼성전자 지분 7.2%를 가지고 삼성전자를 지배하는 출자구조를 가지고 있었다. 그리고 당시 비상장회사였던 삼성에버랜드 지분을 이건희 회장이 3.7%, 이재용 부회장이 25.1%, 이부진 호텔신라 사장과 이서현 삼성물산 사장이 각각 8.4%씩 보유하며 삼성그룹을 지배해왔다.

그런데 이건희 회장의 건강이 악화된 사이, 비상장회사였던 삼성에버랜드가 제일모직으로 상호를 변경하고 2014년 12월 18일 신속하게 상장까지 마쳤다. 그리고 다시 삼성물산과 합병하면서 현재의 통합삼성물산으로 변신하게 된 것이다. 삼성에버랜드가 제일모직으로 그리고 다시 통합삼성물산으로 모습을 바꾸면서 지배구조 역시 변화되었다.

대주주의 지분 변화를 보면 이건희 회장과 이재용 부회장, 이부진 사장, 이서현 사장의 지분 변화도 있지만 삼성SDI가 보유한 제일모직 지분 3.7%와 삼성물산 7.4% 지분이 통합삼성물산 지분 4.8%로 변화된

	제일모직	삼성물산(합병 전)	통합삼성물산
이건희 회장	3.4%	14.%	2.9%
이재용 부회장	23.2%		16.5%
이부진 사장	7.8%		5.5%
이서현 사장	7.8%		5.5%
오너 일가 합계			30.4%
삼성SDI	3.7%	7.4%	4.8%
삼성전기	3.7%		2.6%
삼성화재		4.8%	1.4%
계열사 합계			8.8%

▲ 제일모직과 삼성물산 합병 후 대주주 지분 변화

것도 함께 볼 수 있다. 공정거래위원회는 신규순환출자 금지제도에 따라 보유하고 있는 지분을 매각할 것을 명령했고 이에 따라 블록딜(매도자와 매수자 간의 주식 대량 매매)로 매매를 성사시켰다.

삼성그룹 지배구조의 중심축에 삼성물산이 위치하고 있다는 사실에서 이재용 부회장의 삼성그룹이 그릴 미래지도의 핵심에 삼성물산이 있음을 짐작할 수 있다. 또한 이재용 부회장이 삼성물산의 추가 지분 인수를 통해 삼성생명과 삼성전자의 지배력을 공고히 할 것도 충분히 예상 가능한 시나리오다.

그룹 핵심에 삼성물산이 있다면 다음 단계는 더욱 분명해진다. 이재용 부회장 측에서는 이건희 회장이 보유하고 있는 통합삼성물산 2.9%와 삼성전자 3.3%, 삼성생명 20% 지분에 대한 상속 문제를 해결하기 위한 행보를 보일 것이며 이 과정에서 통합삼성물산이든 삼성전자든 계열사 지분 매각을 통한 교통정리가 진행될 것이다.

또 이재용 부회장이 보유하고 있는 개인 지분도 함께 정리될 것이다. 이때 그 방향이 어디를 향하고 있는지 예측하는 것이 중요하다. 진행 과정이 복잡하게 이루어질 수도 있지만 삼성에스디에스 매각 지분을 통합삼성물산 지분 확보에 사용했다는 사실에서 이재용 부회장이 바라보고 있는 미래지도에 삼성물산이 있으며 그 진행 방향 역시 삼성물산을 축으로 돌아갈 것이라는 예상이 충분히 가능하다.

이러한 지분 정리 과정에서 첫 단추를 채운 것이 제일기획이다. 제일기획의 지분 현황을 보면 삼성물산이 12.64%, 삼성전자가 12.6%의 지분을 각각 보유하고 있다. 현재 두 회사가 비슷하게 12%대의 지분을 가지고 있으니 둘 중 한 축은 매각시키는 게 좋다고 판단한 것으로 보인다. 문제는 인수하겠다는 거래당사자 간의 입장 차이로 인하여 매각이 무산되거나 지연될 가능성이다.

제일기획 지분 매각 협상이 난항을 겪고 있다고는 하지만 광고업계에서는 제일기획의 지분 매각이 이미 정해진 것이나 다름없다는 이야기도 나오고 있다. 한동안은 지분 매각을 둘러싸고 잡음이 생길 수도 있지만 매각 추진이라는 방향성은 흔들리지 않고 지속될 것이라 판단된다. 다시 말해, 매각 성공 여부보다 매각된 자금이 어디에 쓰이는지 확인하는 것이 더욱 중요한 핵심이다. 구체적으로 삼성전자 지분 확보에 사용하는지, 아니면 삼성생명 지분을 키우기 위해 사용하는지 체크해보아야 한다.

제일모직 매각 성공과 이후 자금의 흐름과 함께 이재용 부회장의 삼성에스디에스 개인 지분 축소 여부도 추적해보아야 한다. 현재 삼성물산은 삼성에스디에스 지분 17.1%를 보유하며 삼성에스디에스를 확실하게 지배하고 있다. 때문에 이재용 부회장은 이 지배력을 바탕으로 개인적으로 보유하고 있는 삼성에스디에스 지분을 매각해 해당 자금을 삼성전자 추가 지분 인수나 이건희 회장의 개인 지분 인수를 위한 상속세로 사용할 가능성이 있다. 그렇기 때문에 이재용 부회장이 보유하고 있는 삼성에스디에스 개인 지분이 점차 축소되어 5% 이하까지 감소하는지 여부를 확인해야 한다.

2016년 3월 20일, 이건희 회장 개인이 보유하고 있는 핵심적인 지분은 삼성전자 3.38%, 삼성생명 20.78%, 통합삼성물산 2.89%다. 삼성전자 지분 3.38%는 498만 주로 현재 주가 127만 원으로 평가하면 약 6조 3200억 원에 달한다. 4151만 주를 보유하고 있는 삼성생명을 현재주가 11.2만 원으로 평가하면 해당 금액은 약 4조 6490억 원, 통합삼성물산 531만 주를 현재주가 12만 원으로 계산할 경우 약 6370억 원이다. 이 금액을 모두 합하면 무려 11조 6060억 원이다. 50%를 상속세로 낸다고 가정하면 5조~6조 원 정도가 필요하다. 이러한 천문학적인 금액을 상속세로 지불하면서 이건희 회장의 지분을 확보할 것이라고는 생각되지 않는다.

이건희 회장 사망 전에 재단이나 통합삼성물산, 삼성생명으로 이건희 회장의 보유 지분을 알게 모르게 이동시키거나 이재용 부회장이 개인적으로 가장 많이 보유하고 있는 삼성에스디에스와 맞교환하는 방식 혹은 그 외의 다양한 방법을 동원해 해당 지분을 이동시킬 것으로 보인다. 이미 현행법 안에서 지분 이동을 위해 다양한 방법을 연구하고 실행하는 싱크탱크가 가동된 것으로 생각되며 삼성에스디에스 지분 매각으로 통합삼성물산 지분을 추가 확보한 것이 그 징후 중 하나라고 생각된다.

요컨대 이재용 부회장이 얼마만큼의 삼성에스디에스 지분을 매각하는지, 그리고 매각을 통해 조달한 현금으로 삼성전자나 통합삼성물산의 지분을 추가로 확보하는지, 아니면 이건희 회장 개인 소유의 삼성전자(3.38%) 혹은 삼성생명(20%) 지분 인수에 해당 자금을 상속세로 사용하는지 그 결정을 지켜보아야 한다.

삼성그룹 지배구조의 다음 카드가 무엇일지도 예측해보아야 한다. 최근 회사의 적극적인 부인에도 불구하고 삼성카드와 에스원이 매각될 수도 있다는 소문이 계속 흘러나오고 있다. 이러한 사실을 볼 때 삼성생명이 삼성전자가 보유한 삼성카드(37.4%) 지분 전량을 인수하기로 결정한 것이 다음 카드가 아닐까 생각한다.

삼성생명이 삼성전자가 보유하고 있던 삼성카드 지분을 전량 인수하면서 삼성생명이 보유하고 있는 삼성카드 지분은 71.8%가 되었다. 이제는 삼성생명과 삼성카드가 합병을 진행해 삼성카드가 삼성생명에 흡수합병 될지, 그전에 삼성카드가 인적분할을 통해 삼성카드 판매 부분을 매각하고 나머지 부분만 인수할지 등 다양한 아이디어가 난무하고 있다. 이것도 아니면 삼성카드 전체를 매각하는 시도도 전개될 수 있다. 그러나 현실적으로 삼성카드 전체를 인수할 만한 거래 상대를 찾기란 쉽지 않기 때문에 어디까지나 가능성만 열어두고 있는 상황이다. 앞서 제기된 세 가지 가능성 중 가장 큰 그림은 삼성생명을 인적분할하는 것이다.

삼성생명 인적분할을 통해 삼성생명금융지주사와 삼성생명사업사 두 개로 나누는 방안이다. 최근 삼성전자도 삼성전자지주사와 삼성전자로 분할하는 안이 거론되고 있는 만큼 삼성생명을 분할하는 방안도 현실적으로 실행될 가능성이 충분히 있다. 이재용 부회장의 삼성전자 지배를 공고히 하는 전략으로 인적분할을 한 삼성생명사업사가 그 밑에 삼성전자 지분을 확보하게 하고, 그것을 통합삼성물산과 합병하도록 하는 방안이 대두되고 있으며 삼성에스디에스도 삼성전자와 소규모 합병을 시킨다는 시나리오도 제기되고 있다.

그러나 어떠한 방향으로 이재용 부회장의 삼성그룹이 나아갈지는 아직은 알 수 없다. 이재용 부회장이 어느 카드를 선택할지는 2017년 12월 대통령선거의 방향이 어느 정도 윤곽이 드러날 때 최종적으로 나타날 것으로 예상한다. 이러한 불확실성이 하나로 모이며 확실한 윤곽이 드러나기 전에는 팔 수 있는 것은 다 팔자는 시각이 삼성그룹을 지배할 것으로 보인다.

02

현대그룹의 과거와 현재,
그리고 미래

현대그룹 갈등의 역사

한강의 기적을 이루고 대한민국의 발전을 이끌어온 대표적인 한국의 수출기업인 현대그룹은 한국 경제 성장을 뒷받침하는 하나의 큰 축이 되었다. 그러나 후계구도 갈등이 증폭되기 시작하면서 현대그룹은 현대그룹과 현대중공업그룹, 현대차그룹으로 나누어지게 되었다. 현대그룹의 '형제의 난'이 어떻게 전개되었는지 파악하고 현대그룹의 투자 역사를 알고 있어야 비로소 현대그룹에 대한 올바른 투자 전략을 세울 수 있다.

사건의 발단은 2000년 초 노환으로 정주영 명예회장이 현대아산병원에 입원해 있는 상황에서 시작된다. 그리고 정주영 명예회장이 사망

하면서 후계구도 갈등이 걷잡을 수 없이 번져갔다. 그야말로 조선 초기 '왕자의 난'을 연상시킬 만큼 두 아들(정몽구, 정몽헌)의 다툼은 극단의 상황으로 치닫게 된 것이다.

공동대표로 현대그룹을 이끌어온 정몽구 회장과 정몽헌 회장 사이에 벌어진 '현대그룹 왕자의 난'은 서로에게 폭언을 쏟아내며 진흙탕 싸움을 벌였다. 두 형제의 싸움은 이익치 현대증권 회장의 돌출인사에서 시작되었다.

2000년 3월 14일 이익치 현대증권 회장을 고려산업개발 회장으로 내치는 인사 발령이 떨어졌다. 당시 정몽구 회장은 정주영 명예회장의 둘째 아들로 현대차그룹을 맡고 있고 나머지 현대그룹의 핵심 분야인 전자, 건설, 대북사업 등은 다섯째 아들 정몽헌 회장이 맡고 있었다. 때문에 현대증권을 포함한 금융 부문의 기득권은 정몽헌 회장 측이 내세우고 있었지만 장자격인 정몽구 회장 측이 금융 부문에 나서면서 두 형제가 부딪치게 된 것이다.

그러나 이번 내정인사가 그룹의 공식 발표가 아닌 정몽구 회장 측의 계열사인 현대차에서 흘러나온 것으로 확인되면서 이에 대해 정몽헌 회장 측인 그룹의 PR사업본부는 아직 확정된 게 없다는 입장으로 일관했다. 이후 정몽헌 회장의 측근인 김재수 그룹구조조정본부장이 기자회견을 열어 이익치 회장의 인사발령을 원점으로 돌린 것은 물론 정몽구 회장을 그룹 공동 회장 자리에서 물러나게 한다는 내용을 밝혔다. 하지만 정몽구 회장은 순순히 물러나지 않았다. 이 과정에서 서로에 대한 비난도 서슴지 않아 관계는 더욱 악화되었다. 이 사태의 본질은 현대증권으로 대표되는 그룹의 금융 부문 쟁탈전이다.

현대그룹은 2000년 상반기를 시작으로 2003년까지 자동차와 전자, 건설, 중공업, 금융·서비스의 5개 그룹으로 나눌 예정이었다. 자동차는 정몽구 회장, 전자와 건설은 정몽헌 회장, 그리고 중공업은 정몽준 의원이 맡기로 결정이 났지만 다른 한 부문인 금융·서비스의 주인은 누가 될지 불투명한 상황이었다. 당시 재벌들은 수년간 금융계열사 확대에 열을 올려왔고 이에 따라 금융 업종이 그룹 내에서 차지하는 비중도 나날이 커지는 추세였던 것을 감안하면 주인 없는 금융·서비스를 두고 각축전이 벌어진 것은 어찌 보면 당연한 수순이었다.

정몽주 회장보다는 정몽헌 회장이 금융·서비스 부문에 한 발짝 가까이 서 있었다. 정몽헌 회장이 오너로 있는 현대상선이 바로 현대증권의 대주주였기 때문이다. 그러나 정몽구 회장 입장에서도 현대증권은 반드시 필요한 카드였다. 할부 금융을 해주는 현대캐피탈 외에 이렇다 할 만한 금융계열사가 없었기 때문이다. 금융 부문은 자동차 부문의 영토 확장과 현대그룹 경영 대권의 실질적 계승이라는 두 마리 토끼를 한번에 잡을 수 있는 기회였다.

정몽구 회장 측은 현대증권을 손에 넣기 위해 회생 가능성이 보이지 않는 계열사 주가를 명분으로 삼았다. 그룹의 주가 관리를 맡고 있다고 볼 수 있는 현대증권 이익치 회장을 희생양으로 삼았다. 그리고 정몽헌 회장의 최측근인 이익치 현대증권 회장이 고려산업개발로 좌천되었다.

이 모든 일은 정몽헌 회장이 해외 출장으로 국내에 없는 틈을 타 이루어졌다.

정몽구 회장은 1996년, 그룹 회장으로 등극했다. 그는 인천제철과 현대산업개발, 현대정공 등 여러 계열사를 거느리고 있었지만 자동차, 중공업과 같은 주력 계열사는 아직 그의 몫이 아니었다. 그러나 동생인 정몽헌 회장은 현대전자와 같이 형인 정몽구 회장보다 더 화려한 계열사를 가지고 있었다. 이미 후계구도에서 분쟁의 소지가 있었던 셈이다.

현대그룹 왕권 경쟁의 시작은 1998년 정몽헌 회장이 그룹 공동 회장으로 부상하면서부터 시작되었다. 현대그룹 창업주인 정주영 회장이 명예회장으로 물러나면서 대내 부문은 정몽구 회장이, 대외 부문은 정몽헌 회장이 맡게 되었다. 그해 정주영 명예회장이 소 1001마리를 끌고 판문점을 넘으면서 냉각됐던 남북 관계가 급속도로 풀리기 시작하자 다양한 남북 교류와 금강산 관광이 추진되기 시작했다. 자연스럽게 대외 부문을 관장하던 정몽헌 회장이 금강산 관광과 대북사업을 맡게 되면서 그룹 내 정몽헌 회장의 기세는 하늘을 찌르는 듯했다.

이에 질세라 정몽구 회장은 자동차 부문에서 승기를 잡았다. 1998년 현대그룹이 인수한 기아자동차를 정상화시키고 미국과 유럽 등 해외 시장에서도 자동차 판매량이 급증하는 상황에서 언론을 통해 자신의 주가를 올렸다. 이 여세를 몰아 정몽구 회장 측은 기아자동차 인수 이후 금융 부문까지 확장에 나섰다.

정몽구 회장은 이익치 현대증권 회장을 자리에서 끌어내리며 정몽헌 회장과 권력 다툼을 시작했다. 이런 형제 간의 극단적인 갈등 구조는 이후 2000년 8월 현대차 계열의 분리 선언과 11월 정몽헌 회장 계열인 현대건설에 정몽구 회장이 지원을 약속하면서 일단락되었다. 그러나 현대그룹이 유동성 위기에 몰리면서 현대건설, 현대전자 등 계열사가 채권단에 넘어갔고 정몽헌 회장은 대북송금 특검수사에 휘말려 2003년 8월 스스로 목숨을 끊으며 세상을 떠나게 된다.

그리고 2003년 11월, 시삼촌인 KCC그룹 정상영 명예회장과 질부인 고 정몽헌 회장의 부인인 현대그룹의 현정은 회장 간의 '숙질의 난'이 발생한다. 정상영 명예회장이 현대그룹 인수를 선언하자 이에 현정은 회장은 정상영 명예회장과의 지분 경쟁을 벌였다. 이듬해인 2004년 3월 현정은 회장이 현대엘리베이터 주주총회에서 압승하면서 현대그룹을 지켜내며 일단락되었다.

그러나 이게 끝이 아니었다. 2년 후인 2006년 4월 정몽준 의원이 최대 주주로 있는 현대중공업그룹이 형수인 현정은 회장이 이끌고 있는 현대그룹 핵심계열사, 현대상선 지분 28.68%를 매입하면서 '시동생의 난'이 벌어진 것이었다. 현대중공업그룹은 외국인의 적대적인 인수합병 방지를 명분으로 지분 매입에 나섰지만 현정은 회장은 유상증자와 우호지분 확보를 통해 적극적으로 경영권을 방어해 현대상선을 지켜낼 수 있었다.

현대그룹은 형제의 난, 숙질의 난, 시동생의 난을 겪으며 현대그룹과 현대차그룹, 현대중공업그룹으로 나눠지게 되었다. 이 과정에서 2006년 3월 후계구도 작업을 위해 현대차그룹이 현대·기아차 운송계열사 글로비스를 통해 수백억 원대의 비자금을 조성한 사실이 밝혀지면서 검찰 조사를 받았다. 정몽구 회장의 지시로 현대차 본사 460억 원, 글로비스 등 5개 계열사 750억 원, 해외펀드 운용에 따른 거래차익 176억 원, 조세피난처에 있는 페이퍼컴퍼니 펀드 청산 7억 원 등 모두 1390억 원에 달하는 거액의 비자금이 조성된 사실이 검찰 조사 결과 드러났다.

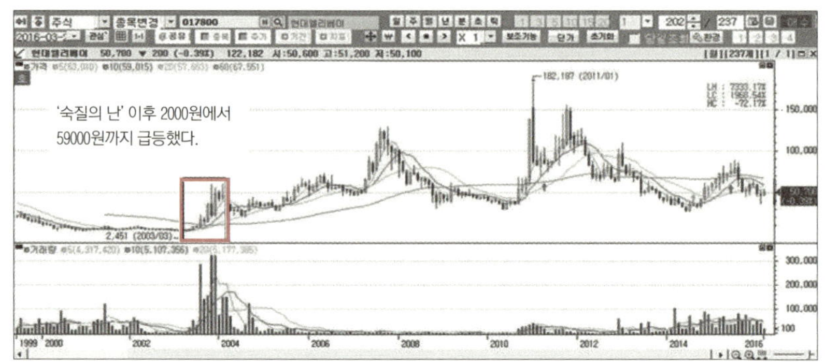

▲ 2003년 '숙질의 난'의 주가 변동

이뿐만 아니라 정몽구 회장은 현대우주항공 채무에 대한 본인의 연대보증 책임을 면하기 위해 1999년과 2000년 현대우주항공 유상증자에 계열사들을 참여하게 해 현대차와 현대정공, 고려산업개발에 손해를 끼쳤으며 자금난을 겪던 현대강관이 유상증자를 하자 분명 손실이 예상되는 상황에서도 역외펀드를 설립해 계열사 자금을 증자에 참여시켰다. 이 과정에서 현대차 3900만 달러, 현대중공업 1100만 달러에 달하는 거액의 손실이 발생하기도 했다. 재벌총수의 1390억 원에 달하는 횡령과 4000억 원에 이르는 배임 사실은 사회적으로 큰 충격을 주었다.

현대차 그룹의 비자금 사건이 정의선 기아차 사장의 경영권 승계 과정 비리로 확대되면서 상황은 걷잡을 수 없이 커져갔다. 현대오토텍이 본텍을 흡수합병하는 과정에서 주식 가치가 의도적으로 높게 산정되어 본텍 대주주인 글로비스의 기업 가치가 상승했다. 검찰은 결과적으로 정몽구 부자가 수천억 원의 평가 차익을 얻게 된 사실에 집중해 수사를 펼쳤다.

현대차그룹의 비자금조성 사건은 정몽구 회장의 법원 판결로 마무리되었고 그 후 현대차·기아차·현대글로비스의 지분 구도 변화가 본격적으로 이루어지면서 정의선 기아차 사장을 중심으로 한 후계구도 확립과 그에 따른 현대차그룹의 지배구조 변화가 시작되었다.

현대글로비스를 통한 현대차그룹의 후계구도

삼성그룹이 비상장회사의 전환사채와 신주인수권부사채와 같은 유가증권을 이용해 이재용 부회장의 3세 승계 발판을 마련했다면 현대차그룹의 후계구도는 비상장회사 설립 후 계열사 일감 몰아주기를 통해 진행되었다. 그리고 현대차 승계 구도 중심에는 현대차와 기아차에 이어 그룹 핵심으로 부상한 현대글로비스가 있다.

정의선 부회장의 현대차그룹 후계구도 전략은 2001년과 2002년 두 차례에 걸쳐 글로비스에 투자하면서 시작되었다. 글로비스의 전신은 한국로지텍이다. 한국로지텍은 2001년에 설립된 후 2003년에 글로비스로 사명을 변경하였고 또 다시 2011년에 현대글로비스로 상호를 변경했다.

한국로지텍의 역사는 2000년 3월 이익치 현대증권 회장 인사문제 때로 거슬러 올라간다. 현대그룹 경영권 승계 다툼에서 밀려난 정몽구 회장은 그해 9월 공정거래위원회의 승인을 받아 현대차 등 10개 회사를 이끌고 현대그룹으로부터 독립한다.

현대그룹은 물류와 전산 업무를 맡겼던 현대상선이나 현대정보기술을 대신할 새로운 자회사가 필요했다. 이에 회사를 세워 현대상선이 주로 담당했던 자동차 물류는 한국로지텍으로, 현대정보기술이 맡았던 현대차와 기아차의 전산관리는 오토에버닷컴으로 이관했다. 이렇게 2001년 현대차그룹 계열의 물류 전문 기업으로 새롭게 탄생한 한국로지텍은 2002년 평택항에 물류기지를 지으며 본격적으로 정유 산업과 물류 서비스를 시작했다.

현대차그룹이 현대그룹에서 독립하고 2년 뒤인 2002년 7월, 당시 현대차그룹의 지배구조는 현대차가 기아차를, 기아차가 현대모비스를, 또 현대모비스가 기아차의 지분을 가지고 있는 순환출자 구조로, 정몽구 회장이 현대차 지분 4.08%와 현대모비스 지분 7.96%를 각각 보유하며 핵심계열사를 지배하고 있는 반면 정의선 부회장은 비상장회사인 본텍(30%)과 한국로지텍(60%)의 지분만을 가지고 있었다.

보유하고 있는 핵심 계열사 지분이 1% 남짓이고 차후에 현대모비스와 본텍의 합병을 통해 현대모비스 지분을 확보하게 된다고 하더라도 현대차그룹을 지배하는 데는 턱없이 부족하다. 결국 정의선 부회장은 자신이 최대 주주로 있는 회사의 가치를 높여 승계 자금을 마련하는 것 외에는 다른 방법이 없는 셈이다.

이러한 계산 속에 정의선 부회장이 60%를 보유하고 있는 한국로지텍은 현대차그룹의 후계 과정에 있어 핵심이 된다. 한국로지텍은 2003년 글로비스로 사명을 바꾼 후 오토에버닷컴이 가지고 있던 중고차 경매 사업을 인수하며 유통업에 진출하여 2005년, 중고차 전문 브랜드 오토와이즈를 출시한다. 2005년 증권거래소에 상장된 후 유럽과 인도 시장 진출을 시작으로 체코, 터키, 홍콩, 미국 조지아 등에 법인을 세우며 본격적인 해외시장 공략에 나선다. 자동차와 해운 사업까지 사업을 넓힌 2011년, 글로비스는 상호를 현대글로비스로 또 한 번 바꾼다.

현대글로비스는 종합물류 사업과 유통판매 사업을 중심으로 하고 있다. 종합물류 사업은 현대차그룹에서 생산한 자동차 운반을 주로 맡고 있으며 유통판매업 분야에서는 해외 공장에서 국내 부품에 대한 주문을 접수하여 완제품이 아닌 반제품 형태로 부품을 수출하는 CKD 사업과 중고차 경매장 운영을 통한 중고차 판매 사업을 하고 있다. 사업을 전방위적으로 확대하고 있는 현대글로비스가 현대차그룹의 승계구도에서 어떠한 역할을 하는지 제대로 파악하기 위해서는 주식시장 상장 이후의 주가 흐름을 살펴볼 필요가 있다.

글로비스는 2005년 12월 26일 코스피에 상장되면서 4만 2600원에 거래되기 시작했다. 이후 2006년 1월 9만 1100원까지 급등했다가 2007년 1월 다시 2만 1300원까지 급락하며 크게 출렁였다. 2011년 3월 30일 상호가 현대글로비스로 변경되면서 2011년 4월 4일 현대글로비스로 변경상장되었고 이후 2014년 9월 33.7만 원까지 급등한 후 2016년 3월 기준으로 주당 19.2만 원에 거래되고 있다.

글로비스가 주식시장에 상장하고 이후 현대글로비스로 탈바꿈하는 사이 주가는 크게 출렁이며 변동성이 나타났다. 대기업의 승계구도와 관련 있는 종목의 주가 파동을 볼 때는 대주주의 지분율도 함께 확인해

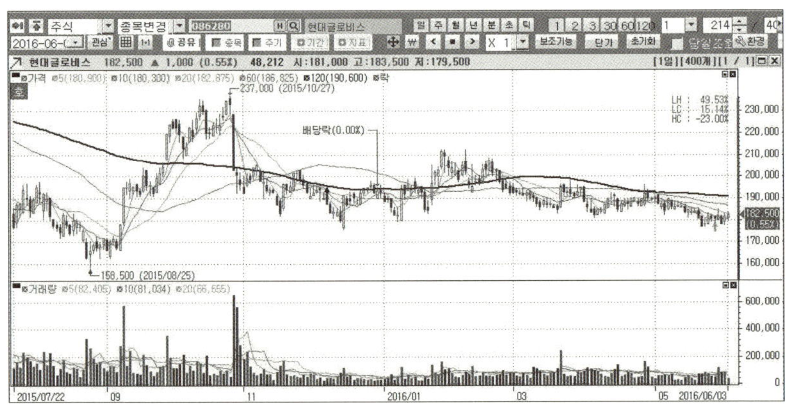

▲ **현대글로비스의 주가 흐름**

야 그 속에 숨겨진 큰 그림을 볼 수 있다.

정의선 부회장은 글로비스의 전신인 한국로지텍이 비상장회사로 있을 때 70%에 달하는 개인 지분을 보유하고 있었다. 그런데 2016년, 정의선 부회장이 보유하고 있는 현대글로비스 지분은 23.2%에 불과하다. 그 사이 지분 축소가 어떤 형태로든 이루어졌고 그 자금이 어딘가에 쓰였다는 것을 유추할 수 있다. 그렇다면 그 자금은 실제 어디로 들어갔을까? 그 답은 현대차그룹 지배구조에서 확인할 수 있다.

현대차그룹은 현대차와 기아차, 현대제철과 현대모비스가 순환출자 방식으로 연결되어 있으며, 그룹의 상징인 현대차 20.78% 지분을 현대모비스가 보유하고 있다. 정의선 부회장이 현대차그룹의 경영권을 물려받기 위해서는 현대차그룹 순환출자 구조의 꼭대기에 있는 현대모

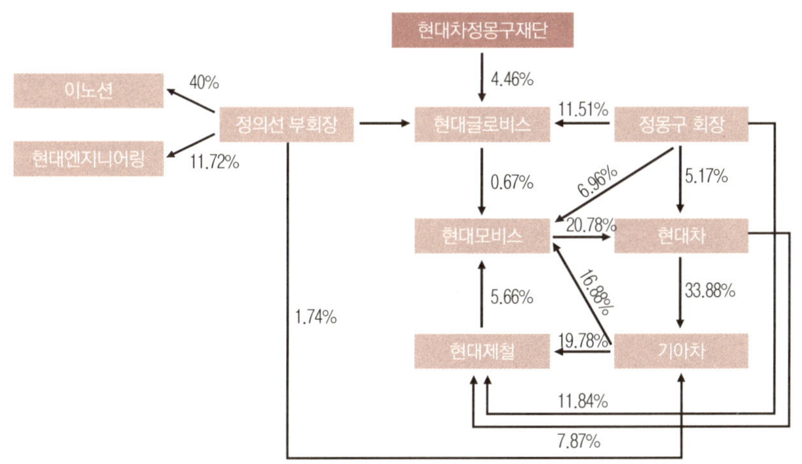

▲ 현대차그룹 지배구조도

비스 지분을 확보해야 하지만 정의선 부회장은 현대모비스 지분을 가지고 있지 않다. 이에 정의선 부회장은 현대글로비스 개인 지분을 매각하여 현대모비스 지분의 확보를 시도했다. 2015년 1월, 대량의 현대글로비스 지분 매각을 위한 블록딜을 실행한 것이다. 그러나 모든 것이 그의 뜻대로 되지는 않았다. 현대차그룹이 현대글로비스 지분 매각을 시도하면서 현대차그룹의 지배구조 개편 시나리오는 전혀 다른 방향으로 전개되기 시작한 것이다. 사실 여기에는 당시 공정거래법이 문제가 되었다.

공정거래위원회는 공정거래법 및 시행령 개정을 통해 자산 5조 원 이상의 대기업그룹 총수 일가가 상장 계열사 지분 30%(비상장사 20%)를 보유한 상태에서 200억 원 이상의 일감몰아주기를 할 경우 처벌할 수 있도록 했다. 처벌 대상에 이익제공기업과 수혜기업, CEO, 오너 등 특수 관계인까지 포함되는데, 여기서 정몽구 회장과 정의선 부회장이 보유하고 있는 현대글로비스 지분 43.39%가 문제가 된다. 그러나 블록딜이 성공한다면 글로비스 보유 주식을 정몽구 회장은 251만 7000주(6.71%), 정의선 부회장은 873만 2290주(23.28%)로 줄일 수 있다. 두 사람의 지분을 합친다고 해도 대기업 일감몰아주기 처벌 기준인 30%에서 0.01% 모자란 29.99%가 되기 때문에 공정거래법을 피해갈 수 있다. 결국 정몽구 회장과 정의선 부회장이 보유하고 있는 주식 13.39%를 매각하는 데 성공했다.

현대글로비스 지분 43.39% 중 13.39%를 매각하면서 가격은 전날 현대글로비스 종가인 23만 7000원보다 2.7% 낮은 주당 23만 500원으로 결정되었으며 해당 물량은 국내와 해외의 기관투자자가 절반 정도씩 받아간 것으로 알려졌다. 이번 매각을 통해 정몽구 회장과 정의선 부회장은 1조 1000억 원 정도의 현금을 확보했고 동시에 공정거래법 적용 대상에서도 빠져나갈 수 있게 되었다.

현대글로비스 지분 매각이 성공하면서 정의선 부회장이 경영권 승계에 한 발짝 다가간 것처럼 보였다. 시장에는 정의선 부회장이 현대 · 기아차그룹의 지주사격인 현대모비스 지분 확보에 매각 자금을 사용할 것이라는 예측이 난무했다. 그러나 상황은 또 다시 예상과 전혀 다른 방향으로 전개되었다. 현대중공업의 재무구조 안정을 이유로 현대차 지분 매각을 결정하게 되면서 정의선 부회장은 현대모비스가 아닌 현대차 지분 인수를 결정했다.

2015년 9월, 정의선 부회장은 현대중공업이 매각하기로 한 현대차 주식 440만 주 가운데 316만 4550주를 주당 15만 8000원에 매입했다. 연초에 매각한 현대글로비스 매각 대금을 활용해 개인 자격으로 해당 주식을 인수하면서 정의선 부회장이 보유하고 있는 현대차 지분율은 1.44%(317만 995주)로 높아졌다. 현대차 지분 매각으로 현대중공업이 보유하고 있는 지분율은 0.6%(123만 5450주)로 낮아지게 되면서 이번 인수가 정의선 부회장의 중장기적 경영 승계의 포석이라는 해석도 나왔다.

정의선 부회장이 현대모비스가 아닌 현대차 지분을 인수하면서 현대차그룹의 승계구도는 시장의 예측과 다른 방향으로 흘러가고 있다. 2015년 9월 24일 정의선 부회장이 현대중공업으로부터 현대차 지분을 확보한 날의 종가를 기준으로, 정몽구 회장이 보유하고 있는 현대차 계열사의 지분 가치 총계는 약 2조 9980억 원에 달한다. 현대엔지니어링이 비상장 계열사이기 때문에 추정치로 계산한 것을 제외했고 매일 주가가 변하기 때문에 시간의 흐름에 따라 현재와 비교한다면 지분 가치 총계는 어느 정도 오차가 있을 수 있다.

여기서 중요한 것은 정의선 부회장이 개인 지분으로 가지고 있는 현대차그룹의 지분 가치가 앞으로 어떻게 변화할지, 그리고 현대차그룹의 경영권 승계 작업은 어떠한 형태로 이루어질지 추적하는 것이다. 정의선 부회장은 아직 정몽구 회장의 현대차그룹을 승계할 만한 지분을 확보하지 못하고 있다. 때문에 그룹 차원에서 정의선 체제로 중심을 이동시키기 위한 움직임이 있을 것이고 그 과정에서 어떠한 형태로든 현대차 그룹 지배구조 확대 작업이 이루어질 것으로 보인다. 특히 현대글로비스 지분 가치 재고를 통한 지분 매입과 비상장 계열사와 상장 계열사의 합병을 통한 현대차그룹 승계 방법 등 다양한 전략이 구사될 것으로 전망된다.

현대차그룹 중심의 새로운 축

2014년 현대차그룹은 한 해 동안 4건에 달하는 계열사 간 합병 작업을 진행했다. 2014년 1월 현대제철의 현대하이스코 냉연 부문 합병을 시작으로 그해 4월 현대엠코와 현대엔지니어링의 합병이 추진되었고 11월에는 자동차 부품 단조 및 가공을 맡고 있는 현대위스코와 자동차용 주물 업체인 현대메티아가 현대위아에 합병되었다. 또 비슷한 시기에 현대차그룹의 시스템통합을 담당하는 현대오토에버가 현대C&I(건설 전문 IT 컨설팅 및 시스템운용 업체)와 합병했다.

현대차그룹은 급속도로 추진되고 있는 구조개편이 연관성 있는 계열사의 통합을 통해 효율성을 높이는 것이라고 말하지만 이를 바라보는 업계와 시장의 시선은 사뭇 다르다. 현대차그룹의 설명처럼 표면적으로는 부품 계열사와 단조·주물 계열사의 통합과 IT 계열사 간의 통합으로 보인다. 그러나 이런 통합 과정의 공통분모에 정의선 부회장이 자리하고 있다는 사실을 안다면 이를 단순한 계열사 정리가 아닌 본격적인 후계구도 확립을 위한 현대차그룹의 사전작업으로 볼 수 있다.

계열사 간 합병의 교집합이 정의선 부회장이라는 사실은 해당 종목의 지분구조를 파악하면 쉽게 알 수 있다. 합병이 완료된다면 정의선 부회장이 가지고 있던 현대위스코 지분 57.9%는 현대위아 지분으로 바뀌게 되고 이 과정에서 정의선 부회장은 1.95% 가량의 현대위아 지분을 보유하게 된다. 합병을 통해 총자산 5조 5169억 원에 달하는 현대차그룹 핵심 부품사의 주주가 되는 셈이다. 더욱이 유사 계열사 간의 통합에 따른 시너지를 감안하면 현대위아의 기업 가치는 더 올라갈 가능성이 크다.

현대오토에버와 현대C&I 합병도 마찬가지다. 정의선 부회장은 합병 전 현대오토에버 지분 20.1%를 보유하고 있었다. 합병 이후에도 19.5%로 지분량은 상당하다. 현대오토에버는 합병을 통해 건설 IT 부문까지 사업 영역을 확장하게 되고 그 과정에서 삼성에스디에스나 SK C&C와 같은 그룹의 알짜 시스템통합(SI) 업체로 성장할 가능성이 크다. 기업 가치가 상승한다는 것은 주가가 오른다는 것을 의미하고 이는 곧 정의선 부회장의 자산 가치가 높아진다는 것을 의미한다.

2014년 한 해 동안 진행된 현대차그룹의 계열사 간 합병 움직임은 정의선 부회장 체제를 갖추기 위한 사전 작업의 일환으로 보인다. 2014년 4월의 현대엠코와 현대엔지니어링의 합병, 8월의 현대위아, 현대메티아와 현대위스코의 합병 이후 2015년 4월에 현대제철과 현대하이스코가 합병을 이뤘고 2016년 2월에 현대·기아차가 현대제철 지분 880만 주를 매각해 순환출자구조를 해소하기까지, 현대차그룹의 지배구조 개편은 점차 윤곽이 드러나고 있다. 그리고 그 중심에는 정의선 부회장이 자리하고 있다.

현대차그룹의 후계구도는 정의선 부회장을 중심으로 어느 정도 완성되어가고 있다. 때문에 앞으로 정의선 부회장의 지분 가치가 어떻게 커지는지를 확인하는 것이 핵심 포인트다. 또한 현대상선이 현대차그룹으로 이동하게 되는지도 추적해보아야 한다. 정의선 부회장 후계구도 확립에서 현대상선이 차지하는 역할과 비중이 상당하기 때문이다. 그런데 변수가 하나 있다. 바로 현대상선과 현대상선이 필요한 현대차그룹 사이에는 감정의 골이 아주 깊다는 사실이다. 따라서 앞으로 현대차그룹 승계구도 완성에 있어 현대상선과 현대차그룹 간의 해묵은 감정들이 어떻게 충돌되는지 동태적으로 추적하고 그 방향을 지속적으로 체크해야 한다.

현대건설 매각 과정 속 현대차그룹과 현대상선의 갈등

2000년, 이익치 현대증권 회장의 갑작스런 인사발령으로 시작된 정몽구, 정몽헌 회장 간의 갈등 이후 현대그룹은 정몽헌 회장이, 현대그룹에서 독립된 현대차그룹은 정몽구 회장이 맡았다. 현대건설은 정몽헌 회장이 이어받은 현대그룹의 핵심이다. 그런데 그룹의 중추인 현대건설이 2001년 유동성 위기로 채권단에 넘어가는 사건이 발생하자 현대건설은 현대그룹에서 분리되는 수순을 밟았다. 5년 후인 2006년 현대건설은 경영 정상화를 이루지만 이후 끊임없이 매각 가능성이 제기되면서 현대건설은 현대그룹의 소리 없는 전쟁터로 떠올랐다.

당시 현대그룹은 2003년 정몽헌 회장이 대북송금 특검 수사에 휘말려 스스로 목숨을 끊은 이후 부인 현정은 회장이 이끌어오고 있었다.

형제, 숙질, 시동생과의 경영권 분쟁을 겪은 현대그룹이 2008년 현대건설 인수 의사를 밝혔다. 현대그룹은 끊임없이 경영권 분쟁을 겪어온 터라 경영권 방어를 위해 현대건설이 반드시 필요했다. 그런데 정몽구 회장의 현대차그룹이 현대건설 인수에 참여하기로 했다.

한국 건설사에 큰 획을 그으며 국내 건설업계를 이끌어온 현대건설은 현대가의 뿌리가 되어왔지만 1997년 IMF 사태와 2000년대 정몽구, 정몽헌 회장의 경영권 분쟁 이후 그 위상은 추락하기 시작했다. 2001년 계열이 분리되며 채권단의 공동 관리를 받게 된 현대건설이 9년 만에 시장에 매물로 나온 것이다. 현대가의 적통임을 내세웠던 정몽구 회장에게 현대건설은 반드시 인수해야만 하는 대상이었다.

그러나 정몽구 회장이 현대건설 인수전에 뛰어든 것은 적통성 확보 외에도 다른 이유가 있었다. 현대건설을 품에 안게 된다면 그룹 성장 동력을 강화할 수 있을 뿐 아니라 사업 간의 시너지를 창출할 수 있기 때문이다. 현대건설을 인수할 경우 현대차그룹은 친환경 발전 사업부터 주택용 충전 시스템, 친환경 주택, 하이브리드 자동차, 전기차 등 친환경을 모토로 한 그룹으로 도약할 준비를 갖추게 된다. 자동차 사업의 해외시장 안정화와 현대제철 일관제철소 완성을 이룬 정몽구 회장에게 현대건설 인수는 현대차그룹 미래사업구도의 마지막 퍼즐 조각인 셈이었다.

정몽구 회장은 현대건설 인수를 통해 자동차·철강·건설을 3대 핵심 성장축으로 한 그룹 포트폴리오를 짜고 있었다. 전 세계 150여 개국

8000여 곳에 글로벌 생산 설비 및 판매 거점을 확보하고 있는 현대·기아차의 해외 네트워크를 활용한다면 현대건설을 글로벌 회사로 한 단계 도약시킬 수 있다는 판단이 현대차그룹을 현대건설 인수전에 뛰어들게 만들었다.

먼저 승기를 잡은 것은 현대그룹이었다. 11월 16일 우선협상대상자로 선정된 현대그룹은 외환은행과 양해각서를 체결하고 현대건설 인수를 위한 단계를 밟아나갔다. 그런데 50일 만에 상황은 역전돼 현대건설은 현대그룹이 아닌 현대차그룹 품에 들어왔다. 채권단이 현대그룹이 제출한 프랑스 나티시스 은행 대출계약서의 문제점을 발견하고 인수 자금의 성격을 문제 삼으면서 현대그룹은 우선협상자 지위를 박탈당했다. 2007년부터 제기되었던 현대건설 매각을 둘러싼 잡음은 결국 2011년 2월 26일, 현대차그룹이 현대건설을 인수하게 되면서 끝을 내게 된다. 우여곡절 끝에 현대차그룹은 당초 인수가로 제시한 5조 1000억 원보다 적은 4조 9601억 원에 현대건설을 인수했다. 현대건설 매각으로 현대차그룹은 35%의 지분을 갖게 되었지만 현대건설 인수 과정에서 현대그룹과 현대차그룹의 감정의 골은 더욱 깊어졌다.

현대그룹은 현대건설 인수의향서를 제출한 직후 현대차그룹을 겨냥해 TV 및 라디오와 신문을 통해 광고를 내보내며 공격적인 태도를 보였다. TV와 라디오 광고는 현대그룹 정통성을 인정받기 위한 장치로 활용했지만, 신문 광고는 현대차그룹을 자극하는 내용이 대부분이었다. "비상장기업과 합병하지 않겠습니다", "시세차익을 노리지 않겠습니다", "경영권 승계의 도구로 쓰지 않겠습니다" 등 광고 카피만 보아도 현대그룹이 얼마나 치열한 신경전을 벌였는지 알 수 있다. 당시 현대차그룹은 대응하지 않았지만 현대그룹은 계속해서 지면 광고를 냈다. 그때 사람들은 현대그룹과 현대차그룹의 신경전에만 초점을 두었다. 하지만 광고 카피에는 현대차그룹이 현대건설을 인수하려는 속내와 인수 이후의 시나리오가 담겨 있다.

정몽구 회장의 아들인 정의선 부회장은 글로비스(31.9%)와 현대엠코(25%)의 대주주다. 그러나 그룹의 주력 계열사인 현대차와 기아차의 지분은 거의 없기 때문에 차세대 총수로 그룹을 지휘하기 위해서는 지분구조 변화를 통한 경영권 승계 작업이 필요하다. 이런 상황에서 현대차그룹이 현대건설을 인수해 비상장회사인 현대엠코를 합병시킨다면 자연스럽게 경영권 승계를 이룰 수 있다. 또한 이 과정에서 현대엠코의 대주주인 정몽구, 정의선 부자는 우회상장을 통한 막대한 자금을 챙길 수 있는 구조가 된다. 현대그룹이 공격적인 광고 카피를 쓴 배경에는 바로 이런 '현대건설 인수 후 현대엠코와 합병'이라는 시나리오가 깔려 있는 것이다. 결국 두 그룹은 상처를 주고받으며 서로 다른 길을 걸어가게 된다.

현대차그룹의 미래지도

현대그룹이 광고로 주장했던 것이 실제로 하나하나 맞아떨어졌다. 2014년 4월, 현대엠코와 현대엔지니어링이 합병했다. 정의선 부회장은 현대엠코 지분 25.06%를 보유하고 있다. 때문에 시장에서는 현대엠코가 현대엔지니어링을 흡수합병 하는 방식으로 진행될 것으로 예측했다. 그러나 실제는 현대엔지니어링의 가치가 더 높게 책정되면서 현대엔지니어링과 현대엠코의 합병 비율이 1:0.18로 결정되었다. 현대엔지니어링이 현대엠코를 흡수합병 하게 된 것이다.

현대엠코는 2002년 현대차그룹이 자동차, 제철 등의 그룹 공사를 위해 설립한 회사다. 현대엔지니어링은 현대건설의 자회사로 설립되었으며 현대건설 지분 72.5%를 보유하고 있는 플랜트 전문 건설 업체다. 현대엠코의 시공능력 평가순위는 13위, 현대엔지니어링의 평가순위는 54위로 단순 시공능력 평가순위로 본다면 현대엠코의 가치가 훨씬 높다. 두 회사가 합병하면서 매출은 6조, 자산규모는 4조 원이 늘어나며 국내 건설사 중 시공능력 10위권, 매출기준 8위권의 회사가 탄생하게 되었다.

기업 자체의 규모가 커졌을 뿐 아니라 두 회사의 합병으로 현대건설은 현대엔지니어링 합병법인의 지분 38.6% 이상을 보유한 최대 주주로 부상했다. 또한 정의선 부회장이 보유하고 있던 현대엠코 지분 25.06%는 합병된 현대엔지니어링 지분 11.7%로 변경되었고, 현대글로비스 역시 현대엠코 24.96% 지분이 변경되어 11.7%의 합병회사 지분을 확보했다. 현대엠코와 현대엔지니어링의 합병 결과 현대엔지니어링과 현대글로비스의 기업 가치는 높아졌고 이를 통해 그룹 순환출자 구조의 핵심인 현대모비스 지분을 확대하는 시나리오가 가능해진 것이다.

이제 다음은 현대엔지니어링을 통한 지분 가치 확대다. 이 과정에서 현대차그룹은 비상장 회사인 현대엔지니어링을 단독 상장하거나 현대건설과 추가 합병해 우회상장 하는 방안을 추진할 것으로 예측된다. 따라서 앞으로 현대차그룹에 대한 투자전략을 세우기 위해서는 현대엔지니어링 상장을 관심 있게 보고 향후 추이를 주목해야 한다. 2016년 3월 기준 비상장주식으로 장외시장에서 거래되고 있는 현대엔지니어링의 주가 정보를 살펴보면 다음과 같다.

주식 수	액면가	자본금	시가 총액
759만 5341주	5000원	380억 원	6조 5320억 원
현재가	등락	5주 최고가	5주 최저가
86만 원	▲1만 2500원(1.47%)	88만 1500원	84만 5000원
사상 최고가	사상 최저가	52주 최고가	52주 최저가
129만 5000원	17만 3000원	129만 5000원	68만 원

▲ 2016년 3월 기준 현대엔지니어링 주가 정보

현대엔지니어링은 1년 사이 최고가 129만 원까지 급등했지만 현재는 86만 원 수준까지 하락했다. 지분구조를 보면 38.62%를 가진 현대건설을 대주주로 정의선 부회장과 현대글로비스, 기아차, 현대모비스 순서로 지분을 보유하고 있다. 현대엔지니어링이 단독으로 상장되는지, 혹은 우회상장되는지에 따라 주주들의 지분 가치는 크게 변할 것이고 그에 따라 지분구조도 바뀌게 된다. 따라서 정의선 부회장의 자산 가치를 높이는 작업이 어떻게 진행되는지, 그 과정을 체크해야 한다.

현대엔지니어링뿐 아니라 2016~2020년 사이 현대오토에버도 상장되는지 여부를 확인해야 한다. 현대오토에버는 시스템통합 업체로 시스템 개발과 공급, 관리 업무를 전담하고 있는 현대차그룹 계열사다. 일찍이 2014년, 현대차그룹이 한 해 동안 4건의 흡수합병을 진행하면서 건설 전문 IT 컨설팅 시스템운용 업체인 현대C&I와 합병한 바 있다.

그룹 시스템 보안을 담당하는 현대오토에버는 내부거래 비율이 높다. 현대차그룹 글로벌 생산기지 구축 계획 수혜를 받으며 매년 매출 성장세를 이루고 있다. 2009년 4280억 원 수준이던 내부거래액은 2년 만인 2011년 5900억 원까지 올랐고 2014년에는 내부거래율이 무려 88%에 달했다. 사업특성상 내부거래 비율이 높은 현대오토에버는 오너 일가 지분율이 20%를 넘긴 탓에 2014년 2월부터 시행된 공정거래위원회의 일감몰아주기 규제 대상에 이름을 올리고 있었다. 그러나 정몽구 회장이 보유하고 있던 현대오토에버 지분 9.68%(20만 주)를 주당 34만 5000원씩 총 690억 원에 SC금융계열 투자회사에 전량 매도하면서 오너일가 지분은 19.46%(40만 2000주)로 낮아졌다.

현재 현대오토에버 오너일가 지분은 전량 정의선 부회장이 소유하고 있다. 당장 정의선 부회장의 보유 지분을 정몽구 회장이 처분한 가격에 판다고 해도 1386억 원의 현금을 확보할 수 있지만 현대오토에버의 가치는 더욱 커질 것으로 전망된다. 공정위의 규제를 벗어난 상황에서 더욱 본격적으로 그룹 시너지 창출에 나설 경우 기업 가치는 지속적으로 상승할 가능성이 높기 때문이다. 대표적인 것이 해외 공장 시스템 구축이다. 2016년 상반기 현대차 중국 창저우 공장과 기아차의 멕시코 공장의 신규 가동이 예정되어 있다. 시스템 구축 업무를 맡고 있는 현대오토에버의 실적 수혜를 예상할 수 있다.

현대엔지니어링과 현대엠코 모두 공정위의 일감 규제 대상에서 제외되면서 앞으로 더욱 밀접한 내부거래에 나설 수 있게 되었다. 그리고 기업의 가치가 커질수록 두 회사의 주식을 가지고 있는 정의선 부회장의 지분 가치는 더욱 커질 것이다. 앞으로 이 두 회사의 성장 속도와 함께 지분 가치 변화를 확인하고 어떠한 방법으로 상장을 추진하는지 관심 있게 보아야 한다.

현대차그룹 정의선 부회장이 보유하고 있지 않은 핵심 계열사 지분, 그 지분을 확보하기 위한 정의선 부회장의 지분 가치 변화가 앞으로 현대차그룹의 후계구도를 예측하는 가장 중요한 포인트가 될 것이다. 특히 2015년 2월 정몽구 회장과 정의선 부회장이 현대글로비스 지분 매각으로 확보한 현금을 현대차 주식 매수에 사용한 점에 주목해 앞으로도 현대차 지분 확보 전략을 지속할지, 현대모비스 지분 확보에 나설지 그 움직임을 추적해야 한다. 또한 원샷법이 통과되면서 소규모합병과 간이합병을 통한 계열사 재편 작업이 현대차그룹에서도 진행되는지 체크해야 한다.

회사명	상장 여부	지분율
현대차	상장	2.2%
기아차	상장	1.7%
현대글로비스	상장	23.3%
현대위아	상장	1.9%
이노션	상장	2.0%
현대엔지니어링	**비상장**	**11.7%**
현대오토에버	**비상장**	**19.4%**

▲ 정의선 부회장 개인 소유 계열사 지분 현황

　　결국 정의선 부회장이 지분 가치를 어떻게 키우는지, 또 해당 지분을 어떻게 현대차로 이동시키는지가 가장 중요한 문제다. 일각에서는 원샷법 통과로 현대엔지니어링과 현대건설 합병을 통한 우회상장이 이루어질 것이라 예측한다. 그러나 현대건설이 현대엔지니어링 지분 38%를 보유하고 있는 최대 주주이기 때문에 우회상장보다는 직접 상장시켜 지분 가치를 극대화시킬 것으로 보인다. 이 과정에서 2대 주주인 정의선 부회장이 보유하고 있는 11.7%의 현대엔지니어링 지분 가치를 높이고 이를 통해 현대차와 현대모비스 지분을 확보할 가능성이 있기 때문이다.

현대엔지니어링과 현대건설보다는 현대오토에버와 현대로템이 원샷법의 적용 대상이 될 가능성이 더 높아 보인다. 정의선 부회장은 현대오토에버 지분 19.4%를 보유하고 있다. 현재 현대오토에버의 추정 가치는 1400억~1500억 원에 달하는데, 비상장회사인 현대오토에버가 상장될 경우 정의선 부회장의 지분 가치는 1조~2조 원대에 이를 것으로 예측된다. 따라서 어떠한 형태로든 현대오토에버는 상장될 것이며 이를 통해 현대차 지분 확보에 나설 것이라 예상할 수 있다.

여기서 주목해야 하는 것이 상장사인 현대로템이다. 현대차가 모건스탠리와 함께 현대로템의 대주주로 있기 때문이다. 앞으로 이 부분이 어떻게 변화할지 또 현대차그룹이 계열사를 합치고 쪼개는 작업을 어떠한 방향으로 진행해나가는지는 추적할 필요가 있다.

항목	주권의 수	지분율	최종 변동일
현대자동차(주)(외 3인)	3686만 4239주	43.37%	2016. 3. 18.
MSPE Metro-Investment AB	2108만 7568주	24.81%	2013. 10. 30.

▲ 현대로템 지분구조

정의선 부회장을 중심으로 한 현대차그룹의 지배구조 변화가 앞으로 어떠한 방향으로 진행될지 다양한 시나리오를 검토하고 그 과정을 추적하는 것뿐 아니라 인적자원의 흐름과 형제 간의 관계를 파악하는 것도 반드시 필요하다. 정몽구 회장이 현대하이스코를 중심으로 후계구도를 잡을 만큼 셋째 사위인 신성재 전 현대하이스코 사장을 향한 신임은 상당히 두터웠다. 그런데 2014년 신성재 전 현대하이스코 사장이 정몽구 회장의 셋째 딸인 정윤이 현대해비치 전무와 이혼하고 그해 8월 사직 의사를 밝히면서 시장에는 현대하이스코를 축으로 한 후계구도가 변화되었다는 루머가 들렸다. 현대차그룹이 본래 현대하이스코를 중심으로 후계구도를 설계했지만 이혼 이후 전략을 변경해 2015년 4월 현대제철과 현대하이스코 합병이 결정되었다는 내용이었다.

당시 현대제철과 현대하이스코의 사업 영역은 중복되는 부분이 많고 그로 인하여 합병을 통한 시너지효과가 그리 크지 않을 것이란 분석이 지배적이었다. 특히 합병을 추진할 경우 공정거래법상 초과지분 정리 문제가 발생하기 때문에 두 회사가 합병에 나서지 않을 것이라는 주장에 무게가 실렸다. 그러나 신성재 사장과 정윤이 전무가 이혼하면서 현대하이스코를 중심으로 한 후계구도 시나리오는 무산되었다. 신성재 전 현대하이스코 사장이 이혼과 동시에 현대를 떠나면서 현대제철과 현대하이스코의 합병이 전격적으로 시행되었다. 이를 통해 정몽구 회장의 후계구도 미래지도에 변화가 있었음을 확인할 수 있다. 이제 현대차그룹의 후계구도 교통정리는 어느 정도 완성되어가는 듯하다.

현대차그룹 후계구도의 기반을 다지기 위해서는 정의선 부회장의 지분 가치 제고가 반드시 필요하다. 따라서 정의선 부회장 지분 가치 확대의 핵심인 현대엔지니어링과 현대오토에버의 상장 시기, 상장 형태와 그에 따른 지분 변화를 확인하고, 현대로템과 현대상선이 어떠한 역할을 하는지 체크해야 한다. 정몽구 회장이 극구 반대하고 있지만 그

룹 전체적인 중심이 정몽구 회장에서 정의선 부회장 체제로 이동할 경
우 채권단 요구에 따라 현대상선이 현대차그룹으로 이동하는지도 동
태적으로 추적하면서 앞으로의 현대차그룹의 미래지도를 확인해보아
야 한다.

03

SK그룹의 과거와 현재,
그리고 미래

SK그룹의 다이몬드 역외펀드 사건과 소버린 사태

2015년 12월 26일 SK그룹 최태원 회장은 이혼 선언문을 발표했다. 갑작스런 이혼 선언 소식에 세상의 관심이 최태원 회장과 노소영 관장에게 쏠렸고 각종 추측과 근거 없는 소문이 만들어졌다. 최태원 회장의 이혼 선언은 한낱 개인의 일로 끝나지 않는다. 이혼이 성립될 경우 노소영 관장과 최태원 회장 사이의 SK그룹 지분 관계 문제, SK그룹 후계구도 방향 등에 다양한 변화가 생기게 되고 이는 모두 SK그룹의 지분 변화에 영향을 미치는 변수로 작용하기 때문이다.

이런 상황을 그룹 총수인 최태원 회장이 몰랐을 리 없다. 그럼에도 최태원 회장이 신문사에 이혼 선언문을 보내 불륜과 혼외자식이라는 개인사를 직접 공개했다는 것은, 과거의 미세한 변화가 증폭되고 확장되면서 이런 의사결정을 한 것이라고 보아야 한다. SK그룹의 결정적인 변화를 초래하게 된 사건과 그것이 어떤 영향을 미쳤으며 또 어떻게 변화되어 현재의 SK그룹에 영향을 미쳤는지에 대한 연결고리를 찾는다면 최태원 회장이 그리고 있는 미래지도를 볼 수 있을 것이다.

현재 벌어지고 있는 현상을 이해하기 위해서는 1997년, SK증권이 조성한 '다이아몬드 역외펀드 사건'을 알아야 한다. 1997년은 세계화를 모토로 모든 정부 정책이 집중되던 시절이었다. 주식시장도 예외는 아니었다. 자본시장의 세계화 전략을 위해 금융시장도 금융실명제와 외국인 한도 확대 등 적극적으로 세계화 전략에 발맞추던 때였다. 그때 SK증권은 정부의 세계화 정책에 동조하기 위해 SK증권에서 200억 원, 한남투신과 LG금속에서 각각 50억 원을 마련해 총 300억 원 규모의 다이아몬드 역외펀드를 조성했다. 그리고 SK증권은 이 자금을 담보로 JP모건으로부터 5300만 달러를 차입해 총 8650만 달러 규모의 다이아몬드 역외펀드를 조성하게 되었다.

JP모건은 차입 조건으로 일본의 엔화와 태국의 바트화로 연계된 자금을 조달하고 해당 자금을 인도네시아의 루피아 채권에 전량 투자할 것을 내걸었지만, 당시 원/달러 환율은 1400원 수준이었고 루피아 채권은 연 이자 20.15%의 고금리로 발행한 것이었다. 때문에 SK증권 입장에서는 고금리 상품에 투자하면서 정부 정책인 세계화에 맞춰 해외에 진출한다는 일거양득을 취할 수 있었다. 그러나 결과는 상상도 못할 만큼 끔찍한 상황으로 전개되었다. 1997년 태국에 외환위기가 불어닥치면서 바트화가 폭락했고 이것이 불씨가 되어 동남아시아 전체에 금융위기가 확산되었던 것이다.

다이아몬드펀드는 JP모건의 차입 조건대로 루피아 채권에 투자를 한 상태였다. 그런데 이 사실보다 더 큰 문제는 이자와 원금을 달러가 아닌 루피아로 결제하도록 계약한 것이다. 바트화 폭락이 확산되면서 도미노처럼 루피아 가치도 폭락했다. 루피아/달러 환율이 3배 이상 폭등하면서 루피아 채권에 투자한 원금 8650만 달러 중 7590만 달러를 손해 보는, 보고도 믿을 수 없는 결과가 나타난 것이다. 문제는 이것뿐만이 아니었다. JP모건에서 조달한 5300만 달러를 차입 조건에 따라 엔화와 바트화로 설계한 것이 화근이 된 것이다. 바트화가 폭락했고 이 과정에서 차입금 중 무려 1억 1000만 달러의 손해가 발생하고 말았다.

300억 원의 자금으로 다이아몬드펀드는 조성되었지만 야심찬 시작과 달리 루피아 채권에 투자한 원금 8650만 달러 중 7590만 달러, JP모건을 통해 조성한 차입금 중 1억 1000만 달러의 손실이 발생했다. 레버리지를 일으킨 탓에 처음 시작한 원금 300억 원의 몇 배에 이르는 1억 8600만 달러를 손해 보게 되었던 것이다. 당시 환율로 환산하면 2600억 원에 이르는 엄청난 금액이다. 이 사건이 불씨가 되어 SK글로벌 사태가 촉발되었고 이로 인하여 SK그룹 전체가 해체될 수 있는 위기 상황까지 발생하게 된다.

여기서 우리는 한국에 5300만 달러의 자금을 빌려주고 다이아몬드

펀드를 조성하게 만든 JP모건의 전략을 파악해야 한다. 그 당시 JP모건은 1986년부터 태국에 진출해 10년 동안 고금리 10% 이상의 바트화 국채에 지속적으로 투자하면서 큰 수익을 얻고 있었다. 그런데 1996년 태국의 GDP 성장률이 −6%가 되면서 바트화 국채 투자가 고수익을 주는 상품에서 큰 손실을 보는 상품으로 바뀌게 된다.

이에 JP모건 전략기획부는 보유하고 있던 바트화 국채를 매각하고 태국을 빠져나오기로 한다. 그러나 문제는 바트화 국채를 받아줄 투자층이 없다는 사실이었다. 이 문제를 해결하기 위해 JP모건은 해당 상품에 대한 헤지 전략으로 토털 리턴 스왑Total Return Swap(신용위험과 시장위험을 모두 이전시키는 신용파생상품)이라는 상품을 만들었다. 그리고 세계화를 부르짖는 한국과 같은 다른 나라에 상품을 매각하는 전략을 세운다.

당시 한국은 세계화 정책을 전면에 내세우고 있었지만 내부적으로 파생상품의 이면까지 해석할 수 있는 전문가가 없었다. 단순히 표면상으로 드러난 투자 구조만 보고 아무런 리스크 분석도 하지 않은 채 첫 해외진출이란 사실에 흥분하며 JP모건의 토털 리턴 스왑 상품을 넙죽 받아준 것이다.

이런 상황을 처음 겪은 SK증권은 JP모건이 위험 고지 의무를 성실하게 이행하지 않았다며 JP모건을 국제재판소에 제소하기에 이른다. 당시 SK증권 국제부는 이 사건으로 인하여 해체되기에 이르렀고 결국 1999년 9월, JP모건과 SK증권은 법적타협을 도출했다.

JP모건이 SK증권과의 타협안으로 SK증권의 유상증자 2000만 주를 액면가보다 20% 비싼 가격인 3200억 원에 인수한다고 발표한 것이다. SK증권 입장에서는 당장 3200억 원의 자금이 들어오게 되었으니 다이아몬드펀드에 투자해서 손해를 본 돈보다 더 많은 자금을 확보하게 된 셈이었다. 당시 IMF 외환위기를 겪고 있는 상황에서 대규모 유상증자 자금이 한국에 유입되었다는 소식은 그야말로 호재였다. 이에 각종 뉴스에서는 SK증권이 JP모건과의 싸움에서 승리했다는 기사를 쏟아내기에 바빴다. 그러나 이는 동전의 한 면에 불과했다. 그 이면은 1999년, SK그룹 내부자가 검찰에 해당 사실을 고발하면서 세상에 드러나게 된다.

JP모건이 액면가보다 20% 비싼 가격에 인수하기로 합의한 SK증권 2000만 주를 2002년에 SK글로벌이 JP모건으로부터 다시 인수하기로 계약했던 것이다. 심지어 JP모건이 인수한 가격보다 더 높은 가격으로 인수한다는 옵션계약이었다. SK증권과 JP모건 사이의 합의 내막이 전해지면서 이 사건은 SK그룹 자체를 흔드는 사태로 발전하게 된다.

SK글로벌이 막대한 SK증권 인수 자금을 마련하기 위해 저지른 분식회계가 검찰 조사 결과 밝혀졌고 이 과정에서 최태원 회장이 경영권 강화 목적으로 워커힐 주식을 고평가해 SK 주식과 맞바꾼 사실이 드러났다. 결국 최태원 회장은 SK글로벌 회계분식 사건으로 구속수감 되었으며 그로 인해 SK그룹이 곧 해체될 것이라는 루머가 시장에 퍼졌다. 초기 조건의 미세한 변화가 증폭·확산되면서 전체 시스템을 요동치게 만드는 나비효과가 SK그룹에 불어닥친 것이다. 2003년 2월 22일 SK그룹 총수 최태원 회장이 SK글로벌 분식회계 사건으로 구속되면서 주가의 움직임은 예측이 불가능한 상황으로 확산되었다.

SK그룹이 최대 위기를 겪는 상황에서 소버린이라는 헤지펀드가 SK 주식을 매집하기 시작한 것도 바로 이 무렵이다. 소버린자산운용사는 사모펀드가 아닌 개인 자금으로 만든 개인 회사다. 주로 취약한 지배구조 때문에 저평가된 기업을 투자 대상으로 삼았고 주주로서의 영향력을 이용해 이들 기업에 변화를 강요하는 방식으로 홍콩, 브라질, 러시아, 일본 등에서 수십 억 달러의 재산을 모았다. 이런 소버린자산운용사가 이번에는 위기에 빠진 SK그룹에 손을 뻗친 것이었다.

소버린은 자신들의 투자 방식 그대로 한국의 SK그룹 주식을 매집하기 시작했다. 2003년 3월부터 소버린은 SK주식을 사 모으며 지속적으로 지분을 확대했다. 혼란을 틈타 SK주식을 매입하기 시작한 소버린은 단숨에 1900만 주의 막대한 물량을 매집하며 14.8%의 지분을 가진 SK의 제2대 주주로 부상했다. 소버린은 막대한 지분을 무기로 경영권 다툼에 불씨를 지폈다. 최태원 회장이 SK그룹의 기업 가치를 훼손시켰다며 기업지배구조 개선이란 명분으로 이사직 사퇴를 요구한 것이었다. 소버린은 두 차례에 걸친 주주총회를 개최하며 경영권을 탈취하기 위해 노력했다. 그러나 SK그룹이 하나은행 등을 통해 우호지분을 늘리는 등 그룹 차원의 방어 전략을 구사해 소버린의 경영권 탈취 시도를 막아낼 수 있었다.

경영권 장악이 실패로 끝이 나자, 소버린은 단순 투자로 투자 목적을 변경해 보유하고 있던 SK주식을 5만 2700원에 매각하고 SK그룹을 떠났다. 그러나 이 과정에서 소버린은 9000억 원 이상에 이르는 막대한 시세차익을 얻었다. 경영권 취득에 실패했다고 해도 소버린 입장에서는 애초에 잃을 것이 없는 투자였던 셈이다.

소버린이 보름 남짓한 기간 동안 약 1900만 주에 달하는 주식을 매수해 SK그룹을 뒤흔들 수 있었던 이유는 앞서 확인한 최태원 회장의 구속과 그로 인한 위기 상황 때문이다. 최태원 회장이 구속된 이후 그 자리를 대신한 손길승 회장도 2003년 9월 SK해운 분식회계와 비자금조성 사건으로 구속되면서 SK그룹 주가는 1만 3000원대에서 7000원대로 곤두박질쳤다. 적대적 인수합병을 노리는 투자자에게 SK그룹은 그야말로 좋은 먹잇감이었고 노련한 외국계 헤지펀드 소버린은 이 기회를 틈타 저가로 SK주식을 대량 매수해 단기간에 지분을 14.2%까지 늘렸다. 소버린은 이를 무기로 SK그룹의 경영권 탈취를 시도했던 것이다.

소버린 사태 이후 SK그룹의 변화

SK글로벌 분식회계, 최태원 회장과 손길승 회장의 구속과 소버린 사태에 이르는 사건을 겪은 SK그룹은 이때부터 지배구조에 대한 눈을 뜨고 순환출자고리 문제를 해결하기 위한 장기 플랜에 돌입하게 된다. SK그룹은 소버린 사태를 해결한 2005년 7월부터 최태원 회장의 법적구속이 마감되는 2008년 5월까지 기업 이미지와 SK그룹 가치 제고를 위한 정책적 집중화전략에 온 힘을 다하게 된다. 그 시작을 알리는 신호가 2005년 11월 SK그룹 로고 변경이다. 재미있는 사실은 행복 날개의 이미지를 생각하고 이를 반영해 로고를 변경한 사람이 바로 최태원 회장의 이혼 소동 속 핵심 당사자, 노소영 아트센터 나비 관장이라는 점이다. 2005년 11월 로고를 변경한 시점부터 SK그룹은 내부적으로 구조조정과 지분 변화 작업을 하나씩 진행해나갔다. 2009년 11월 11일, 최태원 회장과 가장 밀접하게 관련 있는 SK C&C를 상장할 때까지 보이지 않는 일련의 지분 변화 작업을 차곡차곡 실행했다.

SK 주가는 SK글로벌 사태와 그로 인한 최태원 회장의 구속이 결정된 2003년 2~3월경 5000원대까지 급락하는 모습을 보였다. 이후 소버린의 지분 확보 재료가 노출되고 경영권 분쟁이 본격적으로 확산되는 과정인 2004년 7월, 무려 7만 원대까지 급등하는 모습을 보였다. 곧 기업이 망할 것 같다는 등 각종 비관론이 쏟아지며 주가가 5000원까지 급락한 상황에서 소버린과 비슷한 시각으로 접근해 역발상 투자를 한 투자가가 있다면 엄청난 수익을 얻는 기회가 되었을 것이다.

그런데 소버린 사태 이후 SK 주가 흐름에는 더욱 놀라운 일이 벌어진다. 소버린 사태가 마무리된 2005년 7월, 한국증시는 대세상승기조로 접어들면서 2007년 11월 코스피는 2000p를 돌파한다. 이때 시장의 상승 물결을 타고 SK 주가는 무려 29만 원대까지 급등하며 1주가 20만 원이 넘어서는 초고가 시대를 열게 된다. 2008년 10월 세계적으로 확산된 글로벌 금융위기 영향으로 SK 주가는 5만 3000원대로 내려오게 되지만 본격적인 기업분할정책이 구사되면서 주가는 다시 20만 원대로 급등하게 된다.

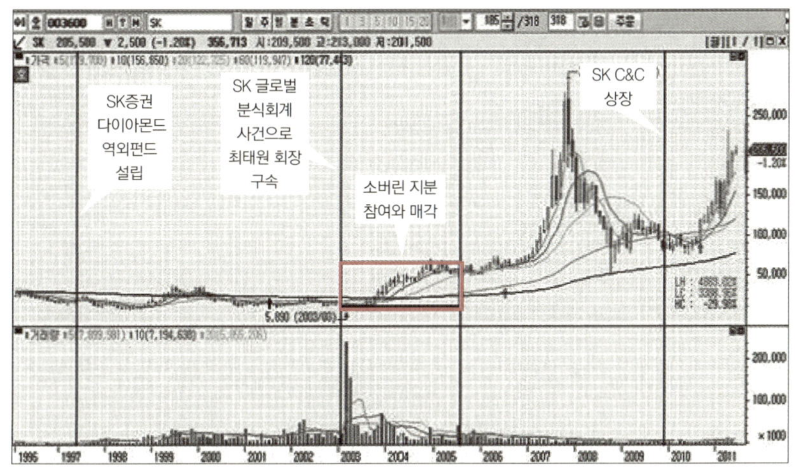

▲ SK 주가 흐름

현재 상장되어 있는 SK 주가는 2011년 1월 SK가 SK와 SK이노베이션으로 분할되기 전과 후로 나누어 살펴보아야 한다. 현재 SK 주가를 확인해보면 그 시작점이 2009년 11월로 되어 있는 것을 확인할 수 있는데, 이는 SK가 2011년 SK와 SK이노베이션으로 분할하고, 2009년 11월에 상장했던 SK C&C를 2015년 4월 SK로 합병시켰기 때문이다. 이로 인하여 현재는 SK와 SK이노베이션 두 종목이 시장에 상장되어 있다.

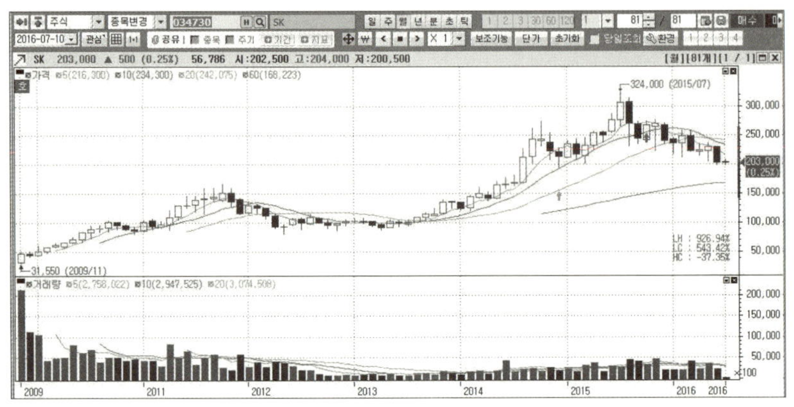

▲ 현재 SK그룹 주가

SK는 최태원 회장의 지분 가치를 높여 그룹 구조조정 담보가치로 활용했다. 그 과정을 자세히 살펴보면 기업분할과 합병을 자주 잘 활용했음을 확인할 수 있다. 소버린 사태 이후 SK그룹이 지배구조 재편에 대해 얼마나 심혈을 기울여 연구했는지 알 수 있는 부분이다. 특히 SK그룹의 지배구조 재편에서 SK C&C는 상당히 중요한 위치를 차지하고 있다. 그 이유는 상장 시점의 SK C&C의 지분구조를 보면 알 수 있다.

2009년 11월 11일, 공모가 3만 원으로 책정된 SK C&C 주식 총 1800만 주가 코스닥 시장에 상장되었다. SK C&C 주가는 인기몰이 속에 10만 원을 돌파하는 기염을 토했다. 그리고 SK C&C를 기초자산으로 하는 하이닉스에 'SK'를 붙이는 인수합병도 성사시켰다. 이 과정에서 최태원 회장이 보유하고 있던 SK C&C 주식 44.5%의 지분이 어떻게 변화하는지와 SK C&C가 보유한 31.8%의 SK 지분 가치의 변화를 동태적으

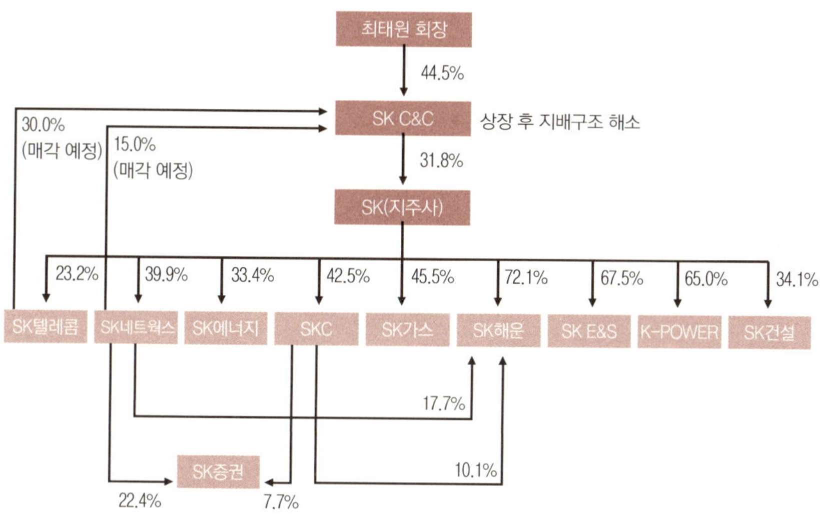

▲ SK그룹 지분 구조 변화

로 추적해야 한다.

재미있는 현상은 SK C&C가 상장되고 보호 예수 기간으로 지정된 6개월 동안 SK C&C 주가는 급등하는 현상을 보인 반면 SK 주가는 가격 조정 과정을 거치며 9만 원대에서 7만 원대까지 하락하는 모습을 보였다는 점이다. 이 구간에서 SK네트웍스와 SK텔레콤이 보유한 SK C&C 지분이 고가에 매각되었고 SK케미칼이 보유한 SK건설 지분 34%를 SK가 4140억 원에 인수했다.

최태원 회장이 보유하고 있던 SK C&C 지분과 SK C&C가 보유한 SK 지분 가치 변화와 함께 SK네트웍스를 과연 누가 손에 넣을지 추적해보아야 한다. SK C&C가 상장되기 전 SKC 최신원 회장의 지분을 정리하고 이를 SKC와 SK네트웍스 지분으로 전환한 바 있다. 다음 표는 SK네트웍스의 2010년 1월 기준 주주 현황이다. 이것이 2016년 2월에 어떻게 변화되었는지 비교해보자.

항목(2010년 1월)	주권의 수	지분율
(주)SK(외 7인)	1억 45만 6759주	41.29%
(주)신한은행(외 5인)	2340만 3332주	9.62%
한국정책금융공사	1991만 8350주	8.19%
SK네트웍스 자사주	310만 7203주	1.28%
항목(2016년 2월)	주권의 수	지분율
(주)SK(외 5인)	9937만 256주	40.04%
(주)신한은행(외 1인)	1828만 693주	7.37%
국민연금공단	1528만 5998주	6.16%

▲ 2010년 1월과 2016년 2월 SK네트웍스 지분구조

신한은행이 보유하고 있는 지분이 축소되었고 한국정책금융공사가 보유하던 8.19%는 전량 매각되었다. 대신 그 자리에 국민연금공단이 6.16%의 지분을 차지하고 있음을 알 수 있다. SK C&C가 상장되기 전 SK는 2007년부터 2011년까지 수많은 분할과 흡수합병을 반복했다. 가장 중요한 변화는 2007년 7월 1일 SK가 회사를 지주사 SK와 사업회사 SK에너지로 분할한 사건이다.

SK에너지는 1962년 설립한 대한석유공사다. 이후 정부 민영화 방침에 따라 1980년 선경이 경영권을 인수하면서 회사명은 1982년 유공으

로 변경된다. 그리고 15년 뒤인 1997년 사명이 또 다시 변경되는데, 그 이름이 바로 오늘날의 SK다. 그 SK가 2007년 7월 1일부로 SK와 SK에너지로 분할된 것이다.

원래 SK에너지는 석유, 화학, 윤활유, 해외자원개발, 연구개발 등 에너지ㆍ화학과 관련된 모든 사업 분야를 하나로 갖고 있던 회사였다. 그런데 사업 규모가 커지면서 기업의 본원적 경쟁력을 키우고 사업의 전문성과 독립성 강화를 위해 2009년 10월 1일부로 윤활유사업 부분을 물적분할하고 이로 인해 SK에너지의 100% 자회사, SK루브리컨츠가 탄생하게 된다.

글로벌 경영환경이 급격하게 변화하면서 SK에너지는 회사의 지속적인 미래 성장을 보장할 수 있는 과감하고 혁신적인 변화를 보인다. 2009년 윤활유사업 분할에 이어 2011년 1월 석유사업과 화학사업을 분할하며 기존에 사용하던 SK에너지라는 이름을 SK이노베이션으로 변경한다. 그리고 SK이노베이션 밑에 석유사업과 화학사업을 영위하는 신설회사 SK에너지와 SK종합화학을 둔다. 2009년 분할한 SK루브리컨츠가 윤활유사업을 담당하는 가운데 SK이노베이션은 SK에너지, SK종합화학, SK루브리컨츠 이 3개 자회사를 100% 소유한 모회사인 동시에 자원개발사업과 연구개발사업을 영위하는 사업지주사의 역할을 맡게 된다.

이렇게 분할과 합병을 거듭한 SK의 변화는 2015년 4월 SK와 SK C&C가 합병하는 상황에서 일단락된다. SK그룹의 변화 과정에서 SK이노베이션은 중간지주사로서 확실하게 자리매김하게 된다. 지주사는 주식 소유를 목적으로 설립되어 자회사만 관리하지만 SK이노베이션은 자회사를 가지고 있으면서도 직접 영위하는 사업이 있는 사업지주사다. 그리고 SK이노베이션 위에 SK라는 또 다른 지주사가 있기 때문에 이를 두고 중간지주사라고 부른다.

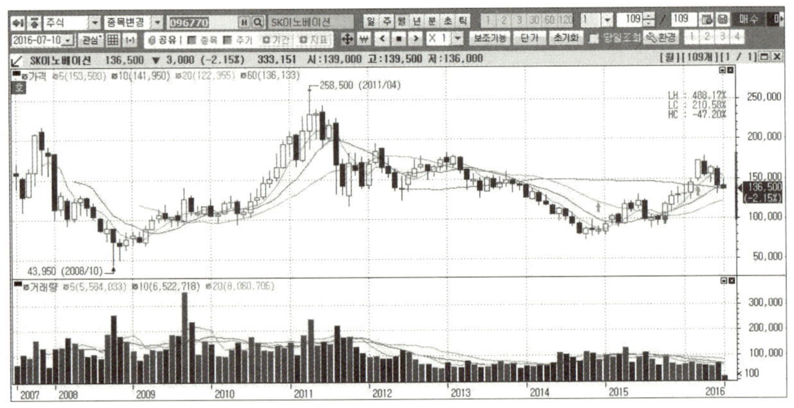

▲ SK이노베이션 주가 흐름

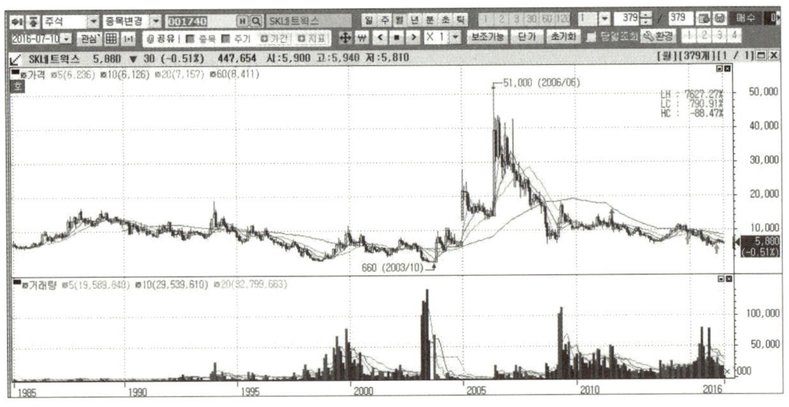

▲ SK네트웍스 주가 흐름

SK이노베이션은 중간지주사로서 향후 지주사인 SK와 함께 SK의 미래지도를 이끌 선도주로 판단된다. 그러나 이와 달리 SK네트웍스(구 SK글로벌)가 앞으로 그려나갈 미래지도는 확실한 밑그림이 나오지 않았다. 이를 확인하기 위해서는 SK그룹 최종건 선대회장의 자제와 최종건 회장 사망 이후 오늘날까지의 SK 지분 구조를 추적해봐야 한다. 일단 최태원 회장은 절대 SK네트웍스를 포기하지 않을 것으로 판단된다. 이러한 판단 근거는 바로 SK네트웍스 사업구조에 있다. SK네트웍스는 사명 그대로 다양한 네트워크를 가지고 있다. 스마트폰과 중고차, 기름을 팔고 호텔 사업에 패션비즈니스까지 영위하고 있다. 이처럼 다양한 사업포트폴리오를 갖고 있는 SK네트웍스의 매출액과 영업이익을 부분별로 구분하면 다음과 같다.

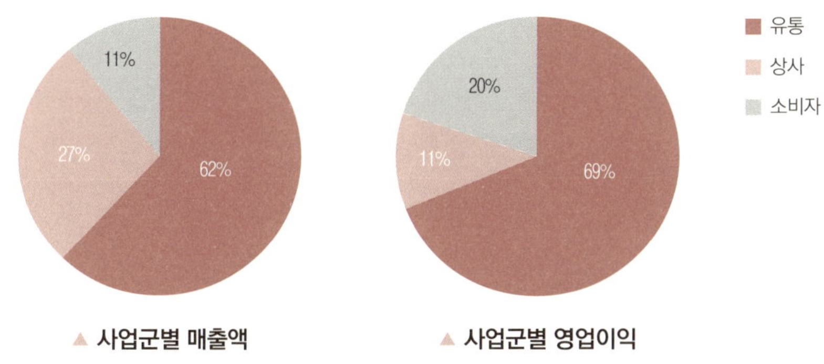

▲ 사업군별 매출액　　▲ 사업군별 영업이익

SK네트웍스는 SK그룹이 관련된 제품을 판매하기 위해 오랜 기간 동안 공들여 키워놓은 판매망이다. 그룹 차원에서 이를 포기한다는 것은 또 다른 추가 비용이 발생할 뿐 아니라 판로 개척이라는 새로운 위험을 떠안아야 하는 일이기 때문에 절대 포기할 수 없는 이유가 된다. 이런 SK네트웍스가 최태원 회장과 최신원 회장 중 누구의 손에 들어갈지는 추적해보아야 한다.

1997년 SK증권 다이아몬드 역외펀드 그리고 SK글로벌 분식회계 사건으로 인하여 SK그룹의 지배 구조 변화가 시작되었다. 그리고 이후 회사를 쪼개고 합치는 과정에서 SK의 기업 가치는 점점 더 커졌다. 그러나 이때 당시의 상황만 가지고 앞으로의 SK그룹 미래지도를 예측하기에는 변수가 너무 많다. SK그룹의 미래지도 변화를 읽기 위해서는 SK그룹을 둘러싸고 발생한 사건들이 왜 발생했는지 자세하게 확인하는 것이 중요하다. 특히 그 사건의 중심에 SK네트웍스와 SK텔레콤이 있는지 체크하고, 정식 등기이사로 등장한 최태원 회장의 인적쇄신작업 규모와 전개되는 에너지를 확인할 필요가 있다.

이와 함께 현재 SK그룹의 한 축을 담당하고 있는 노소영 관장의 행동도 중요한 포인트다. 최태원 회장이 공개적으로 이혼 의사를 밝힌 상황에서 SK그룹에서도 롯데그룹과 같이 보이지 않는 줄서기와 편 가르기 싸움이 전개될 가능성이 있기 때문이다.

현재의 지배구조가 어떻게 변화할지, 어떤 구조로 그룹의 미래가 진행될지의 중심에는 현재 최재원 SK 수석부회장이 지배하고 있는 SK네트웍스가 있다. SK그룹은 SK네트웍스의 39.1% 지분을 가지고 있으며 그룹 차원에서 SK네트웍스를 상당히 중요시하고 있다. 그런데 최신원

SKC 회장이 꾸준히 SK네트웍스 지분을 매수하는 움직임이 포착되고 있다. 현재 최신원 회장의 보유 지분 0.46%는 SK가 보유하고 있는 SK네트웍스 지분 39.1%에 비하면 우려할 만큼의 수준은 아니지만 장내 매수를 통해 꾸준히 보유 지분을 늘리고 있다는 사실 그 자체는 의미가 있다고 보인다.

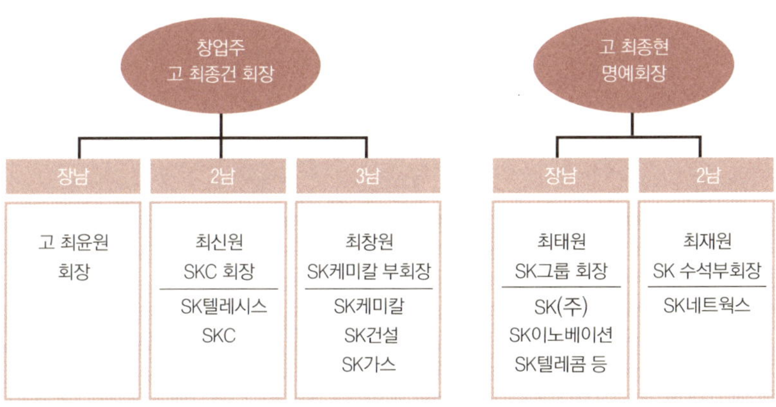

▲ SK그룹 가계도와 지배구조

SK그룹의 미래지도

최태원 회장이 어떤 방식이든 간에 이혼을 하겠다며 이혼 의사를 밝히고 노소영 관장은 이혼이 절대 불가하다는 입장을 표명한 상황이다. 아직 가상시나리오에 불과하지만 실제 두 사람 사이에 이혼이 진행된다면 SK그룹의 지배구조는 큰 변화를 겪게 된다. 그런데 이런 상황이 발생할 경우 정식 등기이사로서 지배구조 변화에 대한 의사결정을 해야 하는 당사자인 최태원 회장이 과연 법적 이혼을 할 수 있을지 의문이다.

현재 노출된 사실을 기준으로 판단할 때 최태원 회장의 이혼은 사실상 거의 불가능에 가깝다. 그러나 만약 SK그룹의 미래 후계구도가 현재 최태원 회장과 노소영 관장의 자녀에서 최태원 회장이 이혼 후 가정을 꾸리려고 하는 상대와 그 자녀에게로 이동하는 상황이 된다면 노소영 관장이 내리게 될 선택은 지배구조의 전체적인 물줄기를 바꾸는 상황이 될 수 있다. 이 과정은 최신원 회장과 최창원 부회장의 대응 전략의 전체적인 틀을 바꿀 만한 변수가 된다. 더욱 정확한 지도의 밑그림을 보기 위해서는 2013년도 최태원 회장의 두 번째 구속과 그 사건의 배경을 짚어보아야 한다.

최태원 회장은 직접 선물거래에 나서서 4000억 원대의 손실을 입은 적이 있다. 이 돈의 흐름을 추적하는 과정에서 최태원 회장의 선물거래 내역과 함께 최태원 회장, 김준홍 베넥스인베스트먼트 대표, 김원홍 SK해운 고문에 이르는 연결고리가 밝혀졌다.

어떤 사건이 발생하든 'Follow the Money, Follow the Man'만 기억한다면 사건의 흐름과 진행과정을 더욱 명료하게 파악할 수 있다. 최태원 회장 선물거래 사건도 마찬가지다. 선물거래에 연루되어 있는 회사는 베넥스인베스트먼트와 하빈저 캐피털 파트너스다. 베넥스인베스트먼트는 SK그룹에서 최태원 회장의 측근으로 활동하던 김준홍이, 하빈저 캐피털 파트너스는 최태원 회장에게 선물투자를 권유했다고 알려진 은진혁 전 인텔코리아 사장이 일하던 회사다. SK계열사들은 하빈저 캐피털 파트너스는 물론 베넥스인베스트먼트에 투자했고, 베넥스인베스트먼트가 하빈저 캐피털 파트너스에 투자하는 등 SK그룹과 두 회사는 긴밀하게 연결되어 있었다.

2015년 최태원 회장은 사면 후 경영에 복귀하면서 은진혁 전 인텔코리아 사장을 SK그룹의 통합금융솔루션팀 팀장으로 영입하려 했다. 그룹 안팎에서 부정적인 여론이 일면서 무산되기는 했지만 최태원 회장이 과거 하빈저 캐피털 파트너스의 은진혁 전 사장을 통합금융솔루션팀의 팀장으로 영입하려고 했다는 사실은 주목할 만하다. 아직 그들의 연결고리가 현재진행형이라는 것을 말해주기 때문이다.

최태원 회장의 SK그룹 미래 구도에서 놓쳐서는 안 되는 것이 바로 은진혁 전 사장과 최태원 회장의 연결고리인 헤지펀드 하빈저 캐피털 파트너스다. SK네트웍스는 2010년 3월 하빈저 캐피털 파트너스가 운영하는 '하빈저 차이나 드래곤 펀드CDF'의 지분 40%를 2억 달러에 인수한다고 밝히며 2010년 11월 29일 투자를 집행했다고 공시한 바 있다. SK이노베이션 역시 같은 해 8월 금감원에 제출한 반기보고서를 통해 2010년 11월 29일 CDF에 69억 1800만 원을 투자하는 등 2011년 6월 30일까지 총 121억 4400만 원을 투자해 20%의 지분을 인수했다고 밝혔다.

2011년 SK네트웍스와 SK이노베이션이 발표한 공시에 하빈저 캐피털 파트너스와 CDF가 동시에 등장하는 것은 우연의 일치가 아니다. CDF의 운용주체GP, General Partner는 하빈저 캐피털 파트너스의 '글로벌 오퍼튜니티스 브레이크어웨이 펀드GOBF'이며 이 GOBF는 SK텔레콤이 2009년 1863억 원을 투자해 지분 88.9%를 확보한 펀드이기 때문이다. 여기서 GOBF가 CDF의 운용주체라는 말은 이 펀드의 운용을 전적으로 책임지는 주체가 GOBF라는 말인데, 문제는 GOBF의 지분 88.9%를 보유하고 있는 것이 바로 SK텔레콤라는 사실이다. 종합해보면 이 CDF는 하빈저 캐피털 파트너스의 이름만 빌렸을 뿐 SK텔레콤이 전적인 운용 권한을 가지고 있는 펀드인 것이다.

즉, SK텔레콤이 하빈저 캐피털 파트너스와 연계해 역외 헤지펀드인 GOBF를 만들고 이 헤지펀드가 만든 아들펀드인 CDF에 SK네트웍스와 SK이노베이션이 투자를 하면서 SK네트웍스(40%)와 SK이노베이션(20%)이 CDF 지분을 60%나 확보했다는 의미다. 여기서 왜 SK텔레콤은 투자내역을 공시하지 않는 역외펀드 지분을 대량으로 인수하고, 이 펀드가 운영하는 아들펀드에 또 다른 SK그룹 주력사인 SK네트웍스와 SK이노베이션이 투자를 했는지 의문이 생긴다.

하빈저 캐피털 파트너스는 2008년 200억 달러를 운용했지만 2011년에는 60억 달러로 운용자산이 줄어든 헤지펀드다. 최태원 회장은 은진혁 전 사장을 통해 하빈저 캐피털 파트너스 이름을 빌려 사실상 SK텔레콤이 운영하는 것과 마찬가지인 역외펀드를 만들어 SK그룹 계열사인 SK네트웍스와 SK이노베이션이 투자하게 한 다음 이를 통해 수익을 챙기려 했을 가능성도 충분히 열려 있다.

SK그룹의 핵심적인 내부자금 관리와 관련이 깊은 은진혁 전 사장을 최태원 회장은 SK그룹 통합금융솔류션 총 책임자로 등장시키려고 했다. 결과적으로 성사되지 않았지만 어떤 방식으로든 앞으로 은직혁 전 사장과 최태원 회장의 연결고리는 이어질 가능성이 크다. 앞으로 이 둘의 관계가 어떻게 진행되고 어떤 방향으로 확산되는지 추적해야 하는 이유가 여기에 있다.

은진혁 전 사장과 최태원 회장의 연결고리와 함께 최태원 회장의 미래 경영 구상을 자세히 살펴보아야 한다. 최태원 회장은 2014년 2월 대법원에서 횡령혐의로 징역 4년을 확정받으면서 다음 달인 3월 SK, SK이노베이션, SK하이닉스, SK C&C 등기이사에서 물러났다. 그러나 그 일이 있은 지 2년 만인 2016년 2월, 최태원 회장의 SK 등기이사 복귀가 이사회에서 결정되었다. 이와 함께 최신원 SKC 회장 역시 SK그룹 모태인 SK네트웍스 등기이사로 보란 듯이 복귀했다.

최태원 회장의 SK와 최신원 회장의 SK네트웍스는 SK그룹의 미래지도 흐름에 아주 중요한 역할을 할 것으로 보인다. SK 등기이사로 나서면서 최태원 회장은 SK그룹 역시 삼성그룹과 마찬가지로 통합금융솔루션 시스템을 구축해 스마트헬스와 바이오 및 핀테크 사업에 집중하며 이를 본격적으로 추진할 것으로 보인다. 이와 함께 자신의 후계구도를 만들어가는 작업은 향후 10년의 SK그룹 미래지배구조를 짜고 이를 위한 사업구조 재편 작업을 시도할 것이다. 특히 SK그룹 내부 구조조정 작업 중 노소영 관장 쪽이라고 판단되는 임직원을 향한 구조조정의 칼날은 상상보다 더 날카롭고 강력하리라 짐작된다. 이 과정에서 살아남기 위한 노소영 관장과 SK네트웍스 최신원 회장, SK 최태원 회장 사이에 보이지 않는 노선이 어떻게 전개되는지와 노태우 전 대통령 비자금 문제가 다시 대두되는지를 체크해보아야 한다.

삼성그룹 이재용 부회장이 후계구도를 위해 강력하게 계열사 매각과 임직원 구조조정 작업을 했듯 최태원 회장 역시 정식으로 SK 등기이사로 복귀하면 비슷한 강도의 계열사 구조조정을 시작할 것이다. 이미 SK는 신사업구상으로 SK바이오텍을 자회사로 100% 인수하면서 신약개발 사업을 시작하겠다고 발표한 바 있다. SK는 2016년 2월 SK바이오텍 지분 100% 인수 및 400억 유상증자를 결정했다. 지주사 SK에 대한 최태원 회장의 경영 참여와 함께 SK가 그룹의 미래신수종사업 투자를 주도한다는 결정이 그야말로 일사천리로 이뤄진 것이다.

SK바이오텍은 의약품생산 전문회사로 글로벌 대형제약사의 외주 생산물량을 담당하는 회사다. 원래 SK의 자회사인 신약개발 회사 SK바이오팜의 생산 부문이었으나, 2015년 4월 SK바이오텍이 분할 설립되면서 SK의 손자회사가 되었다. 그러나 이번에 SK가 SK바이오텍 지분 100%를 인수하면서 다시 자회사로 편입됐다. 이로써 SK는 바이오 산업의 양대 축인 신약개발(SK바이오팜)과 의약품생산(SK바이오텍)을 직접 산하에 두게 되었다. 바이오 사업이 크게 성장해 SK그룹의 한 축으로 자리 잡을 경우 SK를 강력한 지주사로 만들겠다는 최태원 회장의 구상도 점차 완성에 가까워지는 것이다.

바이오 사업과 함께 SK그룹의 미래지도를 그리는 다른 한 축은 방송 콘텐츠 사업이다. SK텔레콤이 케이블시장 1위인 CJ헬로비전을 합병하는 전략도 이 관점에서 해석할 수 있다. SK텔레콤의 CJ헬로비전 합병 소식에 독점화를 우려한 케이블(SO) 사업자들은 거세게 반발하고, KT와 LG유플러스 등 통신사들도 이에 가세하면서 논란은 가열되고 있다. 그러나 SK텔레콤이 그리는 그림은 알뜰폰이나 통신시장이 아닌 이보다 훨씬 큰 그림이다.

SK텔레콤은 CJ헬로비전과의 합병을 통해 SK그룹에 유리한 미디어 생태계 구조를 만들고, 그 구조 안에서 제공하는 통신·미디어플랫폼에서 SK를 통한 금융거래가 이뤄지는 세상을 그리고 있다. 간단히 말해서 SK그룹이 판매하는 통신기기를 가지고 SK플랫폼에 들어가, 쇼핑도 하고 영화나 드라마와 같은 미디어 콘텐츠를 보며, 결제는 SK가 제공하는 금융통합솔루션으로 하는 세상이다. CJ헬로비전과 SK브로드밴드 합병안이 승인된 것 역시 이런 작업의 일환으로 보인다.

SK그룹은, 지주사인 SK를 중심으로 거대한 플랫폼을 구축하고 플랫폼에 기반해 다양한 콘텐츠 상품 판매를 염두에 두고 있다. 그리고 그 중심에 통합금융시스템을 구축하는 그림을 그리고 있다. 다만 여기에 인터넷은행이 중심이 될지 아니면 SK텔레콤을 중심으로 자체 결제 시스템을 구축할지 등의 세부적인 내용은 아직 드러나지 않았으며 차후 진행되는 과정을 통해 확인할 필요가 있다.

항목	주권의 수	지분율
(주)SK(외 4인)	2036만 4930주	25.22%
국민연금공단	656만 727주	8.13%
SK텔레콤 자사주	624만 9841주	7.74%
SK텔레콤 자사주 펀드	388만 6710주	4.81%

▲ SK텔레콤 주주 현황

바이오 사업과 통합금융시스템을 미래지도로 삼으면서 최태원 회장이 그릴 그림은 미완성된 지배구조를 최종 완성단계로 만드는 작업일 것이다. SK그룹은 2015년 SK C&C와 SK의 합병 절차를 완료했고 통합 SK를 출범시켜 지주사 통합 작업을 마쳤다. SK그룹 지배구조는 '최태원 회장-SK C&C-SK'의 구조에서 '최태원 회장-SK' 형태로 단순화된 것이다.

그룹 지배구조 최상단의 정비는 일단락됐지만 관련 업계에서는 SK그룹의 지배구조 개편 작업이 아직 최종 완성 단계에 도달하지는 않았다고 보고 있다. 앞으로 SK그룹이 'SK-SK텔레콤-SK하이닉스-SK플래닛-SK브로드밴드' 형태로 이뤄진 IT 계열사 지배구조 정비에 나설 가능성이 높기 때문이다.

지주사의 손자회사에 위치한 SK하이닉스와 SK플래닛을 자회사로 승격시켜 SK의 지배력을 강화하고 각 계열사들의 운신의 폭을 넓힐 수 있는 방법을 찾을 것인데, 가장 유력한 방법으로 거론되는 것이 SK텔레콤을 분할해 SK와 합병시키고 현재 손자회사 위치에 있는 SK플래닛과

SK하이닉스를 자회사 위치로 승격시키는 것이다.

이 방안이 현실화될 경우 SK그룹이 얻게 되는 실익은 상당하다. 우선 공정거래법상 발생하는 여러 제약에서 벗어나 지주사 SK가 그룹의 성장을 모색하기가 훨씬 수월해진다. 현행 공정거래법은 지주사의 손자회사는 증손회사 지분을 100% 보유하도록 규정하고 있어 지배구조 말단에 위치한 계열사의 사업 다각화나 인수합병(M&A)을 어렵게 하고 있다.

현재 구도에서는 SK하이닉스가 반도체 사업을 강화·확대하기 위해 계열사를 설립하거나 다른 기업을 인수하려면 해당 회사 지분을 100% 취득해야 한다. 투자비용이 과도하게 커지는 등 여러 문제가 발생할 수 있는 것이다. 하지만 SK하이닉스가 지주사인 SK의 자회사로 승격되면 경영권 확보에 필요한 지분만을 손에 넣을 수 있어 투자활동에 나서기가 훨씬 쉬워진다. 또 현재 SK플래닛의 계열사인 SK컴즈의 공정거래법 위반 문제도 손쉽게 해결될 수 있다.

SK텔레콤이 보유하고 있는 자사주를 활용해 SK 지분율을 높일 수 있다는 점 역시 지배구조 재편을 통해 얻을 수 있는 효과다. SK텔레콤은 2015년 6월 말 기준 10.05%의 자사주를 보유하고 있으며 앞으로 1년 후인 2016년 6월까지 4000억 원 규모의 주식을 더 매입할 예정이라고 밝힌 바 있다. SK텔레콤 분할 시 이 주식을 '투자회사'에 배정하고 지주사와 합병시킨다면 현재 25.22%인 SK의 SK텔레콤 지분율을 무려 40%에 육박하는 수준까지 끌어올릴 수 있다.

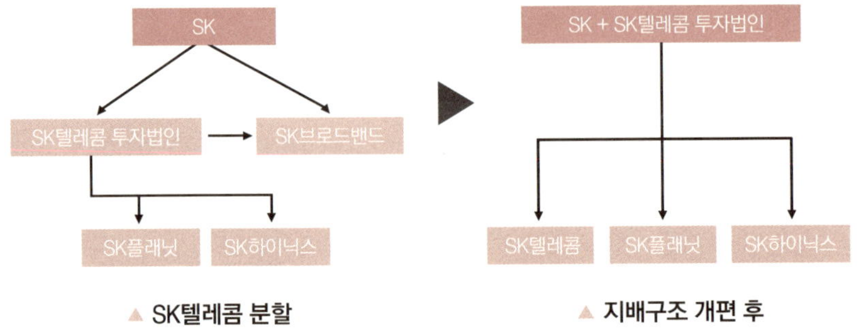

▲ SK텔레콤 분할　　　　　　　　▲ 지배구조 개편 후

　SK하이닉스와 SK플래닛을 자회사로 올리고 SK텔레콤을 분할해 SK와 일부합병 하는 구조재편 방안은 현행 규제를 피할 수 있어 적극적으로 사업을 확장할 수 있으며 지주사인 SK의 지분율을 높일 수 있어 지배력을 공고히 할 수 있다는 이점이 있다.

　지배구조 재편은 그룹 차원뿐 아니라 최태원 회장에게도 상당한 실익을 안겨준다. SK텔레콤과 SK하이닉스 등 우량 계열사를 손자회사가 아닌 자회사로 편입하면 배당금을 손에 넣기가 훨씬 수월해지기 때문이다. 현재 구도에서는 SK하이닉스가 배당을 한다 하더라도 배당금이 SK텔레콤과 SK를 거쳐 최태원 회장에게 연결된다. 이 중간 과정에서 새는 자금이 적지 않은 것이다. 그러나 지배구조 재편은 이 같은 문제를 한 번에 해소해주어 최태원 회장이 전보다 쉽게 대규모 배당 수익을 얻을 수 있게 만들어준다. 최태원 회장 입장에서도 지배구조 재편은 그야말로 일거양득인 셈이다.

　최태원 회장의 이혼 선언문과 정식 등기이사 취임은 스쳐가는 하나의 이벤트가 아니라 최태원 회장이 향후 SK그룹의 미래를 주도하겠다는 의지 표명으로 보아야 한다. 그리고 SK그룹의 미래지도가 어떻게 전개될 것이라고 예상할 수 있는 징후들이 곳곳에서 나타나고 있다. 처음으로 돌아가 생각해보면 최태원 회장의 '이혼'이라는 사건의 핵심이 '이혼'이 아니라는 것을 알 수 있다. 최태원 회장이 이야기하고자 하는 것은, 앞으로 SK그룹의 미래지도를 그려나가는 데 있어 본인 중심으로 체재를 구축하고, 주도적으로 인적·물적 지배구조 변화를 강력하게 추진하겠다는 것이다. 그리고 노소영 관장과의 관계 혹은 선대 회장인 최종건 회장 자제와의 관계도 정리하겠다는 의미로 판단된다.

투자자 입장에서는 최태원 회장의 미래지도 구상에서 핵심적인 위치를 차지하고 있는 기업에 투자하는 것이 중요하다. SK와 SK텔레콤은 결과적으로 미래의 SK그룹 중심에 서겠지만 어느 정도 시스템이 구축되고 완성되는 동안 희생양이 되거나 담보가치 제고를 위한 변동성이 나타날 수 있다고 본다. 때문에 이보다는 오히려 기업을 정리하는 과정에서 버릴 것과 나눌 것을 어떻게 구조화시키는지, 새롭게 신설하는 부문에 어떻게 집중을 하는지 등을 추적해가는 것이 필요하다.

2015년 4월 24일 〈주녀벗〉 첫 방송 '주식이란 무엇인가?'를 시작으로 어느덧 1년 이상의 세월이 흘렀다. 그 사이 생각지도 않게 많은 호응을 받았다. 이 책도 그 호응의 일부이다. 집필을 하면서 실제로 투자자에게 필요한 것이 무엇인가 하는 것에 대해 고민을 계속했다. 투자의 절대기법보다는 투자자들이 시장에서 생존하고 시장의 다양한 변동성에 당하지 않고 손실보다는 수익을 내는 생각의 훈련과 그 훈련을 어떻게 해야 하는지에 대해 알려주려고 노력했다.

〈주녀벗〉은 일방적으로 알려주는 강의 형식이 아니다. 대화를 통해 소통하고 직간접적으로 투자 세상에서 나타날 수 있는 여러 가지 상황에 대해 생각해보며 그것이 만들어내는 실제 시장이 경제학 이론대로 진행되는지 아니면 전혀 다른 방향으로 전개되는지 시장 중심적으로 접근할 수 있도록 한다. 매주 팟캐스트를 통해 〈주녀벗〉 청취자들과 소통하고 오프라인 모임을 가지며 생각의 훈련을 공유하는 방식으로 현재까지 진행해왔다.

마이너스 금리 세상과 양적완화 이후 세상의 변화 속도가 불확실성만 증폭시키는 과정에서 어떻게 투자를 해야 하는지에 대한 생각의 훈련을 지속적으로 〈주너벗〉 방송(www.podbbang.com/ch/9375)과 〈주너벗〉 카페(cafe.naver.com/zoonuhvut)를 통해서 공유해나갈 것이다. 이 책을 읽고 궁금한 내용이 있거나 더 알고 싶은 부분이 있다면 〈주너벗〉 카페를 통해 서로의 생각을 공유해보길 기대한다. 생각의 훈련으로 자신의 노후는 스스로 만들어가며 공유와 나눔을 실천하는 지적전사가 되어주면 감사하겠다.

무극선생 이승조

정말 이 책이 나올 줄은 몰랐다. 경제 앵커로 활동하면서 시황과 경제적 이슈 등을 전달했고 시청자와 상담을 통해 만났지만 왠지 모를 갈증이 늘 있었다. 조금 더 사실적으로, 조금 더 구체적으로 시장을 분석할 수 있는 방법은 없을지 고민했고 추상적이거나 일회적인 대응이 아닌 이성적으로 납득할 수 있을 만큼 구체적이고 계속해서 활용할 수 있는 대응법이 없을까 고민했다.

〈주녀벗〉과 함께한 시간 동안 스스로도 많이 성장하고 시장을 바라보는 눈이 바뀌었다. 아마 팟캐스트 〈주녀벗〉과 함께하는 청취자들도 같은 경험을 했으리라 생각한다. 처음 1주에 방송 하나를 녹음했던 〈주녀벗〉은 1년 사이 다양한 콘텐츠가 추가되며 초보부터 중·고수까지 모든 투자자들을 아우르는 주식 전문 팟캐스트로 거듭나고 있다. 〈주녀벗〉의 이름을 달고 출간되는 이 책도 투자자들에게 현실적인 도움이 되는 콘텐츠로 자리 잡기를 바라는 마음이다.

이 책을 쓰는 과정은 결코 쉽지 않았다. 수많은 경제학자들의 비슷비슷한 이름을 구분하고 그들의 이론들을 이해하는 일, 방대한 자료를 하나하나 찾아보고 분석해 기준 잣대를 세우는 일, 단편적인 데이터들을 의미 있는 자료로 만들어내는 일, 조금 더 쉽게 전달하기 위해 수도 없이 문장구조를 뜯고 고치던 일들…. 꿈속에서도 이건희 회장, 최태원 회장과 시간여행을 할 만큼 작업에 몰두했던 날들이 즐거웠다고만은 할 수 없지만 지난겨울부터 올여름까지 세 계절에 걸친 작업은 분명 내게도 많은 것을 남겼다. 한때는 빨리 끝나버렸으면 좋겠다는 생각이 들 만큼, 끝이 보이지 않던 생애 첫 출간 작업이었다. 그러나 막상 마무리되니 한편으로는 시원섭섭하기도 하다.

함께 책 작업을 하며 당근과 채찍을 마구 휘둘러준 이승조 선생님, 애정 어린 눈빛과 간식으로 출간 작업을 지원해준 가족들, 든든한 후원자가 되어준 범진, 끊임없는 응원을 보내준 지원 언니, 미자, 민정, 헬스조선 담당자와 관계자 여러분, 그리고 〈주녀벗〉 청취자분들 등 많은 분들이 애정과 관심으로 응원해주셨기에 이 책이 나올 수 있었다. 큰 힘이 되어준 분들에게 이 지면을 빌려 감사한 마음을 전한다.

정여신 정유리

펴낸날 초판 1쇄 2016년 7월 30일

지은이 이승조, 정유리

펴낸이 임호준
이사 홍헌표
편집장 김소중
책임 편집 윤혜민 ㅣ **편집 3팀** 김은정
디자인 왕윤경 김효숙 정윤경 ㅣ **마케팅** 강진수 권소회 김혜민
경영지원 나은혜 박석호 ㅣ **지식사업부** 표형원 이용직 김준홍 차상은

인쇄 (주)웰컴피앤피

펴낸곳 북클라우드 ㅣ **발행처** (주)헬스조선 ㅣ **출판등록** 제2-4324호 2006년 1월 12일
주소 서울특별시 중구 세종대로 21길 30 ㅣ **전화** (02) 724-7633 ㅣ **팩스** (02) 722-9339
홈페이지 www.vita-books.co.kr ㅣ **블로그** blog.naver.com/vita_books ㅣ **페이스북** www.facebook.com/vitabooks

ISBN 979-11-5846-106-5 13320

• 이 도서의 국립중앙도서관 출판예정도서목록(CIP)은 서지정보유통지원시스템 홈페이지(http://seoji.nl.go.kr)와 국가자료공
  동목록시스템(http://www.nl.go.kr/kolisnet)에서 이용하실 수 있습니다. (CIP제어번호 : CIP2016016857)
• 북클라우드는 독자 여러분의 책에 대한 아이디어와 원고 투고를 기다리고 있습니다.
  책 출간을 원하시는 분은 이메일 vbook@chosun.com으로 간단한 개요와 취지, 연락처 등을 보내주세요.

북클라우드 는 건강한 마음과 아름다운 삶을 생각하는 (주)헬스조선의 출판 브랜드입니다.